Imágenes de España

Ramón Tamames
Sebastián Quesada

GRUPO DIDASCALIA, S.A.
Plaza Ciudad de Salta, 3 - 28043 MADRID - (ESPAÑA)
TEL.: (34) 914.165.511 - FAX: (34) 914.165.411

Primera edición: 2001
Primera reimpresión: 2003
Segunda reimpresión: 2005
Tercera reimpresión: 2006
Cuarta reimpresión: 2007
Quinta reimpresión: 2008
Sexta reimpresión: 2009
Séptima reimpresión: 2009
Octava reimpresión: 2010
Novena reimpresión: 2011
Décima reimpresión: 2013
Undécima reimpresión: 2014
Duodécima reimpresión: 2015

Dirección y coordinación editorial: Departamento de Edición de Edelsa.
Diseño de cubierta: Departamento de Producción de Edelsa
Maquetación y fotocomposición: Quatro Comunicación, S.L.
Imprenta y encuadernación: RODONA Industria Gráfica, S.L.

ISBN: 978-84-7711-581-6
Depósito legal: B-26485-2011

Impreso en España
Printed in Spain

Fotografías:
- Agencia EFE: pág. 135 (Manifestación 24-02-1981)
- Archivo Fotográfico del Museo Arqueológico (E. Domínguez): págs. 30, 35 (Tesoro de Guarrazar)
- Archivo Histórico Provincial de Toledo: pág. 72 (Autógrafo de Garcilaso de la Vega)
- Ateneo de Madrid: pág. 107
- Biblioteca Nacional: pág. 60
- Brotons: págs. 7, 15, 31, 35 (Teatro de Mérida), 38, 39, 40, 43, 47, 50, 51, 52, 53, 54, 61, 71 (Corral de comedias), 72 (Monumento al Lazarillo de Tormes), 74, 75 (Monasterio de El Escorial), 78, 81, 83 (Inmaculada Concepción), 86, 90, 91, 96, 97 (Isabel II), 102, 104, 112 (Monumento a Unamuno), 117 (Busto de Falla; Palacio de Cristal), 118, 123, 134, 136, 138 (Cabecera de periódicos), 141 (Puerta de Europa)
- Contifoto: págs. 20, 21, 25, 26, 29 (Pasarela Cibeles), 80, 113, 127, 133, 137, 139
- Edhasa: pág. 130 (España, un enigma histórico)
- Crítica: pág. 130 (España en su historia)
- Editorial Prisma: págs. 69, 70
- Eva Sánchez: págs. 8, 13, 82
- Fundación Pablo Iglesias: pág. 106
- Javier Peña: págs. 12, 44
- Javier Ruiz Gil: págs. 10, 33 (Castro), 98
- Ministerio de Educación: págs. 33 (Dama de Elche), 58,62, 76, 77, 93
- MNCARS: pág. 124
- Museo de Bellas Artes de Santander: págs. 96, 97 (Retrato de la reina Isabel II)
- Museo Municipal de Madrid: págs. 103, 105, 121 (Primer gobierno de la República)
- Museo Naval: pág. 66
- Patrimonio Nacional: pág. 64, 84 (El rey Carlos II)
- Productora El Deseo: págs. 27, 138
- RAE: págs. 71, 85
- Residencia de Estudiantes: pág. 116
- Seix Barral: pág. 132
- Victoria de los Ángeles López Iglesias: pág. 22

Ilustraciones:
- Javier Ruiz Gil

Notas:
- La Editorial Edelsa ha solicitado los permisos de reproducción correspondientes y agradece expresamente a los particulares, empresas privadas y organismos públicos que han prestado su colaboración.
- Las imágenes y documentos no consignados más arriba pertenecen al Archivo y al Departamento de Imagen de Edelsa.

Presentación

ImágeneS de España

Este libro es fundamentalmente un manual de divulgación dirigido a los estudiantes extranjeros interesados en conocer la realidad presente y pasada de España y de su cultura.

A fin de facilitar la comprensión, se han evitado, en la medida de lo posible, los tecnicismos y se ha procurado emplear un vocabulario accesible. Es claro, sin embargo, que la correcta asimilación de los contenidos del libro exige del lector un conocimiento medio del español, como mínimo.

El libro parte del principio de que la vida humana es también, por no decir sobre todo, historia, y que esta facilita el conocimiento de las sociedades, de las culturas y de los pueblos, de su presente e incluso de su futuro. A pesar de ello se ha optado por invertir el orden tradicional de la exposición en un libro de historia y presentar en primer lugar la España actual -sociedad, economía, cultura, sensibilidades, política, ciencia y tecnología, espiritualidad, marco jurídico-institucional, etc.-, que creemos es la que más interesa al lector y al estudiante, para, a continuación, estudiar sus orígenes y su evolución histórica y analizar los factores que han hecho que hoy día sea como es. A partir del capítulo IV se sigue un criterio cronológico.

Para la redacción de este manual se ha partido de una visión global de los factores, hechos y datos que merecen ser historiados y que, debidamente interrelacionados, ayudan a comprender la verdadera naturaleza de la compleja y apasionante realidad de España.

El libro se acompaña de un Cuaderno de Ejercicios que facilitan el autoaprendizaje y la autoevaluación, así como la labor del profesor.

Los Autores.

Índice

Índice

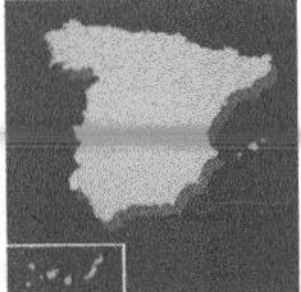

Las tierras y las gentes de España

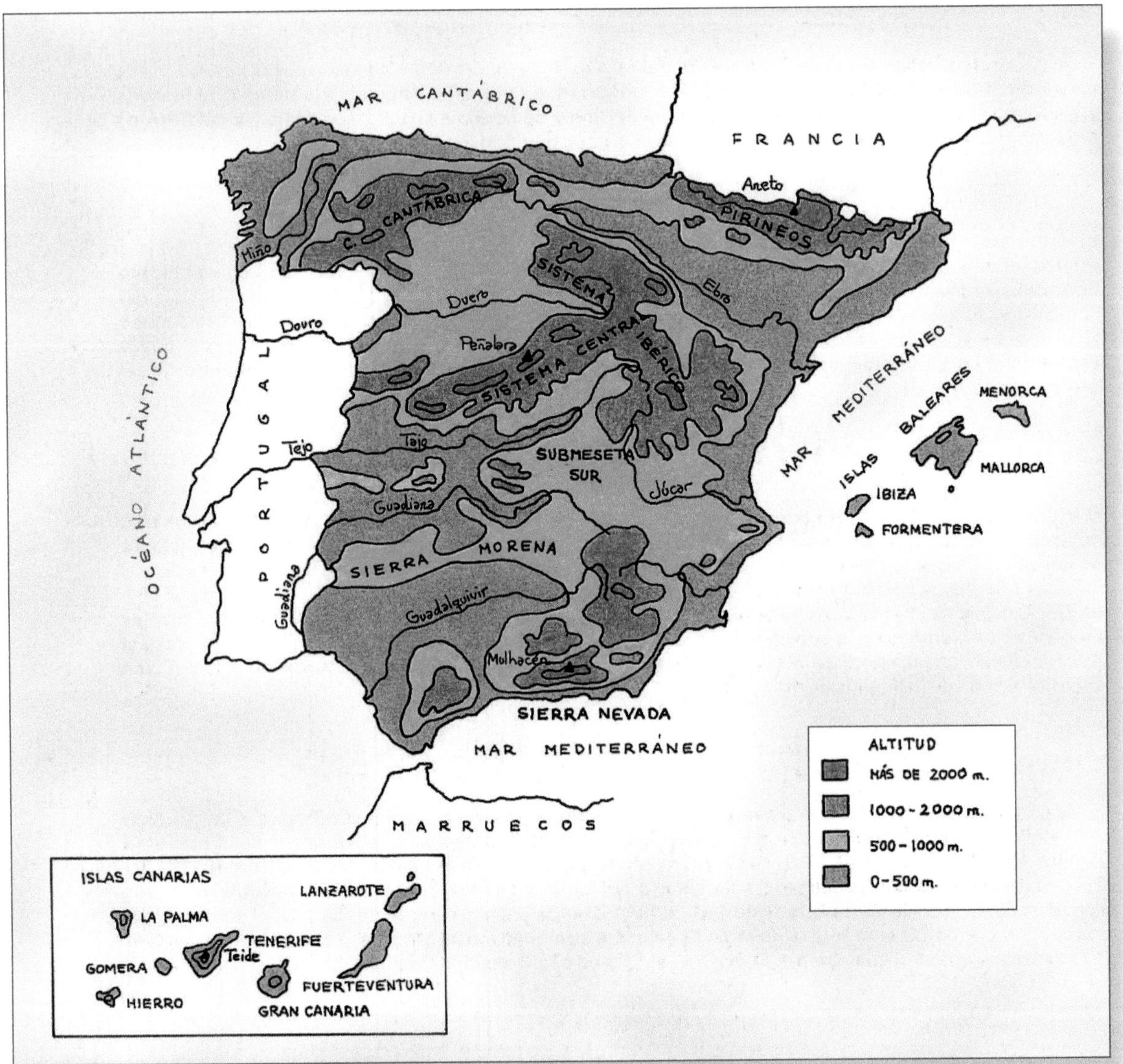

Mapa físico de España.

España es el país más extenso de la Península Ibérica (504.782,4 km^2), incluidos los archipiélagos de las Canarias y las Baleares y los territorios españoles del norte de África. Es un país plurilingüe y multicultural, resultado de la labor de todos los pueblos peninsulares durante más de dos milenios. Los españoles son un antiguo pueblo europeo de remotos orígenes históricos y cultura latina.

España, un país de contrastes geográficos

La Península Ibérica es la más occidental y extensa del Mediterráneo. Está situada en el extremo suroccidental del continente euroasiático. Su clima está sometido a la doble influencia del Atlántico y del Mediterráneo, con claro predominio de este en la mayor parte del territorio. Su situación de puente entre continentes y mares explica la complejidad de los orígenes históricos de los españoles y su tradicional vocación marinera.

A causa de la disposición del relieve, en la Península Ibérica se dan los más diversos climas, paisajes y cultivos, por lo que se suele decir que constituye un pequeño continente. Núcleo fundamental de su orografía es la Meseta Central (211.000 km^2), extenso territorio rodeado de altas montañas (Cordillera Cantábrica, sistemas Ibérico y Penibético) que dificultan el paso al interior de los vientos marítimos. Su altitud media oscila entre los 650 y los 800 metros. Rasgo fundamental del relieve ibérico es su gran altitud media (660 m) en relación con la del europeo (297 m). La montaña de mayor altura de la Península Ibérica es el Mulhacén (3.481 m), en Sierra Nevada (Granada). Madrid es la capital europea situada a mayor altitud: 650,7 m sobre el nivel del mar.

Las islas Baleares, situadas en el Mediterráneo occidental, frente a las costas levantinas peninsulares, tienen un clima mediterráneo moderado y un relieve accidentado. Las Canarias, a unos 3.000 km de la Península, frente a las costas del noroeste africano, son de geología volcánica y clima oceánico suave. El volcán del Teide (3.716 m), en la isla canaria de Tenerife, es la cumbre más alta de España.

En la Península Ibérica se dan los más diversos climas, paisajes y cultivos, por lo que constituye un pequeño continente.

Los veranos de la mayor parte del país son calurosos y secos, las primaveras y los otoños son lluviosos, y los inviernos son moderadamente húmedos y fríos. Galicia, Asturias, Cantabria, el País Vasco, Navarra y el norte de Aragón y de Cataluña forman una extensa zona verde, la España húmeda, de temperaturas suaves y abundantes lluvias: 800 litros/m^2. La llamada "España de la transición" (las dos mesetas) recibe entre 800 y 400 litros/m^2, y 400 litros/m^2 y la España seca (Andalucía, Comunidad Valenciana, Extremadura y sur de Castilla-La Mancha). La mayoría de los ríos españoles -Ebro, Duero, Tajo, Guadiana, Guadalquivir, Segura, etc.- son de régimen irregular. Los recursos hídricos de España son insuficientes para cubrir la demanda, por lo que se ha previsto conectar las cuencas más caudalosas con las deficitarias -se estima que en el año 2012 todas las cuencas españolas estarán interconectadas-, y se prevé aumentar el número de plantas desalinizadoras y de embalses, racionalizar los regadíos y desarrollar los sistemas de reutilización de las aguas usadas.

A causa de la sobreexplotación de las áreas boscosas, estas se han reducido con el transcurso del tiempo y ha aumentado la erosión, que hoy día afecta a unos 19 millones de hectáreas. Sin embargo, la flora de España es de las más ricas y variadas del continente.

El volcán del Teide (3.716 m) es la cumbre más alta de España.

La población. Regresión demográfica

España es un país de 40.000.000 de habitantes, de los cuales el 51,1% son mujeres y el 48,9% son hombres. La población está desigualmente distribuida: la zona interior tiene una densidad media de 44 habitantes/km^2, mientras que la de la periferia costera y la de las islas asciende a 144 habitantes/km^2. La densidad media nacional es de 78 habitantes/ km^2, la más baja de Europa occidental. La población urbana supone el 76% del total. El 39% vive en las 50 ciudades más pobladas. La esperanza de vida es de 81,6 años para la mujer y de 74,4 para el hombre.

España es uno de los países de menor tasa de fecundidad del mundo. Se ha pasado de 2,80 hijos por mujer en 1975 a 1,07 a finales del siglo XX -la tasa media de hijos por mujer en la UE (1) es de 1,44-. Se está, por tanto, por debajo del nivel de mantenimiento de la población -2,1 hijos por mujer-, por lo que se está produciendo un envejecimiento progresivo, de manera que, según informes de la ONU, España tendrá la población más vieja del mundo a mediados del siglo XXI. La coincidencia entre los índices de natalidad y de mortandad -9,4 por cada 1.000 habitantes- hace descansar el crecimiento de la población en la inmigración, por lo que los demógrafos aconsejan favorecerla. Según la ONU, España tendría que admitir unos 170.000 inmigrantes al año para mantener sus cifras de población actual. Los residentes extranjeros suponen el 2,7% de la población española.

PRENSA

"La población de España descenderá en cerca de diez millones de personas, aproximadamente un 20 por ciento de su dimensión actual, para el año 2050, a menos que se permita un número "significativo de inmigrantes", anunció ayer la ONU en un informe demográfico. Sin embargo, ni siquiera la inmigración será capaz de mantener la relación actual entre población activa y clases pasivas".

En "España tendrá la población más vieja del mundo dentro de cincuenta años". ABC. 22-3-2000.

La sociedad española ha experimentado una transformación radical en los últimos veinticinco años.

La juventud española

Según datos oficiales, el 67% de los menores de 25 años son estudiantes. La mayoría se declara de ideología centrista. La edad media de emancipación es de 25 años. En cuanto a la religión, los católicos no practicantes son mayoría. El tiempo libre lo distribuyen entre la práctica del deporte (34,3%), ver la televisión, pasear, charlar con los amigos e ir de copas. Las actividades menos practicadas son las culturales, las religiosas y las de voluntariado. Leer e ir al cine tampoco se encuentran entre las aficiones favoritas de los jóvenes españoles. El porcentaje de niños nacidos de madres de 15 a 19 años es del 27%. Los jóvenes españoles suelen tener su primera experiencia sexual a una edad media de 16, 5 años.

España es un país de 40 millones de habitantes, de los cuales el 51,1% son mujeres y el 48,9% son hombres.

(1) UE: *Unión Europea.*

La mujer en la sociedad española

El artículo 14 de la Constitución afirma la igualdad de los españoles ante la ley "sin que pueda prevalecer discriminación alguna por razón de nacimiento, raza, sexo, religión o cualquier otra condición o circunstancia personal o social". El artículo 9.2 recomienda a los poderes públicos promover las condiciones para el logro efectivo de la igualdad entre los sexos.

El movimiento por la igualdad jurídica de los sexos comenzó en el siglo XIX en el seno del anarquismo. La Constitución republicana de 1931 reconoció la igualdad de los ciudadanos ante la ley independientemente de su sexo, el derecho de la mujer al voto y el divorcio por mutuo acuerdo de los cónyuges. Las españolas votaron por vez primera en las elecciones generales de 1933. En 1960 se promulgó la Ley de Derechos Políticos, Profesionales y Laborales de la Mujer. El artículo 17 del Estatuto de los Trabajadores (1980) prohíbe la discriminación laboral por causa del sexo. La reforma del Código Civil (1981) consagró la personalidad jurídica de la mujer casada. Vendrían después la Ley del Divorcio (1981), la Ley del Aborto (1985) y la Ley de la maternidad de la mujer trabajadora (1989). La Ley General de Educación (1990) proclama la igualdad entre hombres y mujeres. Sin embargo, en la práctica, como en la mayoría de los países de la UE, la mujer suele ser víctima de una discriminación encubierta, que se refleja sobre todo en el ámbito laboral: suele ganar un salario medio inferior al de los hombres -el 30% de las mujeres cobra menos en puestos similares-, sufre una tasa de paro superior y encuentra más dificultades que estos para acceder al mercado de trabajo y a los puestos de responsabilidad. Según la Encuesta de Población Activa correspondiente al tercer trimestre de 1999, casi cinco millones y medio de mujeres se dedicaban exclusivamente a las tareas del hogar. La tercera parte de las mujeres españolas trabaja fuera de casa.

La tercera edad

Más de 6,5 millones de españoles tienen más de 65 años, y casi millón y medio tienen 80 años o más. El número de pensionistas asciende a 7,5 millones. La prolongación de la vida, la mejora de sus condiciones, los avances médicos y el adelanto de las jubilaciones han convertido a los mayores y jubilados en un sector social con presencia y participación crecientes en actividades ciudadanas, de ocio y cultura. Como datos negativos hay que destacar que el 26% de los mayores necesita de ayuda para sobrevivir, así como el insuficiente número de residencias de la Seguridad Social para ancianos y la carestía de las privadas. Un 20% de ancianos españoles viven solos y un 5% en residencias. Tres de cada cuatro ancianos estima que es mejor vivir con los hijos.

Hábitos, actitudes y problemas de la sociedad española

La estructura social de España es similar a la de la Unión Europea. Gran relevancia ha alcanzado la clase media, cuya moderación ideológica facilitó la sustitución del franquismo por la democracia. Los españoles son mayoritariamente de ideología centrista. Los problemas que tienen planteados son propios de una sociedad urbana e industrial. Según las encuestas, sólo el 30% de los españoles se interesa por la política. España ocupa el puesto número once entre todos los países del mundo por su grado de desarrollo humano. El matrimonio, tanto el civil como el religioso, es la base de la familia española.

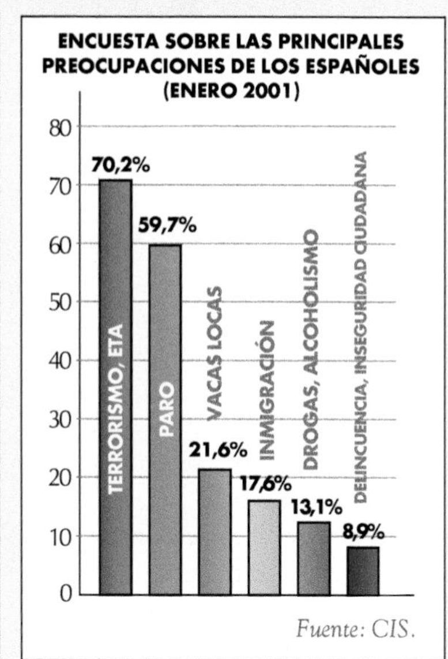

Costumbre muy extendida es la unión libre. Las parejas de hecho están luchando por su equiparación jurídica con las parejas de derecho. El Parlamento de Cataluña ha aprobado la primera ley española que regula los derechos y deberes de las parejas homosexuales y heterosexuales. El número de nacimientos fuera del matrimonio es inferior a la media comunitaria, como igualmente el de divorcios, que en España es del 20%. El aborto está despenalizado en tres supuestos: violación, peligro para la salud física o psíquica de la madre y malformación del feto.

Hábitos, actitudes y problemas de la sociedad española

España es uno de los países más seguros de la Unión Europea: 2.200 delitos por cada 100.000 habitantes. El número de homicidios -tres por cada 100.000 habitantes- y de delitos sexuales es también bajo.

En el barómetro del Centro de Investigaciones Sociológicas (CIS) de octubre de 2000 aparecía el terrorismo como el primer motivo de preocupación (69,9%), seguido por el paro (64%). También son motivo de preocupación la droga -el consumo de droga no está penalizado, sólo su comercio-, la inseguridad ciudadana, el deterioro del medio ambiente, la radicalización de algunos movimientos nacionalistas, la exclusión social, la violencia contra la mujer, la extensión de enfermedades contagiosas como el sida, el elevado número de muertes en accidentes de tráfico -cerca de 6.000 en 1998- y los movimientos contraculturales juveniles.

La protección del medio ambiente

El rápido crecimiento industrial y urbano y la adversa climatología son las causas fundamentales de los problemas medioambientales de varias regiones de España, algunas de las cuales están sometidas a una intensa desertización. Al objeto de preservar los hábitats naturales, en 1918 dio comienzo la creación de parques nacionales protegidos, que actualmente se extienden sobre una superficie de 1.913.298 hectáreas. Según la Constitución:

> *"Los poderes públicos velarán por la utilización racional de todos los recursos naturales, con el fin de proteger y mejorar la calidad de la vida y defender y restaurar el medio ambiente, apoyándose en la indispensable solidaridad colectiva".*
>
> Artículo 45.2. Capítulo 3º. Título I de la *Constitución Española*.

En los años setenta se crearon el Instituto de Conservación de la Naturaleza (ICONA) y la asociación ADENA, encargada de la protección de la fauna. A mediados de la década nacieron nuevas asociaciones privadas y órganos oficiales especializados. En 1977 se fundó la Federación del Movimiento Ecologista, y al año siguiente la Dirección General de Medio Ambiente, que se encargó de diversas tareas de protección de la naturaleza y de prevención de la contaminación. En 1982 se estableció un plan de conservación de los recursos naturales. En mayo de 1996 se creó el Ministerio de Medio Ambiente. Resultado del interés creciente de la sociedad española por tan importante cuestión es la incorporación de los estudios medioambientales a la Universidad.

RED DE PARQUES NACIONALES DE ESPAÑA

TIMANFAYA Lanzarote, Canarias.	TEIDE Tenerife, Canarias.
GARAJONAY Gomera, Canarias.	AIGÜESTORTES i ESTANI DE SANT MAURICI Lérida, Cataluña.
CALDERA DE TABURIENTE La Palma, Canarias.	
ORDESA Y MONTE PERDIDO Huesca, Aragón.	SIERRA NEVADA Granada, Andalucía.
PICOS DE EUROPA Asturias, León y Cantabria.	TABLAS DE DAIMIEL Ciudad Real, Castilla-La Mancha.
CABAÑEROS Ciudad Real y Toledo, Castilla-La Mancha.	ARCHIPIÉLAGO DE CABRERA Cabrera, Baleares.
	DOÑANA Cádiz y Huelva, Andalucía.

Fuente: Ministerio de Medio Ambiente.

Parque Nacional de Aigües Tortes. Lérida.

El crecimiento de la economía

El 25 de marzo de 1998, la Comisión Europea y el Instituto Monetario Europeo proclamaron el cumplimiento por parte de España de los requisitos de convergencia europea. España se integró así en la segunda potencia económica mundial, en la que viven 250 millones de personas. Los gobiernos centristas de finales del siglo XX y comienzos del XXI han logrado mantener el crecimiento económico en un promedio anual superior al 3%, mejorar las prestaciones sociales, contener relativamente la inflación, aumentar la tasa de actividad y reducir el paro y el déficit público, que pasó del 6,6% del PIB (2) en 1996 al 1,1% en 1999 y al 0,6% en 2000.

Se espera lograr el equilibrio presupuestario en 2002. El PIB por habitante era, a finales del siglo XX, de 16.222 dólares. La economía española es la quinta de Europa por su volumen. Su crecimiento está por encima de la media europea.

El crecimiento sostenido de la economía ha permitido reducir el número de desempleados y aumentar el de contratos estables. En los últimos cuatro años del siglo XX se han creado cerca de un millón novecientos mil nuevos empleos. Según el número de desempleados registrado en las oficinas del INEM (3), la tasa de paro a comienzos de 2001 era del 9,3%, la más baja desde diciembre de 1979. El gran número de personas que ejercen alguna actividad relacionada con la economía sumergida hace pensar que la tasa de paro real es inferior a la que reflejan las estadísticas. Según la Comisión Europea, el volumen de la economía sumergida en España supone entre el 10% y el 23% del PIB, mientras que la media comunitaria se sitúa entre el 7% y el 16%.

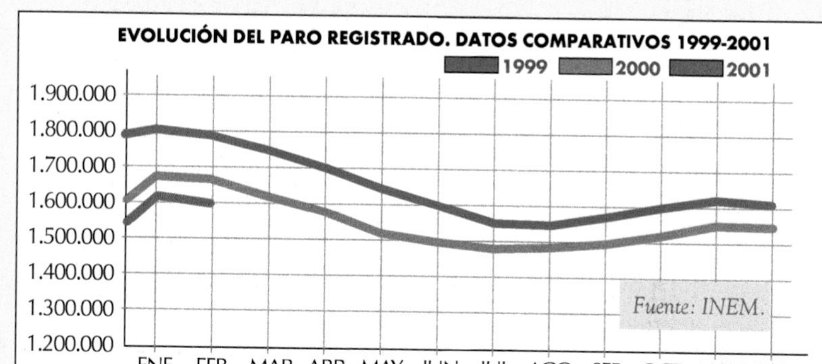

Por sectores de actividad, a finales del siglo XX, los servicios, el comercio y la industria eran las actividades económicas básicas, tanto por el número de empleos que generaban como por su aportación al PIB.

La industria de la automoción se ha convertido en una de las más dinámicas y pujantes de España, que se encuentra entre los primeros países productores y exportadores de automóviles. El subsector de vehículos industriales evoluciona paralelamente al de automóviles.

España es la segunda potencia turística mundial por el número de visitantes -48,5 millones de turistas en 2000- y la tercera en ingresos por turismo, que cubren alrededor del 90% del déficit comercial. El crecimiento interanual del sector turístico (7,7%) es superior al de la economía en general. El turismo representa el 11% del PIB, y ocupa el 9,4% de la población activa. La Organización Mundial del Turismo (OMT) tiene su sede en Madrid, donde también se celebra la Feria Internacional de Turismo (FITUR). La oferta turística más solicitada es la de sol-playa (70%). España es habitualmente el país europeo con mayor número de playas distinguidas con banderas azules por la Fundación Europea de Educación Ambiental. El turismo cultural y el de invierno, el de montaña, el rural y el deportivo están en expansión. Baleares, Canarias, Cataluña, Andalucía y la Comunidad Valenciana son los destinos preferidos por los turistas.

"La repercusión del nacimiento del euro será inicialmente mayor para las empresas de más envergadura, para las financieras y para las más volcadas en el comercio exterior. Pero también afectará al conjunto de la economía española. Para España, la entrada en la moneda única supone abandonar su papel periférico para integrarse en una de las tres grandes potencias mundiales, por detrás de los EE UU, pero, en muchos conceptos, por delante de Japón. Pasa a formar parte de un ámbito común de credibilidad y de estabilidad realmente sólido. Y ése no es un título para colgar en la pared: es un respaldo económico clave para la actividad internacional de nuestras empresas, liberadas de los riesgos del tipo de cambio."

Editorial de *El MUNDO*
"Del euro en marcha, la unificación política pendiente".
2 de enero de 1998.

(2) PIB: *Producto Interior Bruto*.
(3) INEM: *Instituto Nacional de Empleo*.

El crecimiento de la economía

Las costas de Levante continúan siendo un destino prioritario para muchos españoles.

Otro sector en expansión es el de las llamadas "industrias culturales" o "cuarto sector" -cultura y ocio-, que aporta casi el 5% del PIB. La industria editorial española es la tercera de la Unión Europea y la quinta del mundo. Iberoamérica absorbe el 54% de las exportaciones de libros españoles, la Unión Europea el 33% y los Estados Unidos el 5%.

El desarrollo de la economía española está condicionado por la insuficiencia de los recursos energéticos nacionales. Las principales fuentes de energía en España son los hidrocarburos -la producción española de petróleo es irrelevante- , la hidroelectricidad, la energía nuclear y el carbón. El aporte de las energías alternativas -solar, eólica, mareomotriz y geotérmica- es del 6% aproximadamente. España se está consolidando como la tercera potencia mundial en energía eólica. El Plan Energético Nacional 1991-2000 daba prioridad al gas sobre la energía nuclear, cuyos planes de expansión han sido abandonados.

A pesar de la escasez de recursos energéticos, la actividad industrial española está logrando un crecimiento anual superior al 5%. Industrias en auge son la química, la aeronáutica, la de material ferroviario, la del calzado y las alimentarias. España está situada entre los cinco primeros países exportadores de material bélico. El sector informático está en crecimiento. En 1992 se creó el primer grupo español de electrónica, Inisel-Cecelsa, que posteriormente tomó el nombre de Indra. El heterogéneo sector de las pequeñas y medianas empresas que desarrollan actividades para otras proporciona unos 600.000 empleos y supone el 6% del PIB.

El comercio es el segundo sector en orden de magnitud después de la industria. España importa más productos de los que vende. Su balanza comercial es, por tanto, deficitaria. El mayor volumen del comercio se realiza con los países de la UE, seguidos a gran distancia por EEUU y Japón. Se está produciendo una mayor internacionalización y diversificación de las exportaciones españolas y un notable aumento de las mismas a los mercados latinoamericano y asiático. Los beneficios obtenidos de las inversiones en el exterior contribuyen a equilibrar la balanza de pagos.

Las inversiones en el exterior se han duplicado en los últimos años. Entre los países preferidos por los inversores españoles destacan Brasil, Argentina, Chile y Portugal. Los sectores que más atraen a los inversores españoles son las manufacturas, la banca y los seguros, transportes y comunicaciones, alimentación, bebidas, tabaco y energía. España se está consolidando como el primer país inversor en América Latina, por encima incluso de los Estados Unidos.

En el sector agrícola destacan los productos hortofrutícolas -España se ha convertido en la huerta de Europa-, los cítricos, el aceite y los vinos.

Hoy día, la superficie máxima de regadío en España es de unos 4,5 millones de hectáreas. El rendimiento de los regadíos es 4,61 veces superior al de secano. El mar tiene una importancia capital en la economía española, pues además de los empleos que genera, cada español consume al año unos 25 kilos de pescado. La extensión de las aguas nacionales a 200 millas ha privado a la flota de altura española de sus caladeros tradicionales.

El sector necesita, por tanto, reconvertirse y adaptarse a las nuevas circunstancias. La acuicultura, actividad en desarrollo, podría ser la alternativa del futuro.

El 53% de las líneas de ferrocarril están electrificadas y el 24% es de doble vía. En abril de 1992 comenzó a funcionar el primer tren español de Alta Velocidad entre Madrid y Sevilla. Según el "Plan Director de Infraestructuras 1993-2007" España se conectará a la red europea de alta velocidad por Cataluña y el País Vasco. También está prevista la construcción de líneas de alta velocidad desde Madrid a Barcelona, Valencia, Málaga, Valladolid y a la frontera portuguesa. El país está comunicado por una red de carreteras que suman unos 163.000 km. de longitud, de los cuales más de 2.000 son autopistas y unos 5.000 son autovías. El "Plan Director de Infraestructuras" contempla la modificación de la estructura radial de la red y el aumento del número de autopistas de peaje, de autopistas y autovías libres. Los puertos de Algeciras, Barcelona, Valencia, Bilbao y Las Palmas se encuentran entre los cien primeros del mundo. Por ellos circula el 82% del tráfico nacional de mercancías. En fecha reciente ha dado comienzo la privatización de Iberia, compañía aérea estatal.

Mapa de las principales redes ferroviarias, actuales y futuras.

El AVE. El primer Tren de Alta Velocidad Español une las ciudades de Madrid y Sevilla.

El marco jurídico-constitucional

Juan Carlos I en la ceremonia de su proclamación como Rey de España.

Tras la muerte del general Franco (20 de noviembre de 1975) comenzó la Transición Democrática, período histórico en el que se desmontaron las viejas estructuras del régimen franquista y España se convirtió en una democracia organizada bajo la forma de una monarquía parlamentaria. Hitos fundamentales de aquel período fueron la reunión de las primeras Cortes democráticas (22 de junio de 1977) desde la Segunda República y la proclamación de la Constitución de 1978.

El Estado de Derecho

La Constitución define a España como un Estado social y democrático, proclama la soberanía nacional y consagra la monarquía parlamentaria como forma del Estado; reconoce el derecho a la autonomía de las nacionalidades y regiones de España; establece la separación de poderes, la aconfesionalidad del Estado, la unidad jurisdiccional y la independencia de los jueces; garantiza los derechos individuales y colectivos, delimita las atribuciones de las Fuerzas Armadas, instituye el Tribunal Constitucional y crea la figura del Defensor del Pueblo. Las Cortes son el órgano de representación nacional.

"El Rey es el Jefe del Estado, símbolo de su unidad y permanencia, arbitra y modera el funcionamiento regular de las instituciones, asume la más alta representación del Estado español en las relaciones internacionales, especialmente con las naciones de su comunidad histórica, y ejerce las funciones que le atribuyen expresamente la Constitución y las leyes".

Artículo 56.1 del
Capítulo 5º del Título II
de la *Constitución Española*.

Las Cortes son depositarias de la soberanía nacional y órgano supremo de la representación nacional, poseen la iniciativa legislativa y controlan la acción del Ejecutivo. Las componen dos Cámaras: el Congreso de los Diputados, que representa al pueblo, y el Senado, cámara de representación territorial. Ambas Cámaras son elegidas por sufragio universal y ambas eligen a sus propios presidentes. El período de cada legislatura es de cuatro años.

El Gobierno está formado por el presidente, los vicepresidentes y los ministros. Entre otras facultades, la Constitución atribuye al Presidente del Gobierno la dirección del mismo y la coordinación de sus miembros, así como la de proponer la disolución de las Cámaras y, previa autorización del Congreso, la convocatoria de referéndum.

La Constitución garantiza la independencia del poder judicial. El establecimiento del jurado y la reforma del Código Penal culminaron el proceso de adaptación del sistema judicial a la democracia.

A partir de diciembre de 2001 las Fuerzas Armadas serán profesionales y el servicio militar dejará de ser obligatorio. Las Fuerzas Armadas españolas participan en misiones de paz y pacificación en diversas regiones del planeta.

"Las Fuerzas Armadas, constituidas por el Ejército de Tierra, la Armada y el Ejército del Aire, tienen como misión garantizar la soberanía e independencia de España, defender su integridad territorial y el ordenamiento constitucional".

Artículo 56.1 del
Capítulo 5º del Título II
de la *Constitución Española*.

El Congreso de los Diputados. Centro de la actividad parlamentaria española, está situado en el corazón de Madrid.

El Estado Autonómico

La Constitución reconoce el derecho a la autonomía de las nacionalidades y regiones de España: "La Constitución se fundamenta en la indisoluble unidad de la Nación española, patria común e indivisible de todos los españoles, y reconoce y garantiza el derecho a la autonomía de las nacionalidades y regiones que la integran y la solidaridad entre todas ellas". A partir de este reconocimiento constitucional se sustituyó la estructura centralista y unitaria del Estado por una organización plural y descentralizada del mismo, el Estado de las Comunidades Autónomas (CCAA), dotadas, cada una de ellas, de amplia autonomía política y administrativa, que se concreta y desarrolla en sus respectivos Estatutos. Todas las Comunidades Autónomas tienen un Presidente, un Consejo de Gobierno y una Asamblea. Las competencias exclusivas del Gobierno central versan fundamentalmente sobre las Fuerzas Armadas, Defensa, relaciones internacionales, representación en el exterior y Administración de Justicia. El Delegado del Gobierno se encarga en cada comunidad autónoma de la dirección de la Administración del Estado.

De acuerdo con las características históricas, lingüísticas, culturales y económicas de las regiones y provincias, se constituyeron 17 Comunidades Autónomas: Andalucía, Aragón, Cantabria, Castilla-La Mancha, Castilla y León, Cataluña, Comunidad Foral de Navarra, Comunidad Valenciana, Extremadura, Galicia, Islas Baleares, Islas Canarias, La Rioja, Madrid, País Vasco, Principado de Asturias, Región de Murcia. Ceuta y Melilla son dos ciudades con estatutos de autonomía.

Banderas oficiales de las 17 Comunidades Autónomas (y las 2 ciudades autónomas).

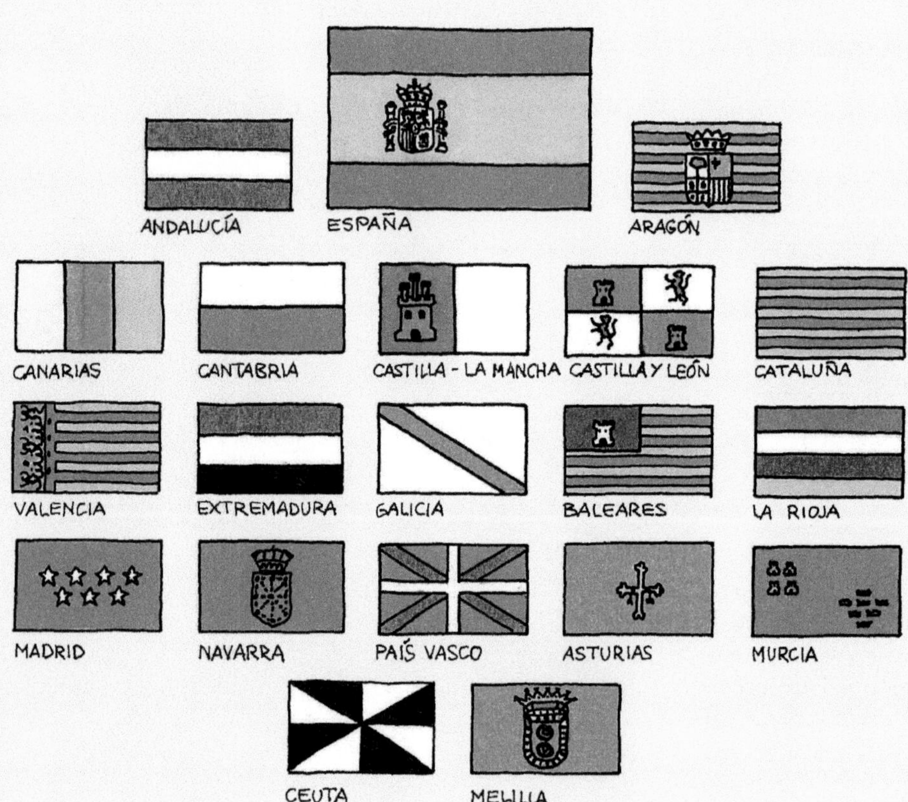

La Ley Orgánica de Financiación de las Comunidades Autónomas (LOFCA) regula el régimen común de financiación. Navarra y el País Vasco disponen de administraciones fiscales propias por razones históricas. En 1993 se cedió a las administraciones autonómicas el 15% del IRPF (4), porcentaje que subió al 30% en 1996. Está previsto aumentar este porcentaje y la cesión de parte de los impuestos especiales.

El Estado Autonómico

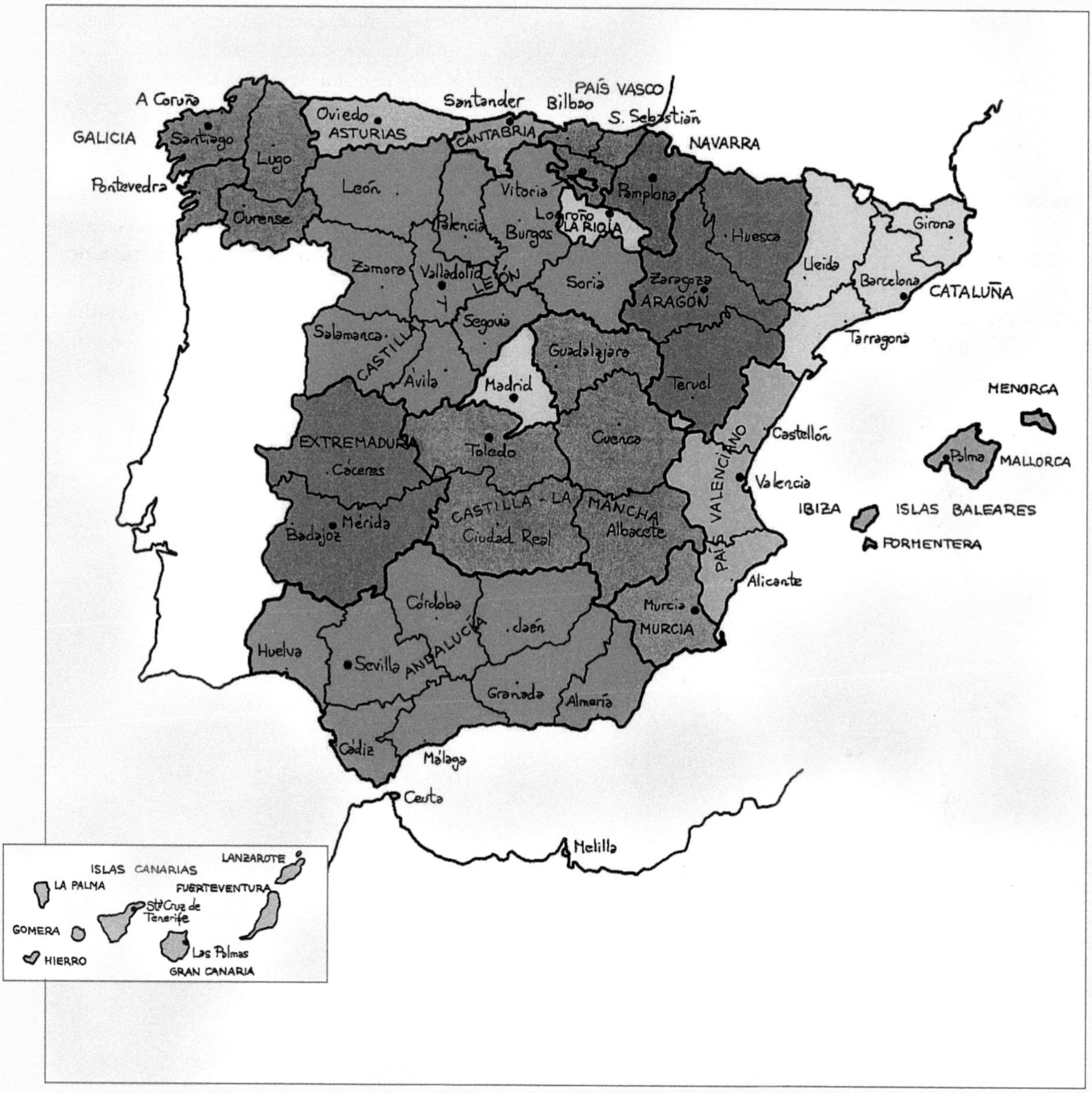

Mapa político de España.

Como resultado del afán de los gobiernos de las CCAA por alcanzar el máximo nivel de competencias, de las diferentes actitudes ante el bilingüismo y de los diversos criterios respecto a la financiación autonómica, el nuevo orden jurídico-institucional del Estado autonómico no se está consolidando sin discrepancias entre los gobiernos central y autónomos e incluso entre estos.

Las Administraciones Públicas están organizadas en tres niveles: Administración Central o General, regida directamente por el Gobierno de la Nación; Administración Autonómica, dependiente de los Gobiernos autonómicos; y las Administraciones Locales, encargadas de la administración de las Corporaciones Locales. Las islas Canarias y las Baleares disponen de órganos de autogobierno distintos del provincial: el Cabildo y el Consejo Insular respectivamente.

(4) IRPF: *Impuesto sobre la Renta de las Personas Físicas.*

Los partidos políticos: el centrismo

Los partidos políticos mayoritarios son de ideología centrista. Su acceso al poder ha respondido a la nueva realidad social, en la que las clases medias, pragmáticas y moderadas en sus convicciones, han sustituido el enfrentamiento tradicional entre las "dos Españas" por la cultura del pacto.

El Partido Popular (PP), de centro derecha reformista, ganó, bajo la dirección de José María Aznar, las elecciones de 1996 y de 2000. El Partido Socialista Obrero Español (PSOE), marxista y republicano en sus orígenes, evolucionó posteriormente hacia posturas de signo social demócrata. Dirigido por Felipe González, ganó las elecciones de 1982, 1986, 1989 y 1993. El Partido Comunista de España (PCE) forma parte de la coalición electoral de partidos de izquierda denominada Izquierda Unida (IU), que postula un nuevo orden político republicano y confederal. Los partidos nacionalistas son mayoritarios en Cataluña y en el País Vasco.

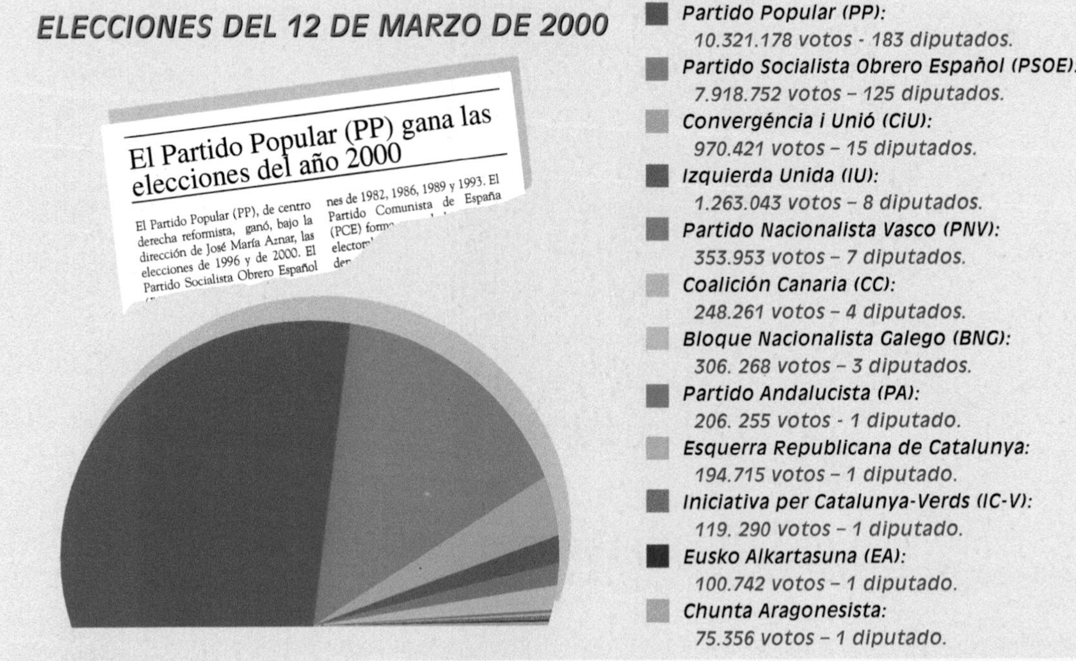

Resultado de las elecciones legislativas del 12 de marzo de 2000.

Los nacionalismos ibéricos

Los nacionalismos ibéricos surgieron en el siglo XIX en el seno de los regionalismos, movimientos románticos de reivindicación de las culturas regionales de España. Se consolidaron como movimientos políticos cuando en Europa se reconoció el derecho de las nacionalidades a erigirse en estados. La Primera República (1873-1874) canalizó sus demandas en un proyecto de organización federalista del Estado. La Segunda República (1931-1939) instituyó la autonomía político-administrativa de varias regiones de España. Los partidos nacionalistas se mantuvieron en la clandestinidad durante el franquismo, renacieron con renovado impulso durante la Transición Democrática, y se han convertido, con la democracia, en importantes fuerzas políticas, sobre todo en Cataluña y en el País Vasco.

En el caso de Cataluña, los nacionalistas de Convergéncia i Unió (CiU) aspiran a mayor autonomía en el marco del Estado español. El Partido Nacionalista Vasco (PNV) acata pero no reconoce la Constitución, y reclama su reforma como premisa para lograr un Estado plurinacional. De ideología socialdemócrata es el partido Eusko Alkartasuna (EA), escindido del PNV en 1986. Minoritarias agrupaciones nacionalistas radicales sirven de cobertura a ETA (5), grupo que aspira a conseguir mediante el terrorismo más brutal lo que no puede lograr por la vía democrática. En Galicia, el Bloque Nacionalista Galego (BNG) integra a las fuerzas regionalistas.

(5) ETA: *Euskadi Ta Askatasuna: País Vasco y Libertad.*

Los nacionalismos ibéricos

Representantes de los partidos nacionalistas de las "comunidades históricas", así llamadas por su mayor tradición autonómica -Convergència i Unió, Partido Nacionalista Vasco y Bloque Nacionalista Galego- se reunieron en Barcelona en junio de 1998 con el fin de unificar sus objetivos políticos. Según los firmantes de la denominada Declaración de Barcelona, se trataba de abrir nuevas vías de diálogo y de establecer una nueva cultura política basada en el reconocimiento jurídico-político de las nacionalidades catalana, gallega y vasca. Los nacionalistas aspiran a sustituir el actual Estado de las Comunidades Autónomas, que consideran agotado, por una organización confederal más acorde con la realidad plural de España, por lo que proponen la apertura de un período constituyente. Objetivos inmediatos de los partidos nacionalistas son conseguir el más alto nivel de autonomía política y administrativa, la soberanía fiscal, la reforma del Tribunal Constitucional, representatividad en los organismos europeos y el reconocimiento de sus respectivas selecciones deportivas.

Libertad religiosa y de culto

La libertad religiosa y de conciencia está garantizada por la Constitución. Los católicos son mayoritarios en España, si bien el número de practicantes se ha reducido últimamente. Según una reciente encuesta realizada por el Centro de Investigaciones Sociológicas (CIS), el 83,6% de los españoles se declara católico, el 4% ateo, un 2% creyente de otra religión y un 7,9% no creyente. La enseñanza de la religión es potestativa en los centros escolares. La Federación de Confesiones Religiosas Evangélicas de España (FEREDE) reúne a unos 350.000 protestantes. En España hay unos 400.000 musulmanes y unos 25.000 judíos.

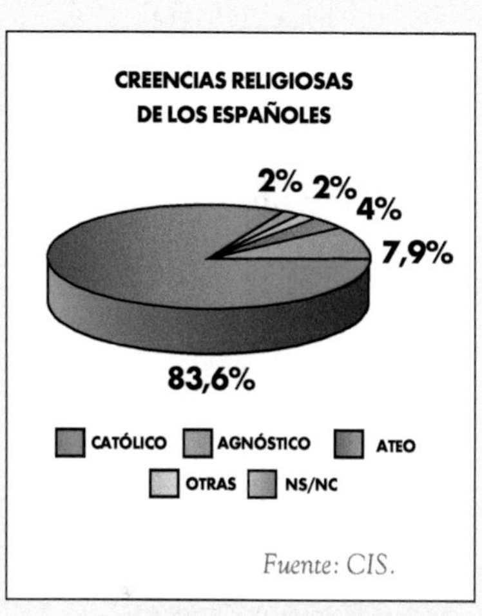

Fuente: CIS.

El reto de la educación

La Constitución proclama en su Artículo 27 el derecho a la educación de todos los españoles, la libertad de enseñanza, la obligatoriedad y la gratuidad de la enseñanza básica.

> *1. Todos tienen el derecho a la educación. Se reconoce la libertad de enseñanza.*
> *4. La enseñanza básica es obligatoria y gratuita.*
>
> Artículo 27.1 y 27.4 de la *Constitución Española.*

Los gobiernos democráticos han llevado a cabo un considerable esfuerzo en materia educativa: la Ley Orgánica del Derecho a la Educación (LODE) garantiza la gratuidad de la enseñanza obligatoria, de manera que los niños y jóvenes entre seis y dieciséis años están escolarizados en su totalidad gratuita y obligatoriamente, el número de estudiantes en los niveles medios y superiores está en progresión, y el analfabetismo ha sido prácticamente erradicado. La Ley de Ordenación General del Sistema Educativo (LOGSE) ha establecido los diferentes niveles y secciones de la enseñanza.

Uno de cada tres jóvenes españoles es estudiante universitario. España es el segundo país europeo en número de estudiantes del ciclo superior. La proporción entre el número de profesores y alumnos es similar a la media comunitaria. En cuanto a la igualdad de oportunidades, cada vez es mayor el porcentaje de estudiantes universitarios hijos de padres que sólo siguieron estudios primarios.

Según el Consejo Económico y Social (CES), los jóvenes universitarios titulados tardan una media de 11 meses en encontrar empleo. Las ingenierías superiores, la carrera de Informática y las licenciaturas en Empresariales y en Matemáticas son los títulos más demandados en el mercado de trabajo.

El porcentaje de titulados superiores en la población entre 25 y 64 años es del 10% -la media de la UE es del 15%-. El número de universidades públicas asciende a 54 y a 10 el de privadas. El número de institutos, colegios y centros de formación profesional es de 20.974. La tasa de alfabetización es del 97,4%.

La Seguridad Social

El desequilibrio creciente entre el número de cotizantes a la Seguridad Social y el de pensionistas -2,28 cotizantes por cada pensionista- y el aumento del gasto sanitario mantienen en permanente actualidad el debate sobre la financiación y la reforma de la Seguridad Social. Los partidos políticos acordaron un programa reformista en el Pacto de Toledo (1995). El Gobierno elaboró un Plan que aumenta el número de años trabajados para el cálculo de la pensión que se percibirá, favorece el retraso de la edad de jubilación mediante la concesión de ventajas fiscales a las empresas por los empleados mayores de 65 años, fomenta con bonificaciones fiscales los fondos de pensiones, crea el Fondo de Reserva de la Seguridad Social y condiciona la percepción del seguro de desempleo a la aceptación por el trabajador de las ofertas adaptadas a su formación. El crecimiento del empleo, la bonanza económica, la lucha contra el fraude y otras medidas han equilibrado las cuentas de la Seguridad Social. El 49% del PIB se destina a las prestaciones sociales.

Las relaciones laborales

El Estatuto de los Trabajadores de 1980 es la norma básica que regula la relación del trabajador con la empresa. Los sindicatos mayoritarios son Comisiones Obreras (CCOO), de ideología comunista, y la Unión General de Trabajadores (UGT), socialista. Otras organizaciones sindicales son la CNT, anarquista, y la CSIF, sindicato independiente de funcionarios. Sindicatos regionalistas son el vasco ELA/STV (6) y el gallego CIG (7). Las organizaciones patronales están integradas en la Confederación Española de Organizaciones Empresariales (CEOE).

En 1996 el diálogo entre la patronal, CEOE, y los sindicatos mayoritarios, UGT y CCOO, sirvió de base a la reforma laboral de mayo de 1997, que puso límites a la contratación temporal, primó con incentivos fiscales la contratación estable y flexibilizó el despido.

A comienzos de 2001, el Gobierno y los agentes sociales han iniciado conversaciones para reformar el mercado de trabajo y para mejorar el sistema de pensiones.

Las relaciones internacionales

La instauración de la democracia a partir de 1975 significó la normalización de las relaciones exteriores de España y la recuperación del lugar que por su historia, cultura, economía y demografía le corresponde en el concierto mundial de naciones. España se incorporó a la OTAN (8) en 1982, y posteriormente se ha integrado en su estructura militar. España ingresó en la Comunidad Económica Europea en 1986 y es miembro de la UEO (9) desde 1989. Durante el primer semestre de 1989 ostentó la presidencia de la Unión Europea. Madrid fue sede en 1991 de la conferencia que dio comienzo al proceso de paz entre Israel y los palestinos. España mantiene su tradicional política de amistad con los países hispanoamericanos, con los que ha reforzado sus relaciones diplomáticas, económicas y culturales, y manifiesta su voluntad de servirles de puente con la UE.

Conferencia de Paz en Madrid. Encuentro de palestinos e israelíes (1991).

(6) ELA/STV: *Eusko Langille Alkartasuna/Solidaridad Trabajadores Vascos.*
(7) CIG: *Confederación Intersindical Gallega.*
(8) OTAN: *Organización del Tratado del Atlántico Norte. También NATO.*
(9) UEO: *Unión Europea Occidental.*

El problema de Gibraltar

Gibraltar es una colonia británica desde que fue ocupado por el ejército inglés que participaba en la Guerra de Sucesión (1701-1714) en apoyo de uno de los bandos españoles en conflicto. Por el Tratado de Utrecht (1713), España reconoció a la Corona británica la "plena y entera propiedad" de la ciudad y del castillo de Gibraltar, pero no le cedió la soberanía sobre los mismos ni sobre las aguas colindantes, como tampoco acordó a la colonia el derecho a la comunicación por vía terrestre con España. El Tratado otorgó a España el derecho a recuperar la propiedad de Gibraltar en caso de retirada de Inglaterra, razón por la que el Gobierno español se opone a la pretensión de los gibraltareños de convertir la colonia en un Estado independiente. Los ingleses han ocupado ilegalmente parte del istmo y han extendido su soberanía sobre las aguas españolas próximas a la colonia.

España ha reivindicado siempre la devolución de Gibraltar, pero respeta la legítima voluntad de los gibraltareños de continuar siendo británicos. Al objeto de encontrar una solución pactada al conflicto, las autoridades españolas han ofrecido compartir la soberanía con las inglesas durante un dilatado período de tiempo, tras el que los gibraltareños se integrarían en el Estado español de las Comunidades Autónomas, en el que gozarían de amplia autonomía política y administrativa, y conservarían su nacionalidad, lengua y cultura.

Aunque el origen histórico y el estatus jurídico de Ceuta y Melilla, dos ciudades españolas situadas en el norte de África, son diferentes al de Gibraltar, es indudable que existen semejanzas entre ambas situaciones, lo que debilita la posición de España.

La Cooperación Internacional para el Desarrollo

La cooperación con los pueblos del Tercer Mundo está reglamentada por la Ley de Cooperación Internacional de 1998, que establece como prestaciones prioritarias "los servicios sociales básicos, con especial incidencia en salud, saneamiento, educación, obtención de la seguridad alimentaria y formación de recursos humanos". La Agencia Española de Cooperación Internacional es el organismo encargado de la canalización de la ayuda española.

Existen varias modalidades de ayuda: los créditos FAD (10), créditos blandos destinados a la adquisición de productos españoles, subvención a proyectos de interés social, ayuda no reembolsable y ayudas y subvenciones a organizaciones no gubernamentales. Marruecos es el país que más fondos no reembolsables recibe de España. La Administración fomenta la venta de la deuda contraída por los países no solventes a organizaciones no gubernamentales. Las ONG (11) la venden a su vez a un precio inferior al país deudor con el compromiso de que aplique la cantidad condonada al fomento del desarrollo. El gobierno se propone elevar al 0,30% del PIB la ayuda al desarrollo, mientras que las organizaciones no gubernamentales reclaman el 0,7%.

Cascos azules de la ONU. El ejército español participa en misiones de paz de alcance internacional.

(10) FAD: *Fondos de Ayuda al Desarrollo.*
(11) ONG: *Organización No Gubernamental.*

La cultura contemporánea

Museo Nacional Centro de Arte Reina Sofía. Madrid.

Las notas dominantes de la cultura española de finales del siglo XX y comienzos del XXI son la dinamización de la creatividad, el desarrollo de las infraestucturas y el incremento de su presencia en el exterior, donde ha aumentado el interés por la lengua española, cuyo origen, historia y situación actual exponemos en el presente capítulo.

Las lenguas de España: español, catalán, gallego y vasco

El español es la lengua oficial de España, de los Estados hispanoamericanos y de la República africana de Guinea Ecuatorial. Recibe también el nombre de castellano, por Castilla, su región de origen. Procede del latín vulgar hablado por la población de la región del Alto Ebro. Los primeros testimonios conocidos del español escrito son del siglo X. El español es la lengua románica más hablada y la cuarta entre todas las del mundo -después del chino, del hindi y del inglés-, además de un importante vehículo de comunicación internacional. Su importancia procede tanto del número de hablantes -cerca de 400 millones, de los que sólo 40 son españoles-, como de su función. El 50% de las páginas de Internet en español proceden de España. Su presencia en este medio está en auge, aunque todavía es modesta y no corresponde a su importancia real como vehículo de comunicación internacional.

En 1492 Elio Antonio de Nebrija publicó su gramática *Arte de la Lengua Castellana*, "la primera dedicada a una lengua europea moderna" (Malmberg), que estableció los primeros cánones para su uso. Durante los Siglos de Oro (XVI-XVII) se extendió por toda la Península Ibérica, incluido Portugal, sobre todo como vehículo de expresión literaria. Su expansión se debió al establecimiento de la capitalidad en Madrid (1561), al creciente liderazgo político y económico de Castilla, y a su gran dinamismo literario y cultural. La hegemonía política y militar de España durante el siglo XVI y parte del XVII dio proyección internacional a la lengua, que se extendió por los extensos territorios del Imperio. Luis Cabrera decía en 1616 que era "conocida en todo lo que alcanzaba el Sol, llevada por las banderas españolas". En 1713 se fundó la Real Academia Española de la Lengua (RAE).

En el siglo XVIII se configuraron las formas del español contemporáneo. Existen hoy en día los dialectos leonés y aragonés, los subdialectos extremeño y murciano y las variedades andaluza, canaria e hispanoamericanas. En América se habla en una veintena de países, con una singular unidad en el habla culta, e incluso con menor diferenciación que en otros idiomas en las hablas vulgares y coloquiales. El español es la segunda lengua de los Estados Unidos de América, donde residen unos 36 millones de hispanos que constituyen la minoría más numerosa en alguno de los estados más poblados. El español es en la actualidad la lengua más estudiada por los alumnos americanos. En las islas Filipinas, posesión española desde mediados del siglo XVI hasta 1898, nunca se generalizó su uso; sin embargo, hoy quedan miles de términos hispanos en el tagalo y en las demás lenguas filipinas.

Entre 150.000 y 350.000 sefardíes, hebreos de origen hispano, utilizan aún el judeo-español, lengua de comunicación familiar con rasgos propios y numerosos arcaísmos. Lenguas criollas son el "chabacano" de Filipinas y el "chamorro" de la isla de Guam. El *spanglish* de los chicanos, descendientes de la población de los territorios mexicanos anexionados por los EE UU a mediados del siglo XIX, es una curiosa mezcla de español e inglés.

PRENSA

"El español es ahora mismo una de las grandes lenguas del mundo: es el idioma oficial de una veintena de naciones, uno de los tres que habitualmente se consideran oficiales y de trabajo en múltiples organismos internacionales, una lengua de prestigio de primer orden, la más homogénea -dentro de su fertilísima diversidad- de entre todas las grandes lenguas internacionales, y una lengua en expansión por todo el planeta.
A las puertas del nuevo milenio, está a punto de alcanzar los 400 millones de hablantes, pero no ha tocado techo ni lo tocará en el próximo siglo. Sólo en Estados Unidos, la propia Oficina del Censo calcula que en 2050 habrá 98 millones de hispanos, y que allá para el lejano 2100 lo serán uno de cada tres estadounidenses".

En "La geografía de la lengua española ante el siglo XXI", de Fernando R. Lafuente. *ABC*. 11-4-2000.

El catalán se formó a partir del latín vulgar que se hablaba en el noreste de Hispania, nombre latino de la Península Ibérica. Su primer testimonio escrito procede del siglo X. En la época moderna quedó reducido al ámbito familiar. Renació como lengua literaria en el siglo XIX, al calor de la *Renaixença*, movimiento de afirmación regional y de recuperación de la cultura autóctona. El Institut d'Estudis Catalans, fundado en 1907, promovió su normalización. Además de lengua oficial de Cataluña, junto con el español, el catalán es la lengua oficial de Andorra. Sus variedades balear y valenciana también son lenguas oficiales de las Islas Baleares y de la Comunidad Valenciana, respectivamente, junto con el español.

Las lenguas de España: español, catalán, gallego y vasco

La lengua gallega procede del latín vulgar que se hablaba en el noroeste de Hispania. El gallego y el portugués fueron, en origen, la misma lengua. La separación entre ambas se produjo en los siglos bajomedievales. Los más antiguos testimonios escritos en gallego proceden del siglo XI. Como el catalán, el gallego fue importante vehículo de expresión literaria durante la Edad Media, quedó prácticamente reservado al ámbito familiar durante la Edad Moderna, y recuperó su función literaria en el siglo XIX, en el seno del movimiento regionalista del *Rexurdimento*.

La lengua vasca es la más antigua de España. Se han formulado diversas teorías sobre su origen: ibérico, caucásico, beréber. Para algunos autores procede del sustrato lingüístico prehistórico europeo sobre el que se impusieron las lenguas indoeuropeas. La deficiente romanización de los vascos facilitó la supervivencia de su lengua. Los primeros testimonios escritos en lengua vasca proceden del siglo X. Son unos términos anotados junto a otros castellanos en las Glosas Emilianenses, del Monasterio de San Millán de la Cogolla. La literatura vasca ha sido tradicionalmente de carácter oral. El primer libro en lengua vasca es de mediados del siglo XVI. La mayor parte de las obras escritas en la época moderna son de carácter religioso. En el País Vasco hubo un movimiento de recuperación de la lengua autóctona en el siglo XIX, como en Cataluña y Galicia. En 1919 se creó la Academia de la Lengua Vasca. La unificación de los dialectos vascos se llevó a cabo a finales de los años sesenta mediante la combinación de la lengua oral y literaria.

A pesar de la dilatada convivencia de todas las lenguas peninsulares, la manipulación política del bilingüismo es origen de algunas tensiones. La polémica ha adquirido especial intensidad en Cataluña -el 97% de la población de Cataluña es bilingüe-, a causa de la política de inmersión lingüística de la Generalidad, que, oficialmente, tiene como objetivo defender la lengua autonómica frente al predominio del español.

"Es un hecho indiscutible que las regiones "incómodas", "difíciles", las que plantean con frecuencia problemas de inserción en España, son aquellas que poseen, aparte del español, una lengua privativa. El "regionalismo" que parece inquietante o peligroso es siempre el de las regiones que presentan una peculiaridad lingüística. Como tales regiones son varias -y muy distintas entre sí-, esto debería llevar a cada una de ellas a pensar que ninguna es tan "peculiar" como suele decirse, que su situación no es "única", y que por tanto no tiene sentido plantear la cuestión en los términos habituales: tal región y el resto de España; más bien habría que pensar en la situación de las diversas regiones (por lo menos de algunas) en España".

En *La España real*, de Julián Marías. Espasa-Calpe. 1976.

El hispanismo

El interés por el conocimiento de la cultura española en el extranjero es muy antiguo, lo que se ha traducido en la incorporación gradual de su estudio a los programas universitarios, de manera que hoy en día es excepcional la universidad extranjera que carece de un departamento de español o de estudios hispánicos. La difusión creciente de la lengua española y el mayor protagonismo de España en las relaciones políticas, económicas y culturales internacionales están contribuyendo al auge del hispanismo. Fueron hitos en su desarrollo la creación de una cátedra de español en Harvard (1815), la de la revista *Bulletin Hispanique* (1888), la de la *Hispanic Society* (1907), la de la *American Asociation of Teachers of Spanish* (1917), la celebración del Congreso de Hispanistas de Dresde (1922), la fundación de la revista inglesa *Bulletin of Hispanic Studies* (1923), la de la revista americana *Hispanic Revue* (1933), la de la Asociación Internacional de Hispanistas (1962), y la organización de los Congresos Internacionales para la Enseñanza del Español a partir de 1971.

El pensamiento filosófico

La filosofía española contemporánea es continuadora de la que en los años setenta -Generación del Compromiso- rompió con las formas de pensamiento institucionalizadas por el franquismo. Igual que en el arte, el panorama del pensamiento filosófico es extraordinariamente variado y heterogéneo. Los filósofos tratan los más variados temas y, en líneas generales, son dialécticos y analistas de la crisis de valores contemporánea. Entre los pensadores, Fernando Savater se plantea cuestiones éticas, Eugenio Trías analiza la espiritualidad, Jesús Mosterín es ensayista científico-filosófico y Gustavo Bueno es creador de un riguroso sistema filosófico.

Fernando Savater. Figura de máxima actualidad por su oposición al nacionalismo vasco radical.

PRENSA

"Sí. La matemática no es una ciencia, en el sentido en el que lo son la física, la biología o la economía. Está a medio camino entre el arte y la ciencia. Las ciencias dan conocimiento sobre la realidad: la matemática, no. La matemática es la única actividad del espíritu humano que es puramente conceptual o puramente de pensamiento. En todas las demás cosas introducimos una mezcla de pensamientos, razonamientos, observaciones, datos. La matemática es la única actividad en la que sólo hay pensamiento". (Jesús Mosterín)

De la entrevista de Francesc Arroyo a Jesús Mosterín.
EL PAÍS (BABELIA). 18-3- 2000.

Investigación y Desarrollo

España invierte más en investigación básica que en tecnológica; en Europa ocupa el quinto lugar por el número de artículos científicos publicados -2,3% de la producción mundial- y dedica el 0,86 del PIB a la investigación científica. Se espera elevar este porcentaje al 1,2% en el año 2003. La Oficina de Ciencia y Tecnología (OCYT) se propone centralizar y planificar los programas de investigación de los diferentes departamentos. Al objeto de promoverla, se conceden incentivos a las empresas que invierten en investigación y se intenta conseguir la colaboración de los investigadores españoles formados en el extranjero.

España se encuentra entre los diez primeros países en investigación en las especialidades biológicas, biomédicas, matemáticas y químicas. Un organismo de gran relevancia científica es el Centro de Biología Molecular Severo Ochoa, dependiente de la Universidad Autónoma de Madrid y del Consejo Superior de Investigaciones Científicas (CSIC). Entre las personalidades científicas actuales, Joan Massagué investiga el proceso de división celular; Margarita Salas, especialista en biosíntesis de las proteínas y en control y replicación genética, ha sido elegida por la UNESCO "investigadora europea 1999"; Francisco Torrent ha precisado la estructura macroscópica del corazón.

Severo Ochoa. Premio Nobel de Medicina en 1959.

PRENSA

"Al observar la situación de la matemática española de hace 50 años y la que se da actualmente en nuestro país podemos poner los ojos en muchos aspectos que nos llenan de esperanza hacia el futuro... La investigación matemática en nuestro país, a pesar de todos los pesares (endogamia, carencias en la financiación,...) ha experimentado un desarrollo espectacular, pasando del 0,0% de la producción mundial hace 50 años al 4% en la actualidad. Algunos de nuestros investigadores son premiados y buscados internacionalmente. Tenemos unos cuantos excelentes centros de investigación en aspectos concretos del desarrollo matemático de gran proyección internacional. Existen en nuestro entorno revistas en las que se publican trabajos de investigación de gran altura, algunas de ellas con lugares importantes en la clasificación internacional. La Sociedad Catalana de Matemáticas está organizando el Tercer Congreso Europeo de Matemáticas..."

En "El vigor del estudio de la matemática", de Miguel de Guzmán.
EL MUNDO (Cultural). 2-1- 2000.

La literatura española contemporánea

La narrativa española contemporánea ha recuperado la estructura tradicional del relato novelesco -argumento, protagonistas, situaciones, desenlace-. En general, los nuevos autores se sirven de la imaginación y de la ficción, rechazan el concepto de novela ideológica, y cultivan preferentemente los temas urbanos y de actualidad.

Nombres vinculados al nuevo lenguaje literario son, entre otros muchos, Javier Marías, Antonio Muñoz Molina, Juan Manuel de Prada y Enrique Vila-Matas. Junto a los nuevos autores, novelistas veteranos como Camilo José Cela (Premio Nobel 1989) y Miguel Delibes son personalidades fundamentales del panorama literario español contemporáneo. Francisco Umbral, Premio Cervantes 2000, es columnista, crítico y novelista postmoderno de sugerente prosa. Manuel Vicent recrea en sus novelas la atmósfera y la luminosidad mediterráneas. La incorporación a la creación literaria de gran número de mujeres ha significado un gran enriquecimiento para la misma. En la extensa nómina de autoras actuales destacan, por ejemplo, la novelista Rosa Montero y la poeta Carmen Jodra.

De la alta valoración internacional de la poesía española da idea la concesión del Premio Nobel de 1977 a Vicente Aleixandre. La poesía ha evolucionado del culturalismo a la denominada "poesía de la experiencia", más accesible al gran público, entre cuyos cultivadores comienza a manifestarse el experimentalismo vanguardista. Entre los grandes poetas veteranos, José Hierro (1922), ganador del Premio Cervantes 1998, embellece la realidad por medio del intimismo lírico.

"Vago por los pasillos de este hotel
construido en los años veinte
(cuando los gansters, la prohibición,
cuando Al Capone, emperador de Chicago).
Recorro los pasillos fantasmales de un hotel
que ya no existe, o que no existe todavía
porque están erigiéndolo delante de mis ojos,
piso a piso, día a día,
a lo largo del mes de abril de 1991:
es una proa que navega hacia Times Square,
en donde encallará.
No estuve aquí, no estaré aquí
para ver su culminación en la planta 40,
revestido por la cota de malla nocturna
-lluvia frenética de estrellas
de luciérnagas rojas, verdes, amarillas, azules,
que proclaman el triunfo de las tecnologías
"made in Japan, in Germany, in U.S.A.".

"Alma Mahler Hotel", de *Cuaderno de Nueva York*, de José Hierro. Hiperión. 1998.

Camilo José Cela. El escritor español recibió el Premio Nobel de Literatura en 1989.

En la escena de nuestros días predominan las obras de autores realistas veteranos como Buero Vallejo, el teatro comercial y el vanguardista. Algunos dramaturgos de preguerra y de posguerra gozan aún del favor del público. Importantes personalidades de la dramaturgia actual son José María Flotats, gran actor y director y José Sanchis Sinisterra, creador del Teatro Fronterizo de Barcelona (1977), cuya obra combina vanguardias y realismo fantástico. Desde los años sesenta, los grupos de teatro catalanes se han situado a la cabeza del vanguardismo hispano: *Els Joglars*, *Teatre Lliure*, *La Fura dels Baus*, etc.

Nombres importantes de la narrativa catalana de nuestros días son, por ejemplo, Baltasar Porcel y Quim Monzó. Joan Brossa, poeta postsurrealista, introdujo en España la poesía visual. Desde mediados de los años sesenta la literatura vasca viene experimentando un profundo proceso de renovación, del que es destacado ejemplo el poeta y novelista Bernardo Atxaga. Otro tanto puede afirmarse de la literatura en lengua gallega. Los poetas continúan la tradición de la lírica tradicional y los novelistas se han abierto a las corrientes de la narrativa contemporánea: Xavier Costa: *Agora que vou morrer axiña*; Alfonso Álvarez: *Xente de mala morte*; Xosé Cermeño: *Ciencia de facer as camas*; Alfredo Conde: *Breixo*; Manuel Rivas: *O lapis do carpinteiro*; Suso de Toro: *Non volvas*.

El cine y los medios de comunicación social

La recuperación de las libertades democráticas a partir de 1975 supuso la irrupción en las pantallas de asuntos hasta entonces prohibidos o controlados por la censura, así como la realización de un cine intelectual y preciosista. Algunos realizadores de la década obtuvieron premios en el exterior, entre ellos Carlos Saura con *Elisa, vida mía* (Cannes, 1977).

El éxito de *Volver a empezar*, de José Luis Garci, que fue premiada con el Óscar a la mejor película extranjera en 1982, marcó el comienzo de una brillante etapa del cine español. Durante la década de los ochenta Pedro Almodóvar se consagró internacionalmente: su película *Mujeres al borde de un ataque de nervios* obtuvo en Venecia el premio al mejor guión (1987).

El rasgo más original del gran realizador catalán Bigas Luna es el singular tratamiento del viejo tópico de la españolada, por ejemplo, en *Jamón, jamón*. La película *Belle Epoque*, de Fernando Trueba, también obtuvo en 1994 el Óscar de Hollywood a la mejor película en lengua no inglesa. Almodóvar ha continuado cosechando éxitos gracias a la originalidad de sus planteamientos. La concesión del Óscar de Hollywood en marzo de 2000 a su película *Todo sobre mi madre* ha venido a consagrar internacionalmente la brillante trayectoria del cine español.

Nuevos realizadores como Juanma Bajo Ulloa, Julio Medem, Álex de la Iglesia, etc., han diversificado la temática y han logrado conectar con el público gracias a la novedad de sus realizaciones. Así, la producción de películas se duplicó durante los años noventa y el cine español logró alcanzar una cuota de mercado del 15%.

Entre los diarios de mayor tirada destacan *El País*, *ABC*, *El Mundo*, *La Razón*, *El Periódico*, *La Vanguardia*, *El Correo Español* y *La Voz de Galicia*. Entre las denominadas "revistas del corazón", *Hola* se ha convertido en uno de los órganos de prensa españoles de mayor éxito nacional e internacional.

Mujeres al borde de un ataque de nervios. *Primer éxito internacional de Pedro Almodóvar. Productora El Deseo.*

EVOLUCIÓN DE LA AUDIENCIA DE LOS PRINCIPALES PERIÓDICOS

	1995	1996	1997	1998	1999	2000
TOTAL LECTORES PRENSA	**38,0**	**38,2**	**37,7**	**36,9**	**35,2**	**36,3**
MARCA	7,4	7,8	7,4	7,1	6,4	6,5
EL PAÍS	4,7	4,2	4,3	4,6	4,2	4,2
EL MUNDO	3,9	3,0	3,0	2,7	2,7	2,9
ABC				2,8	2,3	2,7
EL PERIÓDICO	2,7	3,0	2,9	2,7	2,4	2,4
AS	1,6	1,5	1,6	1,6	1,3	1,8
LA VANGUARDIA	1,9	2,1	2,0	1,9	1,8	1,8

Fuente: Audiencia General de Medios.

El número de radioyentes está en aumento desde comienzos de los años ochenta. En 1988 las emisoras públicas se integraron en las cadenas Radio Nacional y Radio Cadena Española. Durante esa década comenzaron a funcionar las cadenas autonómicas y las privadas incrementaron notablemente sus índices de audiencia.

En la década de los ochenta también comenzaron a funcionar los canales autonómicos de televisión. En 1990 dieron comienzo las emisiones de las cadenas privadas. En 1992 se puso en órbita el primer satélite español de telecomunicaciones, el Hispasat. La Ley del Cable de 1995 regula los canales de TV y los servicios proporcionados por las nuevas técnicas de la información.

La internacionalización de la música española

Plácido Domingo, José Carreras, Alfredo Kraus, Ainhoa Arteta, Teresa Berganza, Montserrat Caballé y otros grandes intérpretes españoles han contribuido a la internacionalización de la música española, a la vez que las grandes corrientes de la música culta internacional son cultivadas por los compositores "novísimos". La tradición de los cantautores, surgida en la década de los sesenta al calor de la oposición al franquismo, se mantiene entre creadores que han sustituido los viejos temas político-sociales por los lírico-musicales puros.

A la internacionalización del legado tradicional y popular español está contribuyendo el mestizaje musical, resultado de la fusión de los ritmos autóctonos con los foráneos, entre ellos los magrebíes, irlandeses, africanos, caribeños, el pop y el jazz.

El folclore

España posee un rico legado de música popular y tradicional. El origen de sus formas no siempre es bien conocido. La jota, de remotos orígenes, está prácticamente presente en todo el país en sus diferentes modalidades, siendo la aragonesa la más conocida. De origen céltico es la gaita, instrumento gallego por excelencia, así como la danza prima y el corri-corri asturianos. Gallegas son igualmente las alboradas y la muñeira. Gran popularidad tiene en Cataluña la sardana, danza nacional de la Comunidad Autónoma. De gran tradición son el fandango y las seguidillas, origen de muchas otras formas. En la Meseta se conservan formas tradicionales como los villancicos y las tonadas. Albaes, folíes y jotas son características de la Comunidad Valenciana, como lo son las montañesas en Cantabria, y el aurresku y el zorzico en el País Vasco. En Canarias ha habido préstamos mutuos entre la tradición local y la peninsular: guarachas, seguidillas, etc.

El flamenco es un arte tradicional en permanente renovación. Sobre sus orígenes se han formulado diversas teorías. Según algunos historiadores, sería resultado de la fusión de las tradiciones musicales de los pueblos que en el pasado habitaron la Andalucía occidental. Sus estilos y formas actuales comenzaron a configurarse en el siglo XVIII, en el seno de la reacción casticista-popular contra las modas musicales extranjeras. No se conoce bien el origen del término "flamenco". La denominación de "cante hondo" se aplica sobre todo a las formas más tradicionales.

Diversidad de tendencias artísticas

La pluralidad de corrientes y la permanente aportación de los artistas a las vanguardias dificultan la sistematización del arte español contemporáneo. Este hecho es singularmente evidente en el caso de las artes plásticas. Todas las corrientes internacionales -minimalismo, arte conceptual, neoexpresionismo, neofigurativismo, abstracción, etc.- están representadas en el panorama artístico español contemporáneo.

La arquitectura de creación es obra de autores independientes que comparten un afán común de sobriedad y que aspiran a conseguir

Museo Nacional de Arte Romano, Rafael Moneo. Mérida, Badajoz. Ministerio de Educación, Cultura y Deporte.

Rafael Moneo es uno de los arquitectos españoles de mayor proyección internacional.

Diversidad de tendencias artísticas

el máximo equilibrio entre estética y función, de lo que son gran ejemplo Rafael Moneo, Santiago Calatrava y Ricardo Bofill. Entre los escultores, Eduardo Chillida crea originales formas y volúmenes. Antonio López es pintor y escultor hiperrealista. Julio González es considerado el inventor de la escultura en hierro. Miquel Barceló es pintor neoexpresionista, Antonio Tápies es informalista. La batalla por el reconocimiento de la fotografía como disciplina artística ha sido ganada por una extensa nómina de profesionales: Ouka Lele experimenta permanentemente nuevas formas de expresión; Cristina García Rodero fotografía aspectos insólitos de la España tradicional.

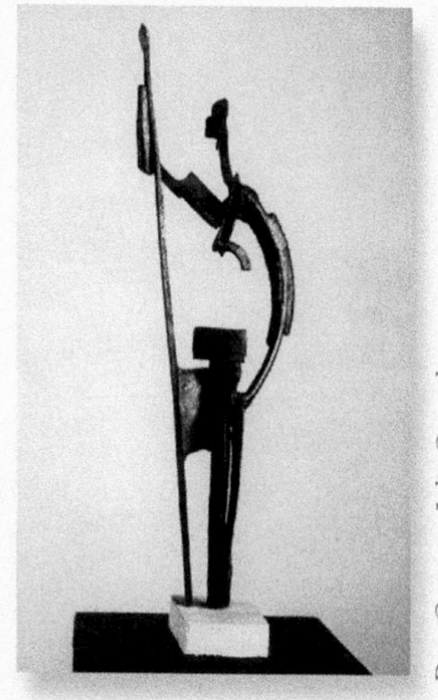

Don Quijote. Julio González. Museo Nacional Centro de Arte Reina Sofía. Madrid.

La moda y el diseño

La tradición creada por los grandes nombres de la moda española -Pedro Rodríguez, Asunción Bastida, Cristóbal Balenciaga- ha recibido un nuevo impulso con la fundación del Centro de Promoción del Diseño y de la Moda, con la organización de los salones Gaudí (Barcelona) y Pasarela Cibeles (Madrid) y, sobre todo, con la aparición de nuevos creadores que se han propuesto adaptar las formas a las necesidades de la mujer y del hombre actuales. Entre los creadores de moda -Roberto Verino, Antonio Pernas, Josep Font, etc.-, Adolfo Domínguez acuñó la famosa frase "la arruga es bella".

Los diseños españoles suscitan cada vez mayor atención fuera de España.

El diseño fue conceptuado en la época de la Transición Democrática como una de las señas fundamentales de la modernidad. Para el diseñador Javier Mariscal, "el diseño gráfico español ha ido alcanzando su mayoría de edad al compás de una democracia que -sobre todo en sus comienzos- decidió mimarlo porque sabía de su valor como elemento estratégico de primer orden".

Hitos en el desarrollo del diseño español fueron la fundación, en los años setenta, de la Sociedad de Estudios sobre el Diseño Industrial y del *Institut de Disseny Industrial* de Barcelona, que posteriormente se transformó en la Agrupación de Diseño Industrial (ADI). En los años ochenta se fundó la Escuela Experimental de Diseño de Madrid y se creó el Premio Nacional de Diseño. El diseño gráfico, industrial y de interiores recibió un fuerte impulso con la creación en 1991 de la Primavera del Diseño.

La gastronomía

A excepción de algunos platos como la paella, la cocina española no es bien conocida en el exterior. Falta una difusión adecuada de este importante patrimonio cultural. En España es más propio hablar de cocinas regionales que de una cocina nacional, pues cada región cuenta con sus especialidades. La cocina popular y tradicional es muy variada y resultado de un dilatado proceso histórico. Sus ingredientes principales son los mediterráneos, cuyos efectos saludables están hoy día reconocidos.

Los españoles son un pueblo consumidor de pescado, al que dan el mejor tratamiento. Entre las carnes, los productos derivados del cerdo ocupan un lugar preeminente; su gran calidad, sobre todo la del jamón -"pata negra", "ibérico", etc.-, está reconocida internacionalmente. Un sector poco conocido es el de los quesos, quizá porque su escasa producción artesanal impide ampliar la oferta en el mercado. Los vinos -Rioja, Jerez, Ribera del Duero, Penedés, Navarra y un larguísimo etcétera- y los cavas están llamados a incrementar su presencia en el exterior por su alta calidad y lo moderado de sus precios.

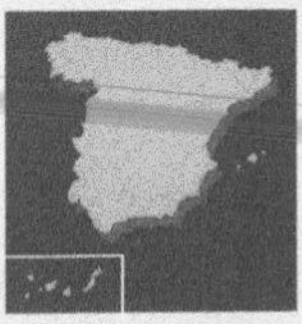

Imágenes de España

La España antigua: de los orígenes a la Edad Media

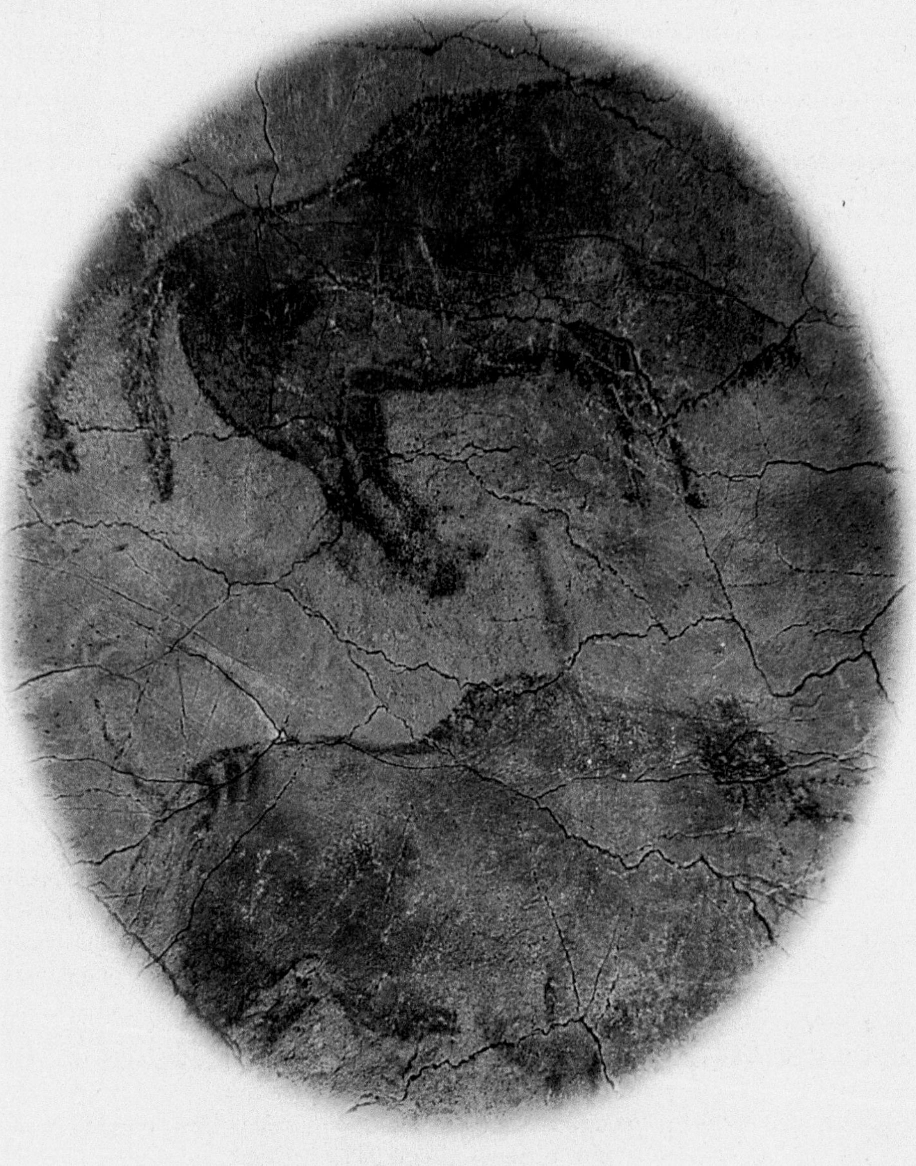

Dos bisontes de pie. Cuevas de Altamira, Santander.
Archivo fotográfico. Museo Arqueológico Nacional. Madrid.

Como han puesto de manifiesto los restos humanos y arqueológicos del yacimiento de Atapuerca (Burgos), la Península Ibérica está habitada desde la más remota prehistoria. A este hecho ha contribuido su posición de puente entre el Atlántico y el Mediterráneo, y entre los continentes europeo y africano. En España son muy abundantes las pinturas y grabados de época prehistórica.

Del Neolítico a las colonizaciones antiguas

Las culturas neolíticas fueron introducidas en la Península Ibérica por colonos procedentes de Oriente Medio a mediados del cuarto milenio a. de J.C. Mil años después se desarrolló la cultura metalúrgica de los dólmenes, sepulcros de grandes bloques de piedra sin desbastar. La cultura posterior del vaso campaniforme recuperó algunas formas de la tradición artístico-artesanal neolítica. A partir del 1700 a. de J.C., nuevos colonos de origen oriental introdujeron en el sureste peninsular la metalurgia de la plata y formas de vida urbana.

Enterramiento megalítico. Antequera, Málaga.

Desde comienzos del primer milenio a. de J.C. un pueblo centroeuropeo, los celtas, conocedores de la metalurgia del hierro, comenzaron a establecerse en las tierras peninsulares. Poco después los fenicios llegaron a las costas mediterráneas ibéricas y posteriormente los griegos, que dieron el nombre de Iberia a la Península. De la fusión del sustrato cultural autóctono con elementos aportados por los nuevos colonizadores se originó una nueva cultura, la ibérica, sobre la que se impuso la romana desde comienzos del siglo III a. de J.C. El nombre griego de Iberia fue sustituido por el romano de Hispania. Roma vinculó la Península Ibérica a la cultura occidental. Su obra fue completada por el cristianismo.

La Península Ibérica, extremo occidental del mundo conocido, umbral del enigmático océano y lugar donde podían obtenerse estaño y varios minerales, atrajo el interés de los pueblos mediterráneos antiguos y fue origen de toda una mitología. Platón se hizo eco de antiguas leyendas sobre la Atlántida, fabuloso continente que se suponía situado más alla de las Columnas de Hércules, el Estrecho de Gibraltar.

Desde muy antiguo los fenicios tuvieron contactos con las costas ibéricas: tradicionalmente se ha creído que fundaron Cádiz en el año 1100 a. de J. C., por lo que esta ciudad sería la más antigua de Europa. Entre los siglos VII y VI a. de J.C. se instalaron en varias factorías costeras.

Los griegos, en rivalidad con los fenicios, también se instalaron en las costas peninsulares. Emporion (Ampurias), ciudad que fundaron en el siglo VI a. de J. C., sobrevivió durante largo tiempo. Sus intentos de establecerse en el Sur y de conectar con los proveedores de estaño fueron impedidos por los cartagineses o púnicos, fenicios de la ciudad norteafricana de Cartago, que habían sustituido a sus hermanos en la Península y habían fundado Ibiza y Cartagena. Su victoria naval de Alalia (535 a. de J. C.) sobre los griegos les permitió controlar la casi totalidad de la Península y las rutas comerciales marítimas, lo que les enfrentó a Roma, nuevo poder emergente en el Mediterráneo.

"Emporion, fundada por los focenses poco después del año 600 a. de J. C., se convirtió pronto en un importantísimo centro de comercio, lo que originó que los pueblos de la costa catalana se civilizaran muy pronto. Emporion no sólo comerció intensamente con los griegos, sino también con los púnicos (y después con los romanos), como lo indican las terracotas, las ánforas púnicas y las monedas del siglo IV a. de J. C....".

En *La Romanización*, de José María Blázquez. Istmo. 1986.

Los comerciantes y colonos fenicios y griegos no penetraron en el interior de la Península. Su presencia en las costas tuvo, sin embargo, una importancia decisiva ya que introdujeron el alfabeto, la economía monetaria, el comercio, diversas formas de su cultura espiritual y material, nuevos cultivos y avanzadas técnicas agrícolas y mineras.

Tartessos

La Biblia y algunas fuentes clásicas citan los nombres de Tarsis, Tartessos o Tarschich para referirse a las tierras del bajo valle del Guadalquivir y a una ciudad situada en las proximidades de la desembocadura del río. Hacen también referencia a sus reyes: Gerión, propietario de grandes rebaños de toros, y Argantonio, protector de los griegos focenses, a quienes ayudó a reparar sus murallas destruidas por los persas. La arqueología ha confirmado la existencia de una cultura preibérica en el valle bajo del Guadalquivir, que alcanzó un alto grado de desarrollo bajo la influencia grecofenicia durante los siglos VII y VI a. de J.C.

Tartessos, destruido por los cartagineses a finales del siglo VI a. de J.C., dio origen a mitos y leyendas: Gárgoris, rey tartésico inventor de la recolección de la miel, mantuvo relaciones incestuosas con su hija, de las que nació Habidis. Gárgoris intentó acabar por diversos medios con la vida de su hijo y nieto, pero éste, amamantado por una cierva, sobrevivió a todos los peligros y se dedicó al bandolerismo. Fue protegido por unos campesinos y entregado a su progenitor, que finalmente lo reconoció y nombró heredero. Habidis fue un rey justo y sabio que enseñó a su pueblo la agricultura, fundó ciudades y dictó leyes.

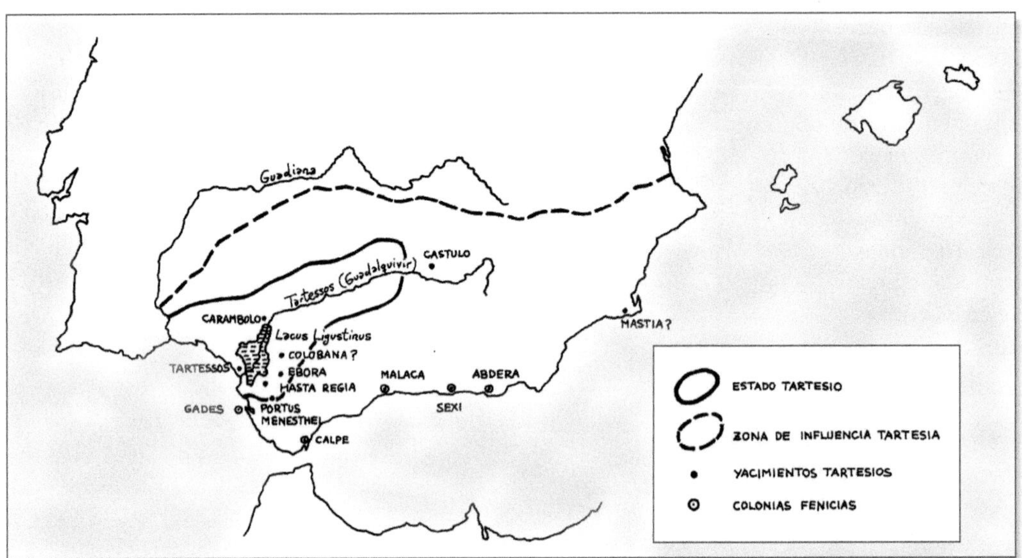

Zonas de asentamiento de los tartesos.

Las culturas célticas e ibéricas

Desde comienzos del primer milenio a. de J.C. se venían estableciendo en las tierras occidentales ibéricas, en la Meseta y en el Valle del Ebro, pueblos de origen centroeuropeo, los celtas, conocedores de la metalurgia del hierro pero de cultura escasamente evolucionada. Esencialmente ganaderos, su agricultura era muy elemental, carecían de alfabeto y, por tanto, de lengua escrita. Sus técnicas, excepto en la joyería y en la fundición y forja de metales, eran muy toscas, como igualmente son toscos los restos cerámicos y los escasos testimonios artísticos que legaron, entre ellos los *Toros de Guisando* (Ávila). Incineraban los cadáveres y guardaban sus cenizas en recipientes cerámicos que enterraban formando alineaciones o bajo amontonamientos de piedras.

A la llegada de los romanos, las costas mediterráneas peninsulares estaban pobladas por pueblos a quienes los griegos habían dado el nombre de iberos. Aquellos pueblos no formaban una organización política unitaria sino diversos clanes gobernados por asambleas locales y por jefes tribales. Vivían agrupados en poblados defendidos por murallas de grandes bloques de piedra sin desbastar. Tenían un alto sentido de la hospitalidad con los extranjeros, y eran, como indican los autores clásicos, fuertes de espíritu y belicosos, de manera que solían guerrear entre ellos cuando no lo hacían con extranjeros. Muchos iberos se enrolaban en los ejércitos romano y cartaginés como mercenarios; los honderos eran especialmente valorados por su eficacia y arrojo.

Las culturas célticas e ibéricas

Las culturas ibéricas, muy variadas, tenían como denominador común elementos fenicios y griegos. Los iberos poseían una lengua, no descifrada aún, que algunos autores relacionan con el vasco y de la que se conservan abundantes testimonios escritos. Deificaron las fuerzas de la naturaleza; adoraban a un dios guerrero, el "señor de los caballos", y a una divinidad femenina, diosa de la vida, de la muerte y de la fecundidad; y organizaban peregrinaciones a lugares sagrados o santuarios, donde depositaban exvotos, pequeñas y esquemáticas figuras en metal, tierra cocida o piedra. Creían en la vida en el más allá, incineraban los cadáveres y guardaban sus cenizas en urnas cerámicas. Construían sepulcros de bloques de piedra en los que depositaban los enseres del muerto; eran excelentes ceramistas, escultores de relieves y figuras intensamente influidas por los estilos fenicio y griego arcaico -*Dama de Elche, Dama de Baza*-, y fabricaban armas de hierro que eran muy apreciadas por los romanos.

Castro celta. La Coruña.
Los castros fueron la forma de agrupamiento social entre ls celtas.

De la fusión de las culturas ibérica y céltica surgió la celtibérica. Los celtiberos, pueblo agricultor, ganadero y minero, desarrollaron el urbanismo y lucharon valientemente contra los ejércitos imperiales de Roma, sobre todo los numantinos -Numancia era una de sus ciudades más importantes-, que prefirieron el suicidio a la humillación de la derrota.

En el siglo II a. de J.C. comenzó a utilizarse el nombre de *Hesperia*, de origen griego, del que se derivó Hispania. Unificados bajo la común denominación de hispanos, los iberos asimilaron la cultura latina y se integraron en la romanidad.

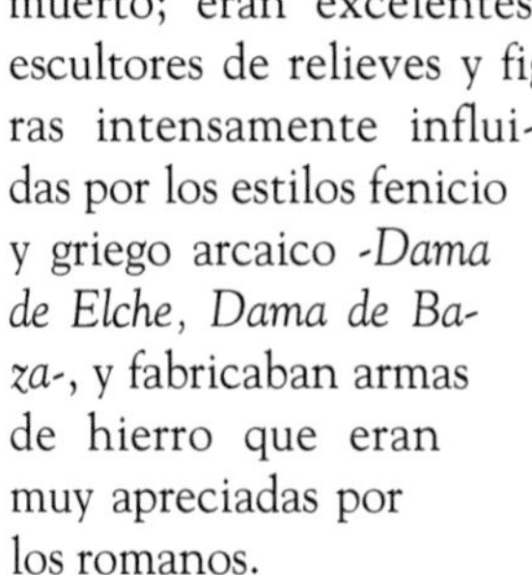

La Dama de Elche es la principal muestra del arte ibero. Museo Arqueológico Nacional.

Hispania. La Romanización

Los ejércitos romanos desembarcaron en la ciudad de Ampurias en el año 218 a. de J.C. con el fin de privar de sus bases en la Península al general cartaginés Aníbal, que había invadido Italia. A causa de la resistencia de los hispanos, singularmente intensa entre los celtiberos y los lusitanos, la conquista romana de Hispania exigió grandes esfuerzos y no se completó hasta la época de Augusto.

La concesión del *Ius Latii* (70 d. J. C.) y del *Ius Romanorum* (212 d. J. C.) fueron hitos importantes en el proceso de integración de los hispanos en la romanidad. Hispania fue organizada administrativamente en las provincias Citerior (exterior) y Ulterior (interior). Los romanos fomentaron el urbanismo, construyeron una extensa red de vías y calzadas, que facilitaron el comercio y el control militar del territorio; explotaron los recursos mineros y perfeccionaron los regadíos. Hispania exportaba a Roma ingentes cantidades de trigo, aceite y vino. Según la tradición, el monte Testaccio de Roma está formado por los restos de las ánforas en que se transportaban estos productos.

Hispania. La Romanización

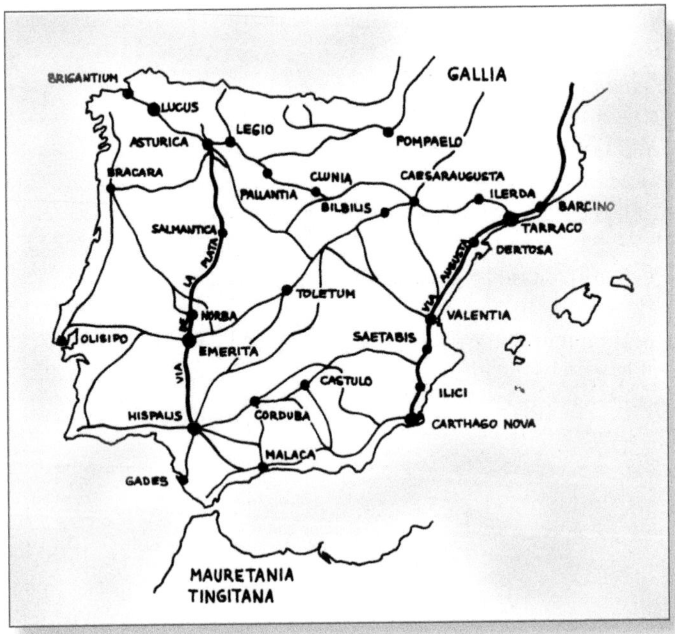

Red de calzadas y principales ciudades romanas de la Península Ibérica.

Hispania dio a la cultura latina eminentes personalidades, entre ellas los emperadores Adriano y Trajano, y Lucio Anneo Séneca, filósofo estoico que, curiosamente, sería cristianizado, hispanizado y convertido por los humanistas españoles en símbolo de los más altos valores éticos hispanos. El senequismo dejaría una profunda huella en la cultura española.

Los romanos desarrollaron en Hispania una dinámica actividad constructora. Muchas obras de ingeniería civil se mantienen aún en pie, entre ellas el acueducto de Segovia y el puente de Alcántara. Restos de teatros, anfiteatros, templos, arcos triunfales, etc., son todavía visibles en diversos puntos de la geografía española. Importante capítulo del arte romano en Hispania es la estatuaria, como las divinidades y emperadores del teatro de Mérida.

Acueducto de Segovia, uno de los principales ejemplos de arquitectura civil de los romanos.

Hispania. La Romanización

Teatro Romano. Mérida, Badajoz.

El cristianismo completó la obra de Roma. La nueva fe tuvo una rápida expansión. Las sedes episcopales de Mérida, Astorga y Zaragoza se crearon a principios del siglo III. Un hecho relevante en el ámbito espiritual fue la herejía de Prisciliano (finales del siglo IV), obispo de Ávila, que fue acusado de maniqueo y agnóstico. Literatos cristianos fueron Prudencio Clemente y Paulo Orosio, primer autor que se refiere a Hispania como una entidad singularizada en el ámbito del Imperio. Con el cristianismo llegó también una nueva estética, que quedó reflejada en numerosos templos de planta basilical.

El *Regnum Hispaniae*

Las invasiones de los pueblos germánicos, denominados tradicionalmente "bárbaros" por la historiografía, desencadenaron una intensa crisis: el poder de Roma se debilitó, la economía y el comercio fueron en retroceso, la cultura se empobreció, la sociedad se ruralizó y se desarrollaron formas prefeudales de servidumbre. Las gentes encontraron refugio moral e intelectual en las religiones mistéricas orientales y en el cristianismo, que ofrecía recompensa en el más allá a los sufrimientos de la vida terrena. Europa nacería de la latinidad cristianizada y germanizada.

Hispania no quedó al margen de las convulsiones de la época bajoimperial. A comienzos del siglo V irrumpieron en su territorio grupos de bárbaros (suevos, vándalos y alanos), que fueron sometidos en la centuria siguiente por otro pueblo también germánico, el visigodo, auxiliar del ejército imperial. Los visigodos crearon una entidad política unitaria con capital en Toledo, el *Regnum Hispaniae*. Los soberanos, elegidos por una asamblea de hombres libres, ostentaban la autoridad en calidad de delegados del poder imperial, respetando así la legalidad instituida por Roma. No hubo, al menos en el aspecto formal, sustitución de un poder por otro, hasta que Recaredo (586-601) se hizo coronar y consagrar rey, lo que puso término a la ficción de la soberanía imperial romana.

Corona votiva de Recesvinto. Tesoro de Guarrazar. Archivo Fotográfico. Museo Arqueológico Nacional. Madrid.

El *Regnum Hispaniae*

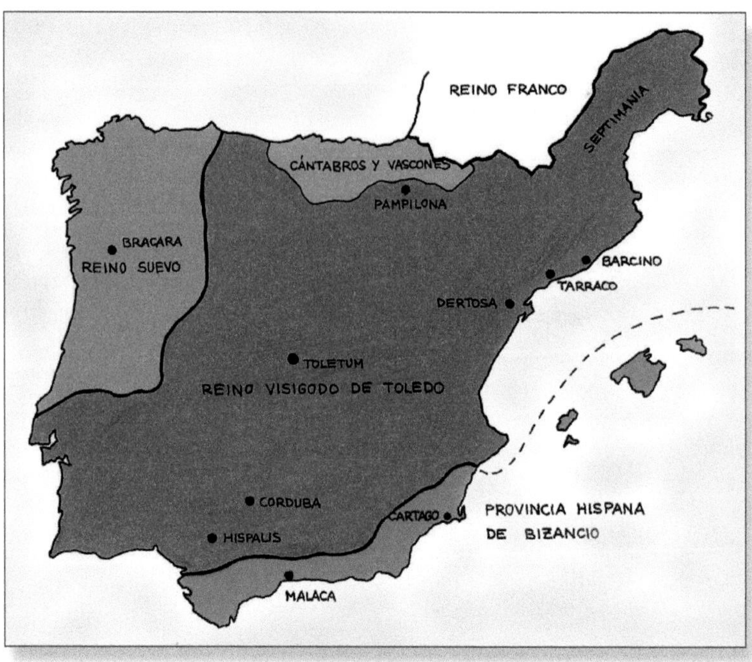

Mapa del reino visigodo.

Los monarcas godos eran asesorados por una asamblea de magnates, el Aula Regia, órgano consultivo y legislativo, origen de la Curia Regia altomedieval, de la que nacerían las Cortes y el Consejo Real. Los Concilios de Toledo eran asambleas de eclesiásticos cuyos acuerdos adquirían rango de ley tras su promulgación por el monarca, jefe supremo de la Iglesia. El III Concilio de Toledo (589) sustituyó el arrianismo, herejía que negaba la divinidad de Jesucristo y el dogma de la Trinidad, por el catolicismo como religión del reino. La Iglesia goda tenía su propia liturgia, el llamado rito mozárabe o hispánico, que se mantuvo vigente en la Península hasta la introducción del romano-carolingio a finales del siglo XI.

Los visigodos habían asimilado la cultura latina antes de llegar a España, de manera que no dejaron ningún testimonio escrito de su lengua original; sin embargo, de esta proceden numerosos germanismos del español actual: "guerra", "espuela", "compañero", "falda", "dardo" y otros muchos. En el ámbito artístico continuaron la tradición arquitectónica romana y paleocristiana. Gran creación goda fue el *Liber Iudiciorum (Fuero Juzgo)*, extenso código que unificó los derechos romano y germánico y que sería la más importante fuente jurídica en los reinos medievales hispánicos.

Personalidad señera de la cultura goda fue San Isidoro de Sevilla (565-636), máximo representante del pensamiento de la transición entre la Antigüedad y el Medioevo, creador de una tradición cultural fundamentada en el senequismo y en el agustinismo que sirvió de fundamento intelectual durante toda la Edad Media. Entre sus obras, las *Etimologías* son una síntesis del saber antiguo y el *Chronicon* es una historia universal hasta el año 616. San Isidoro es el primer autor en el que alienta un sentimiento que hoy llamaríamos patriótico: creía que Hispania había sustituido al Imperio como eje del devenir histórico y alabó frecuentemente sus excelencias, dando así origen a una literatura laudatoria que ha tenido varios cultivadores a lo largo del tiempo.

Los visigodos, escasos en número, unos 235.000, constituían una aristocracia militar con intereses diferentes a los de la gran masa de población hispanorromana. Su reino era una superestructura jurídico-política que nunca gozó de la adhesión popular. Godos e hispanorromanos coexistían distanciados y

San Isidoro de Sevilla es el autor de las famosas Etimologías.

El *Regnum Hispaniae*

se regían por sus propios derechos, el germánico y el romano respectivamente, situación que apenas consiguió remediar la promulgación del *Liber Iudiciorum*. Hasta la conversión del reino godo al catolicismo, la religión fue también factor de disociación, así como la elección de Toledo como capital, ciudad situada en el centro peninsular, menos poblado y romanizado que las costas mediterráneas y que el valle del Guadalquivir. De modo que, desde tan tempranas fechas, comenzó a manifestarse cierto antagonismo entre la Meseta y la periferia litoral. Por estas razones, cuando las guerras nobiliarias y partidistas debilitaron la organización política goda y un pequeño grupo de beréberes norte-africanos islamizados pasó a la Península en 711 para ayudar a uno de los bandos contendientes, los hispanorromanos los apoyaron o simplemente se mantuvieron indiferentes. Este hecho explica la facilidad con que los musulmanes suplantaron a los visigodos como elite dirigente en Hispania.

A pesar de la corta vida del *Regnum Hispaniae*, su proyección histórica fue fundamental en la génesis de España: los reyes asturleoneses apoyaron su autoridad en la legalidad instituida por los godos, de quienes se consideraban herederos; los reyes leoneses se autotitularon emperadores en calidad de continuadores de aquella legalidad, y la Reconquista (12) se justificó como una lucha por la recuperación de la unidad de la Hispania romanovisigoda.

De la importancia histórica del *Regnum Hispaniae* da idea la tesis de Ortega y Gasset sobre la invertebración de España, que explicó como resultado de la debilidad de los visigodos y de su superficial latinización; o la defendida por algunos historiadores portugueses sobre el origen de la nacionalidad lusa a partir del reino suevo, que tan efímera existencia tuvo hasta su absorción por el visigodo. Además, el derecho germánico fue la base del derecho consuetudinario medieval hispano, de las Cortes y del concepto patrimonial de la monarquía como bien divisible entre los herederos. La épica, algunas formas de servidumbre, la institución del mayorazgo, la ganadería trashumante y algunos sistemas de explotación de tierras comunales tuvieron también un origen germánico.

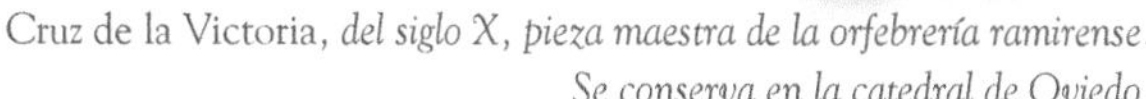

Cruz de la Victoria, *del siglo X, pieza maestra de la orfebrería ramirense. Se conserva en la catedral de Oviedo.*

> ***"Desde finales del siglo VI los intelectuales de allende los Pirineos identifican sin mayor problema España, la Península Ibérica, con el reino de los godos. Ello explicaría la formulación medieval de la Reconquista y la posterior integración de la mayoría de sus estados soberanos medievales en la única corona de España. De forma que el reino visigodo de Toledo sería así, junto con el cristianismo, el latín y las formas socioeconómicas romanomediterráneas, la gran herencia legada por la Antigüedad a nuestra común Historia".***
>
> En *España en la Edad Antigua. Hispania romana y visigoda*, de Luis A. García Moreno. Anaya. 1988.

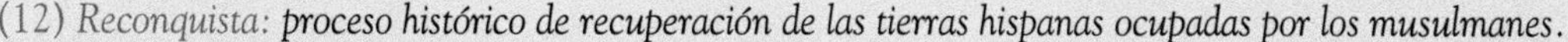

(12) Reconquista: *proceso histórico de recuperación de las tierras hispanas ocupadas por los musulmanes.*

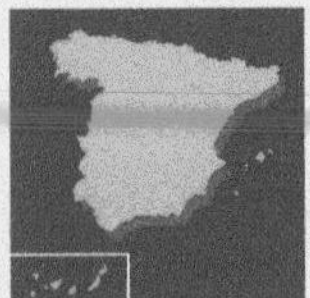

Imágenes de España

La España de las tres culturas: siglos VIII-XV

La rápida desintegración del reino godo y su sustitución por el emirato de Córdoba (711) tuvo una importancia capital en la génesis de España, ya que durante siglos, entre los años 711 y 1492, en la Península Ibérica convivieron las culturas cristiana, musulmana y judía, hecho que la singularizó en el ámbito del continente europeo.

Como se ha indicado en el capítulo precedente, los musulmanes norteafricanos ocuparon la Península sin encontrar resistencia por parte de los hispanorromanos. Ambos pueblos compartían un pasado y una cultura comunes pues el norte de África también había sido colonia romana. El monoteísmo, común a las religiones islámica y cristiana, evitó que las cuestiones de fe fueran factor de enfrentamiento. Los musulmanes, además, no impusieron su religión a los cristianos, les permitieron el culto de la suya y respetaron su cultura, lengua, costumbres y ordenamiento jurídico.

Las tres culturas:
Pórtico de la Gloria de la Catedral de Santiago de Compostela (1); interior de la Mezquita de Córdoba (2); Sinagoga de Santa María la Blanca de Toledo (3).

Grupos de nobles godos se refugiaron en las montañas del Norte y comenzaron, en colaboración con sus belicosos habitantes, una guerra contra los musulmanes, la Reconquista, que desde fechas muy tempranas elevaron a la categoría de lucha política y religiosa. El humanista Alonso de Cartagena (primera mitad del siglo XV) la calificaría de "guerra divinal" o guerra por la liberación de la Iglesia y por la recuperación de las tierras de España.

A pesar de la Reconquista, la Edad Media hispana no fue un conflicto permanente entre pueblos y religiones. Hubo también un estrecho diálogo entre aquellas formas de concebir el mundo, la cultura y la espiritualidad: la cristiana, que avanzaba de Norte a Sur, y la musulmana, que había arraigado sobre todo en las zonas meridional y levantina, donde la romanización había sido más intensa. Junto a los cristianos y los musulmanes, los judíos, presentes en la Península desde la época romana, desarrollaron una cultura que influyó y a su vez fue influida por la de sus vecinos peninsulares. El encuentro de estos tres pueblos y religiones se conoce como "La España de las Tres Culturas". España comenzó a gestarse al calor de aquellas singulares circunstancias.

Al Ándalus

Los musulmanes establecieron su capital en Córdoba y desde allí organizaron la administración del territorio. El nombre de la España musulmana, Al Ándalus, procede de los vándalos, pueblo germánico que se había instalado en Andalucía (Vandalucía), desde la que pasaron a África.

Al Ándalus se constituyó en una provincia del califato de Damasco y fue administrado, entre los años 711 y 756, por gobernadores, emires, en nombre del califa, jefe político y espiritual de todos los musulmanes. Los emires cordobeses se erigieron en soberanos políticamente independientes en 756, y Abderrahmán III se autoproclamó califa en el año 929, rompiendo así el último lazo de dependencia con Damasco, el religioso. El califato cordobés (929-1031) alcanzó gran prestigio político, poder económico y militar y un gran desarrollo cultural y artístico. En 1031 Al Ándalus se dividió en pequeños reinos, los taifas, de los que llegaron a existir unos veintiséis. En ellos las artes y las letras conocieron una verdadera edad de oro. El reino de Granada, el último de los taifas, sobrevivió hasta 1492, año de su incorporación a la corona de Castilla.

Abderrahmán III detuvo el avance de los cristianos, ocupó parte del norte de África, reprimió la rebelión de los muladíes y convirtió a Córdoba en una gran capital.

Los andalusíes utilizaban el árabe clásico en la expresión culta y modalidades coloquiales en la vida diaria. La mayoría conocía la lengua latina de los cristianos. Resultado de aquel bilingüismo fue la *moaxaja*, composición poética en árabe clásico acompañada de una coplilla final, la "jarcha", en lengua romance. El zéjel es una *moaxaja* en árabe dialectal.

Mi corazón se me va de mí.
¡Oh, Dios! ¿Acaso se me tornará?
¡Tan fuerte mi dolor por el amado!
Enfermo está, ¿cuándo sanará?

Versión actualizada de una jarcha, por Dámaso Alonso.

El siglo XI fue la edad de oro de la lírica andalusí. Los poetas enaltecen a la mujer, el vino y la naturaleza. Ibn Hazm es autor de elegantes y emotivos versos: *El collar de la paloma*; Al Mutamid, rey de Sevilla, es elegíaco, Ibn Zaydún es clasicista. En el siglo XII vivió la delicada poetisa granadina Zaynab. Los versos de poetas como Ibn Zamrak decoran zócalos y paredes de la Alhambra y del Generalife en bellísimos caracteres árabes. En la misma centuria vivió Ibn Al-Jatib, poeta e historiador del reino nazarí. Entre los prosistas, Abdallah, rey de Granada, escribió unas *Memorias*, de gran valor testimonial, sobre las circunstancias de la corte granadina en el siglo XI.

El Generalife, Granada. Detalle de capitel de la Sala de los Reyes.

El máximo representante del pensamiento independiente andalusí fue Ibn Rochd, Averroes (1126-1198), comentador de Aristóteles y difusor en Europa de la filosofía clásica y helenística. Proclamó la inexistencia de oposición entre razón y fe y defendió el valor del método experimental. Su pensamiento dio origen a una escuela racionalista, el averroísmo, que influyó en el pensamiento renacentista.

"Averroes construyó una filosofía estricta, menospreciando la teología especulativa o Kalám. Para él, la razón es la actividad superior del ser humano y a su cultivo se dedica la filosofía mediante un doble ejercicio: la aplicación de las leyes lógicas que rigen el pensamiento y la reflexión sobre los datos que nos proporciona la observación del mundo natural. La filosofía es, por tanto, autónoma y se rige por una dialéctica interna que permite tanto superar el error como avanzar en el proceso de conocimiento del universo. Nada más alejado de la concepción averroísta de la filosofía que la posición de los escolásticos cristianos para quienes la filosofía debía estar sometida a la teología como su sierva o criada".

En "Averroes, Europa y la Modernidad". *El PAÍS* (Babelia). 28-11-1998.

Al Ándalus

El pensamiento religioso alcanzó su más alta cima con el sufismo, corriente que antepuso el sentimiento religioso a la teología. Sus seguidores aspiraban a alcanzar la perfección y la unión con Dios a través de la experiencia mística. Entre los seguidores de la doctrina, el murciano Ibn Al Arabí (1164-1242) describió la ascensión del Profeta al más allá. En opinión de algunos historiadores, el sufismo andalusí influyó en el misticismo cristiano español.

El arte andalusí fue resultado de la combinación de la tradición oriental con algunas técnicas constructivas autóctonas, por lo que recibe el nombre de hispano-musulmán. Se diversificó en varias tendencias, califal, almorávide, almohade, nazarí y mudéjar, y a través de este, que lo combinó con los estilos cristianos, se extendió por Europa y por el continente hispanoamericano.

Patio de los leones de la Alhambra de Granada.

La Mezquita de Córdoba es el monumento califal por excelencia. Destacan en ella la decoración de cerámica vidriada, de inscripciones y relieves planos de motivos vegetales, las bóvedas de nervios cruzados y los bellos efectos logrados mediante el entrecruzamiento de los arcos. Los almohades enriquecieron la decoración hispanomusulmana con figuras geométricas. Los taifas concibieron la arquitectura más como un arte ornamental que constructivo, como el Palacio de la Aljafería de Zaragoza. El refinamiento decorativo culminó en la Alhambra de Granada, palacio-fortaleza construido por la dinastía de los nazaríes durante los siglos XIII y XIV.

La música andalusí, resultado de la fusión de elementos musulmanes y autóctonos, se ha transmitido oralmente y permanece viva en el Magreb -"palabras

La Mezquita. Córdoba.
Uno de los templos más importantes del mundo musulmán.

de Granada", "canto andaluz"- como importante elemento de su patrimonio cultural. Fue sistematizada en el siglo XVIII. Se conservan 10 sinfonías que exaltan la belleza y una que alaba al Profeta.

El Islam dejó su impronta en algunas facetas de la vida española: en los paisajes de las huertas y de las vegas; en monumentos históricos, religiosos, militares, palaciegos y civiles; en algunas tradiciones artesanales y en el léxico de las lenguas peninsulares románicas. Los musulmanes, por su parte, se occidentalizaron en la Península Ibérica y crearon una tradición cultural original que, en algunos aspectos -artísticos, artesanales y musicales-, permanece aún viva en los países magrebíes. Al Ándalus fue un reino de religión musulmana y cultura heterogénea y bilingüe enclavado en la Europa occidental.

"La España mora fue en realidad un crisol en que se fundieron las aportaciones de las más diversas culturas: la mezquita de Córdoba, la Alhambra de Granada, creaciones armoniosas pero heterogéneas, son buena prueba de ello, en los dos puntos extremos de su evolución. Desde ese crisol fueron filtrándose los productos hacia la Europa cristiana, hacia la filosofía escolástica, hacia el arte románico, hacia la escuela de medicina de Montpellier, hacia la poesía lírica de los trovadores y la poesía mística de Dante".

En *Historia de España*,
de Pierre Vilar. Librairie Espagnole. 1971.

El origen de "las Españas"

El nombre "las Españas" procede de la antigua división de la Hispania romana en Citerior y Ulterior, pero históricamente se ha empleado para referirse a la división política de la Península en varios reinos tras la desaparición del *Regnum Hispaniae* romano-visigodo, así como al confederalismo (13) instituido por los Reyes Católicos y que se prolongó en la monarquía de los Austrias.

Los núcleos de resistencia organizados por algunos nobles godos en colaboración con grupos de montañeses se transformaron en reinos independientes. Todo comenzó en Asturias, donde a partir de la legendaria victoria de los cristianos en Covadonga (718) se consolidó un reino que en muy pocos años se extendió a Galicia y a León. Un pequeño condado del mismo, Castilla, independiente desde el siglo X, sería después el origen de un nuevo reino que, unido definitivamente al de León a partir del siglo XIII, daría un gran impulso al avance de las fuerzas cristianas hacia el Sur.

El emperador Carlomagno, que aspiraba a reconstruir el antiguo Imperio romano, se apoyó en los grupos cristianos rebeldes del noreste peninsular y erigió el protectorado de la Marca Hispánica sobre la mayor parte del territorio de la actual Cataluña. Pero los condes catalanes, bajo el liderazgo del de Barcelona, se emanciparon del Imperio carolingio a finales del siglo IX. El reino de Aragón, surgido de un condado creado en el siglo IX por montañeses guerreros auxiliados por los francos, se unió temporalmente al de Navarra, y definitivamente a Cataluña con el enlace matrimonial de sus soberanos a mediados del siglo XII. De esta manera nació la Corona de Aragón, que incluiría también a los reinos de Valencia y de Mallorca.

A finales del siglo VIII los navarros crearon un reino pirenaico, que se uniría a la Corona de España a comienzos del siglo XVI. El País Vasco no fue nunca un reino independiente sino un señorío de la Corona de Castilla.

Portugal, en origen un condado dependiente del reino leonés, se convirtió en el siglo XII en reino con Alfonso Enríquez, que aceptó la autoproclamación de Alfonso VII de León como emperador, a cambio de su reconocimiento como rey de Portugal y señor de Astorga.

Aquellos pueblos y reinos carecían de un nombre común, hasta que se generalizó el de español. Este término, como señaló el investigador suizo P. Aebischer, nació en Provenza. Durante el siglo XI penetró en la Península Ibérica por el Camino de Santiago. En el siglo XII se generalizó también el nombre de España como denominación para todo el territorio peninsular.

La división política peninsular durante la Edad Media fue el origen de la diversidad y de la pluralidad de la España actual. A lo largo de aquellos siglos se consolidaron las áreas lingüísticas y culturales de España.

(13) Confederalismo: *organización política de carácter federal.*

Situación de los reinos peninsulares al finalizar el siglo XV.

La Reconquista y el mito de Santiago

"... la región nunca dominada por los musulmanes y de donde surgiría la Reconquista fue la misma que defendió su independencia frente a los visigodos y seguía luchando por ella todavía contra el último rey godo don Rodrigo en el año 711. Por consiguiente, el fenómeno histórico llamado Reconquista no obedeció en sus orígenes a motivos puramente políticos y religiosos, puesto que como tal fenómeno existía ya mucho antes de la llegada de los musulmanes. Debió su dinamismo a ser la continuación de un movimiento de expansión de pueblos que iban alcanzando formas de desarrollo económico y social superiores".

En *Sobre los orígenes sociales de la Reconquista*, de A. Barbero y M. Vigil. Ariel. 1984.

Diversos factores se conjugaron para transformar aquel movimiento de los montañeses del Norte, celosos defensores de su independencia, en una "guerra divinal" presidida por el deseo de restaurar la fe cristiana y la unidad de Hispania. Los cortesanos de Alfonso II de Asturias (792-842) crearon el ideal de la restauración del orden visigodo, de la unidad política del *Regnum Hispaniae* -"ideal neogótico"-, del que se proclamaron continuadores los reyes leoneses. El neogoticismo fomentó entre los cristianos el sentimiento de pertenencia a una comunidad de carácter moral, Hispania, superior a la de sus reinos, de lo que se derivó una corriente unionista que dotó a la Reconquista de objetivos políticos.

El unitarismo animó a varios monarcas -Sancho III de Navarra, Alfonso VI de Castilla, Sancho Ramírez I de Aragón- a ostentar el título de *Rex Hispaniarum* y, sobre todo, a los soberanos leoneses a mantener la ficción del "imperio hispánico", de su supremacía sobre los demás monarcas hispánicos, como fórmula que permitía integrar a todos los reinos en una estructura política unitaria salvaguardando la soberanía de cada uno. El título de emperador fue hereditario en la monarquía leonesa desde finales del siglo X. Alfonso VII de León (1126-1157) se hizo incluso coronar emperador. La idea imperial se agotó en sí misma, no así el ideal político de la unidad de los reinos.

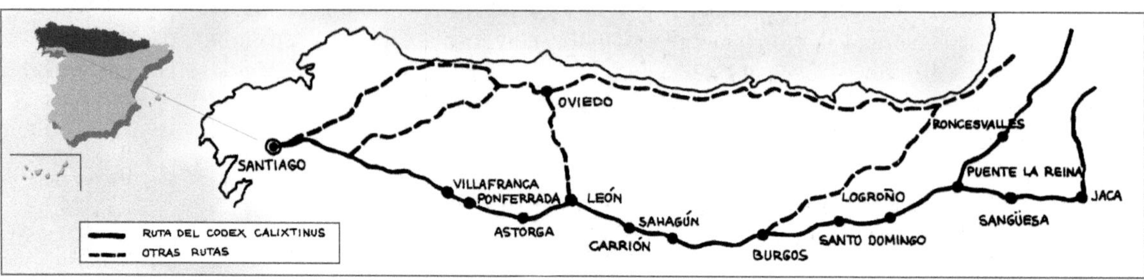

Mapa del recorrido del Camino de Santiago.

El mito de Santiago fue también creación de los cortesanos de Alfonso II de Asturias, que transformaron a Santiago Apóstol en Santiago Matamoros, guerrero celestial que los socorría en las batallas contra los musulmanes. A la vez que el neogoticismo revestía de sentido político la Reconquista, el mito de Santiago le proporcionó contenido religioso y sirvió de instrumento eficaz frente a la guerra santa islámica, así como de factor de cohesión entre los cristianos. Para la creación del mito, los cortesanos asturianos aprovecharon la vieja creencia en la predicación de Santiago en España. Su tumba, según la leyenda, se encontró gracias a unas estrellas en el *Finis Terrae* peninsular, en *Campus Stellae*, Compostela, donde comenzó a construirse en 1075 la gran catedral románica que podemos contemplar en nuestros días. Santiago de Compostela se convirtió en uno de los centros de peregrinación más importantes de la cristiandad. El Camino de Santiago ha tenido una importancia capital en la Historia de España: canalizó los intercambios culturales entre la Península Ibérica y el resto del continente, al que la mantuvo unida durante la Edad Media.

Apóstol Santiago. Catedral de Santiago de Compostela.

La Reconquista y el mito de Santiago

Los factores político-religiosos impulsaron el avance continuo de las fuerzas cristianas hacia el Sur. La Reconquista recibió un fuerte impulso con la conquista de Toledo (1085) y con la extensión a España del ideal de cruzada preconizado por el papa Gregorio VII. Después, las fuerzas cristianas fueron frenadas por las invasiones de nuevos pueblos -almorávides, almohades y más débilmente benimerines-, culminando finalmente con la entrada de los Reyes Católicos en Granada el 2 de enero de 1492.

Mozárabes, muladíes, judíos y mudéjares

A pesar de algunas crisis ocasionales, la tolerancia presidió siempre la convivencia entre cristianos, musulmanes y judíos en los territorios de Al Ándalus. Los mozárabes, población cristiana súbdita de los soberanos andalusíes, podían formar parte del ejército y de la administración musulmanes, practicaban libremente su religión, tenían sus propios jueces y su propio código jurídico, el *Liber Iudiciorum* visigótico. Sin embargo, por su condición de no creyentes, estaban obligados al pago de un impuesto especial. Hablaban una lengua romance, que desapareció a medida que se integraban en los reinos cristianos, y desarrollaron una cultura y un arte de raíces cristianas y orientales. Transmitieron a sus hermanos de los reinos del Norte muchos elementos culturales andalusíes y contribuyeron a la creación y difusión del neogoticismo. Los cristianos convertidos al Islam, los muladíes, fueron el sector social más numeroso de Al Ándalus.

Torre de San Martín. Teruel. Muestra muy representativa del estilo mudéjar (s. XIV).

Los judíos estaban presentes en la Península desde la época imperial romana; constituían una activa minoría que, como muchos hispanorromanos, apoyaron la sustitución del poder visigodo por el musulmán. Hasta el siglo XIV, la tolerancia fue también la nota dominante en las relaciones entre los tres pueblos, cristianos, musulmanes y judíos, en el seno de los reinos cristianos. A los musulmanes sometidos, a los mudéjares, se les reconocía el derecho a practicar su religión y el uso de su lengua, pero, como los mozárabes en Al Ándalus, estaban obligados al pago de un impuesto especial. Algunos monarcas cristianos -los reyes de las tres religiones- pusieron especial celo en la protección de sus súbditos "infieles", lo que no impidió, sin embargo, que desde el siglo XII se generalizara la costumbre de recluirlos en barrios extramuros de las ciudades. Los mudéjares, como los mozárabes, también crearon formas propias de expresión artística.

Las repoblaciones

La repoblación de las tierras conquistadas a los musulmanes dio origen a formas de organización social y económica sin paralelos en el resto del continente. Aquellas tierras eran, según el derecho romanogodo vigente, propiedad de los monarcas, que las cedían a los colonos libres que se comprometían a cultivarlas. Como generalmente estaban situadas en zonas de alto riesgo, los monarcas otorgaban a los colonos derechos y privilegios fiscales, que fijaban en las cartas pueblas o de población. Los colonos poseedores de armas y caballos estaban obligados a colaborar en las guerras, y a cambio se les eximía del pago de impuestos. Desde el siglo X se les reconoció la condición de caballeros. Sus descendientes fueron los hidalgos -fijosdalgo-, nobleza de segunda categoría, entre los que algunos ascendieron a la nobleza superior en recompensa por sus servicios a la corona.

Los mozárabes contribuyeron a mantener vivos el recuerdo del Regnum Hispaniae romanovisigodo y la conciencia de la unidad moral de España

El régimen señorial

El sistema de colonización de las tierras que los musulmanes abandonaban en su repliegue hacia el Sur fue también causa de la inexistencia de feudalismo en la España medieval, excepto en Cataluña, a causa de su inicial dependencia del reino franco. En España, el régimen señorial suplió al feudal.

La escasez de efectivos humanos para colonizar los extensos territorios ocupados por los cristianos a partir de la conquista de Toledo (1085) introdujo una importante novedad en el sistema de repoblación. A partir de entonces, los monarcas, en lugar de favorecer la instalación de colonos libres, adoptaron la costumbre de distribuir las tierras -repartimientos- entre los nobles, órdenes militares y miembros del alto clero que habían colaborado en la conquista de las mismas, y, a partir del siglo XII, les otorgaron también jurisdicciones sobre los colonos que las trabajaban. Los señores estaban, además, exentos del pago de impuestos. Los colonos estaban obligados a pagar una renta anual al señor, a formar parte de sus milicias y a realizar trabajos no remunerados en el señorío. Desde el siglo XIII se incrementaron los repartimientos, lo que acentuó la señorialización (14) de la sociedad y la concentración de la propiedad.

La situación se agravó con la institución del mayorazgo, que vinculó la herencia del patrimonio familiar al primogénito e impedía su venta o división. *Las Partidas* de Alfonso X el Sabio (1252-1284) reconocieron la institución como derecho exclusivo de la nobleza. Las *Leyes de Toro* de 1505 reconocerían también a la burguesía el derecho a establecer mayorazgos. Los señoríos, inmovilizados por los mayorazgos, y las desamortizaciones del siglo XIX, que estudiaremos más adelante, fueron el origen de las grandes propiedades agrícolas de extensas zonas de La Mancha, Andalucía y Extremadura. Los señoríos se mantuvieron hasta las Cortes de Cádiz (1812), que suprimieron los de rentas inferiores a 3.000 ducados anuales, no desapareciendo definitivamente hasta 1841.

A pesar de las semejanzas entre los regímenes señorial y feudal, hubo entre ambos una diferencia fundamental: los derechos señoriales eran concesión de los monarcas, que podían revocarlos, mientras que los feudales se poseían soberanamente. En el régimen señorial, además, el sistema de adscripción de los colonos-siervos a la tierra era más flexible que en el feudal. Durante los siglos modernos, la transformación de los señores en delegados reales en el territorio señorial permitió adecuar el principio de la unidad del poder, patrimonio de los monarcas, a la autonomía señorial.

"...en España son conocidas y hasta se generalizan en época avanzada las instituciones que integran lo que podemos llamar el régimen jurídico de la feudalidad, según el cual se organizan las relaciones económicas y militares. Pero, en cambio, no llegan nunca a determinar la estructura de la sociedad ni las relaciones políticas del poder en la misma".

En *Estudios de Historia del Pensamiento Español,* de José Antonio Maravall. Ediciones Cultura Hispánica. 1966.

(14) *señorialización:* ***extensión del régimen señorial.***

Castillo de Belvis de Monroy. Cáceres.

Las órdenes militares

Las órdenes militares -Calatrava, Alcántara, Santiago, Montesa-, congregaciones de monjes-soldados creadas a partir del siglo XII, según el modelo de las fundadas por los cruzados -templarios, hospitalarios, teutónicos-, desempeñaron un relevante papel en las empresas reconquistadoras y repobladoras, en la vigilancia de las fronteras con Al Ándalus, y como titulares, sus maestres, de señoríos. Los maestrazgos de las órdenes fueron incorporados a la Corona por los Reyes Católicos, excepto el de Montesa, que se mantuvo autónomo hasta 1587.

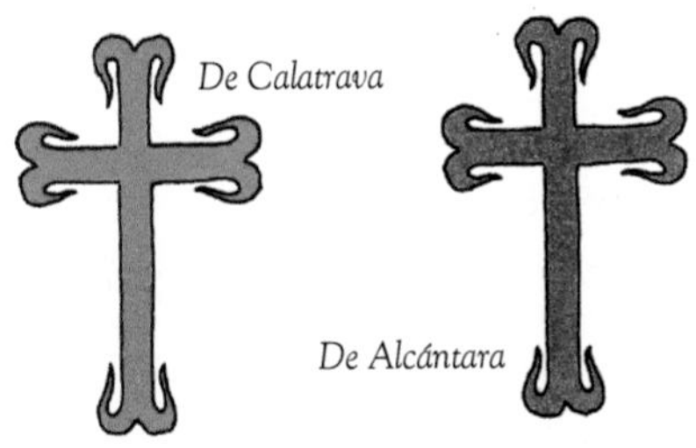

Cruces de las distintas órdenes militares.

Ciudades, burguesía y gremios

Del mismo modo que las cartas pueblas fijaban los derechos de los repobladores de las tierras baldías, los fueros establecían los de los habitantes de ciudades y villas.

Al amparo de las libertades reconocidas por los fueros, a las poblaciones acudían gentes diversas, generalmente huidas de los dominios señoriales, que desarrollaron las actividades artesanales y el comercio y, por tanto, la economía monetaria. El nuevo estamento social, la burguesía, creó asociaciones, los gremios, para defender sus intereses y regular su actividad. Los monarcas protegieron a los burgueses frente a nobles y señores por la utilidad económica de sus actividades. Representantes de los burgueses fueron incluso llamados por Alfonso IX de León a participar en 1188 en las sesiones de la Curia Regia, ente asesor de los monarcas, formado hasta entonces exclusivamente por representantes de la nobleza y del alto clero. La Curia Regia fue el origen de las Cortes, órgano representativo español.

La protección real a la burguesía no impidió la señorialización creciente de la sociedad, incluso en las ciudades. En la época altomedieval asistían a las sesiones de los concejos todos los vecinos de la comunidad, y, ocasionalmente, sólo los notables del lugar. La obtención gradual de fueros elevó a algunas de aquellas comunidades vecinales a la categoría de villas, y más tarde a la de ciudades. En estas últimas, las primitivas libertades desaparecieron a medida que se fortalecía el poder de las oligarquías y, sobre todo, cuando los monarcas pusieron a funcionarios reales al frente de la administración. Sin embargo, en las áreas costeras, ciudades como Barcelona, Valencia, y villas como Castro Urdiales y Santander, pudieron mantener su autonomía. El recuerdo de la autonomía de las ciudades medievales arraigó tan profundamente en la memoria histórica de los pueblos de España que la idea de que el gobierno nace en los municipios y culmina en las Cortes ha pervivido hasta nuestros días.

La sociedad estamental. Las Cortes

La sociedad medieval y moderna se estructuró según la función desempeñada por cada uno de sus sectores o estamentos, los "tres estados": nobleza, clero y pueblo llano. Nobles y alto clero eran los grupos dominantes: desempeñaban los altos cargos políticos y administrativos, estaban exentos del pago de impuestos y eran juzgados por sus propios pares. El tercer estado lo formaba el pueblo llano: burgueses, trabajadores agrícolas libres y siervos, que estaban sometidos al pago de impuestos.

La asistencia de los burgueses a las deliberaciones de la Curia Regia dio origen al nacimiento de las Cortes como fórmula de representación de las ciudades. El nuevo órgano impidió que los monarcas controlaran todos los poderes y frenó sus afanes de elevar los tributos y de rebajar la ley de la moneda. Las primeras Cortes fueron las de León de 1188, a las que asistieron por vez primera representantes de los tres estados; posteriormente se crearon las de Cataluña (1218), Valencia (1238), Aragón (1274) y Navarra (1300). En la confederación catalanoaragonesa existían Cortes generales y Cortes exclusivas de cada reino. En 1359 se instituyó una comisión permanente, la Generalidad, encargada de recaudar los impuestos, a la que posteriormente le fueron atribuidas funciones político-administrativas.

El origen del pactismo español

El sistema feudal obligó a los soberanos catalanes a compartir el poder con los señores. Este hecho dio origen a una tradición política que concebía el poder como resultado del pacto entre gobernantes y gobernados. Este principio inspiró el confederalismo de la Corona de Aragón y de la Monarquía Hispánica de los siglos modernos.

Harto elocuente es el juramento de fidelidad de los diputados de las Cortes aragonesas ante el heredero de la Corona:

> *"Nos, que cada uno valemos tanto como Vos, y que juntos podemos más que Vos, os ofrecemos obediencia si mantenéis nuestros fueros y libertades, y si no, non".*

El pactismo (15), la tradición foral y la división política de la España medieval determinaron la organización confederal de la Monarquía Española de los siglos modernos. Esta "constitución histórica" influiría en la organización del sistema jurídico-político español hasta nuestros días y es la justificación última del actual Estado de las Autonomías.

De la economía agropecuaria a la financiera

Las guerras y las frecuentes incursiones de grupos armados en busca de botín impedían la explotación de los territorios fronterizos. Sólo el ganado, por su movilidad, podía adaptarse a aquella permanente inseguridad. Por esta razón y por los grandes beneficios que al erario real reportaba el comercio de la lana, el pastoreo tuvo un gran desarrollo y fue protegido por los monarcas, no sin la oposición de los agricultores, nobles, ciudades y órdenes militares. La hostilidad de estas importantes fuerzas se incrementó a medida que se ampliaban los privilegios de las asociaciones de ganaderos o mestas, que fueron unificadas por Alfonso X el Sabio en 1273 en el Honrado Concejo de la Mesta, al que otorgó exenciones y privilegios fiscales.

La transhumancia era práctica común entre los ganaderos de la época.

La forma de explotación ganadera más común fue la trashumancia de los rebaños a través de las cañadas propiedad de la Mesta. El alza de los precios durante buena parte de los siglos XVI y XVII perjudicó al comercio de la lana y, por tanto, a la Mesta. Fisiócratas y liberales la combatieron, por constituir un freno para el desarrollo de la agricultura y de la economía de mercado. La Mesta fue definitivamente abolida en 1836.

Rutas de las cañadas de la Mesta.

Desde el siglo XII se organizaban regularmente ferias o mercados, a las que acudían comerciantes de la más diversa procedencia. Las ferias desempeñaron un papel de primer orden en el desarrollo de la economía financiera y contribuyeron a flexibilizar las fronteras entre los reinos hispánicos.

Entre los siglos XIII y XV, la burguesía catalanaragonesa creó una extensa red marítimo-mercantil, reglamentada por el *Llibre del Consolat de mar*, "el más antiguo código marítimo europeo". Los comerciantes formaron asociaciones defensoras de sus intereses, los consulados, y mantenían representantes oficiales en el exterior.

(15) Pactismo: *corriente política que concibe el poder como resultado del pacto.*

Los orígenes de la literatura castellana

Los "cantares de gesta" son los textos épicos más antiguos conocidos. Los historiadores de la literatura no se ponen de acuerdo sobre su origen. Muy sugestiva es la tesis defendida por Menéndez Pidal, para quien los cantares serían fragmentos recogidos por escrito, en un momento concreto, de una tradición épica oral en permanente evolución.

El cantar más antiguo que se conserva es el llamado *Poema de Mío Cid*, sobre las gestas del caballero Rodrigo Díaz de Vivar, personaje origen de toda una mitología que fue elevado a la categoría de símbolo de las virtudes hispanas, junto con Don Quijote, por la Generación del 98. Sobre la autoría del cantar se han formulado también diversas hipótesis. Para Menéndez Pidal, el poema conservado es una copia realizada en 1307.

El carácter didáctico-moralizante de gran parte de la literatura medieval se manifiesta sobre todo en los autores del "mester de clerecía", escuela poética formada por clérigos autores de poemas narrativos, que se mantuvo con escasas variaciones estilísticas durante los siglos XIII y XIV. El primer poeta de la escuela y el primer poeta español de nombre conocido es Gonzalo de Berceo, monje del Monasterio de San Millán de la Cogolla, nacido a finales del siglo XII. Berceo es autor de gran fuerza lírica y emotividad. De principios del siglo XIII es un extenso poema alegórico sobre la vida de Alejandro Magno, el *Libro de Alexandre*, de autor desconocido.

Volúmenes de la Biblioteca del Hospital de Toledo.

Curiosa obra literaria del Medioevo español es el *Libro de Buen Amor*, (1350), del Arcipreste de Hita, obra compleja, calificada por Américo Castro de mudéjar, que asocia hedonismo y didactismo moralizante. La última gran obra del mester de clerecía es el *Rimado de Palacio*, del canciller Pero López de Ayala (1332-1407).

Junto a la lírica culta existía otra de carácter popular y tradicional, cuyo origen se remonta a una vieja tradición lírica románico-hispánica, de la que también proceden las "cantigas de amigo" galaicoportuguesas y las jarchas. Las formas más frecuentes de esta lírica son los villancicos, serranillas y coplas de tema amoroso. Como en el caso de los cantares de gesta, parte del legado lírico popular fue recogido en cancioneros y por autores cultos, sobre todo de la época barroca, que incluyeron canciones populares en sus piezas teatrales y compusieron las suyas propias. También se han transmitido oralmente muchas cancioncillas líricas, sobre todo entre los sefardíes.

"Yo, en mi poquilla ciencia y mucha gran rudeza, comprendiendo cuántos bienes hace perder el loco amor del mundo al alma y al cuerpo y los muchos males que les apareja y trae, hice esta chica escritura en memoria del bien... No obstante, puesto que es humana cosa el pecar, si algunos quisieran -no se lo aconsejo- usar del loco amor, aquí hallarán algunas maneras para ello".

"Prólogo" del *Libro de Buen Amor.*

"Moricos, los mi moricos,
los que ganáis mi soldada,
derribédesme a Baeza,
esa ciudad torreada,
y a los viejos y a las viejas
los meter todos a espada,
y a los mozos y a las mozas
los traé en cabalgada,
y a la hija de Pero Díaz
para ser mi enamorada,
y a su hermana Leonor,
de quien sea acompañada.
Id vos, capitán Venegas,
porque venga más honrada,
porque enviándoos a vos
no recelo en la tornada,
que recibiréis afrenta
ni cosa desguisada".

Del romance Del cerco de Baeza.

Los orígenes de la literatura castellana

A la popularización de la cultura y a la difusión de la épica y de la lírica contribuyeron los juglares, artistas viajeros que ofrecían al público espectáculos circenses, mimos y danzas, e interpretaban canciones, cuyos textos eran los poemas cultos y populares que forman lo que hoy día llamamos poesía épica y poesía lírica medievales, y especialmente romances, poemas narrativos de lenguaje sobrio sobre diferentes asuntos.

Los primeros testimonios en prosa castellana son textos de carácter jurídico, histórico y moral, así como traducciones de cuentos orientales. El primer gran prosista en lengua castellana fue el rey Alfonso X el Sabio (1252-1284), promotor de una gran empresa cultural: protegió la Escuela de Traductores de Toledo, dirigió y fue coautor de numerosas obras jurídicas, históricas, científicas y de entretenimiento, entre ellas *Las Partidas* y la *General e Grande Historia*. Don Juan Manuel, autor del siglo XIV, cultivó el género didáctico-moralizante: *Livro del Cavallero o del Escudero*. Géneros populares de aquella centuria fueron las crónicas históricas y los libros de caballerías.

El teatro medieval tuvo un origen litúrgico: las piezas religiosas cantadas y dialogadas que se introducían en el ceremonial fueron el precedente de los "juegos de escarnio", escenificaciones en lengua popular sobre temas profanos que darían origen al teatro. El anónimo *Auto de los Reyes Magos*, de finales del XII o de comienzos del XIII, es la pieza de estructura teatral más antigua que se conoce en castellano.

La lírica galaicoportuguesa

De la confluencia de la lírica románico-hispánica primitiva con la trovaderesco-provenzal surgió en el área gallego-portuguesa una corriente lírica que tuvo su momento de mayor brillantez durante los reinados de Alfonso X el Sabio de Castilla (1252-1284) y de Dinis de Portugal (1279-1325). Se conocen los nombres de numerosos poetas galaicoportugueses. Los cancioneros de la Biblioteca Nacional de Lisboa, de Ajuda, de la Biblioteca Vaticana y de Baena contienen gran parte de aquel legado poético. El gallego-portugués fue también lengua lírica de Castilla durante la Edad Media.

Las composiciones galaicoportuguesas son canciones -"cantigas"- sobre diversos temas: las "de amigo" refieren la nostalgia de la amada por su amado; en las "de amor" es el amado quien recuerda a la amada; las de "escarnho o maldizer" son satírico-humorísticas. Hay también "cantigas" relacionadas con la vida pastoril, otras que evocan encuentros entre enamorados, de peregrinos y de tema religioso, entre las que destacan las de *Santa María*, compuestas por Alfonso X el Sabio.

El monarca Alfonso X el Sabio escribió en gallego las Cantigas de Santa María.

Los orígenes de la literatura catalana

La lengua catalana alcanzó un alto nivel como vehículo de expresión literaria y filosófica con el mallorquín Raimundo Lulio (1235-1315). Interesantes por su valor literario y testimonial son las crónicas medievales, entre ellas la de Ramón Muntaner (1265-1336) sobre la expedición de los catalanoaragoneses por el Mediterráneo oriental. Importante prosista del siglo XIV fue Bernat Metge, introductor de los ideales humanistas en España. El provenzal fue la lengua poética de Cataluña hasta el siglo XV, el Siglo de Oro de las letras catalanas.

La dramaturgia tuvo un gran desarrollo en el área catalanohablante, sobre todo la relacionada con festividades y celebraciones religiosas. Algunas de estas piezas dramáticas continúan aún representándose, entre ellas el *Misterio de Elche* (*Mister d'Elx*), de finales del siglo XV o principios del XVI.

El origen de la Escuela Catalana de Filosofía: el Lulismo

Desde la época medieval existe una Escuela Catalana de Filosofía, cuyos miembros de todas las épocas se han distinguido por su eclecticismo, moderación y pragmatismo. El primer filósofo de la escuela fue Raimundo Lulio, teólogo y misionero franciscano en África, creador de un sistema de pensamiento místico-matemático que aspiraba a establecer las claves para la comprensión de Dios y del mundo. Lulio representó su sistema por medio de metáforas y símbolos como el "Árbol de la Ciencia". El libro que mejor refleja su pensamiento filosófico es *Ars Magna*. Sus doctrinas dieron origen a una corriente intelectual, el "lulismo", que influyó en la tradición racionalista europea.

Raimundo Lulio es el patriarca de las letras catalanas.

El movimiento universitario

Las escuelas de los monasterios y de las catedrales se encargaron de la enseñanza durante la Alta Edad Media. A partir del siglo XII, el aumento de la población estudiantil obligó a los poderes civiles a crear nuevos centros de enseñanza, las universidades, que fueron definidas por *Las Partidas* de Alfonso X el Sabio como "ayuntamiento de maestros e escolares que es fecho en algún lugar con voluntad o con entendimiento de aprender saberes."

El primer centro universitario fue el de Palencia, fundado en 1212. En 1218 se fundó la Universidad de Salamanca, que adquirió pronto gran prestigio. El número de universidades se incrementó durante las centurias posteriores. Los monarcas fijaban los estatutos de las universidades y les concedían privilegios e inmunidades. Adoptaron como doctrina oficial el escolasticismo, que interpretaba el cristianismo a través del aristotelismo. La recepción del pensamiento clásico y oriental a finales del Medioevo se tradujo en el aumento y diversificación de las disciplinas.

El románico, arte del monacato y de la sociedad señorial

En España, el románico fue precedido por el estilo asturiano o ramirense, que prolongó en el tiempo la tradición arquitectónica romanovisigoda, y por el mozárabe, mezcla de elementos cristianos y musulmanes.

El nuevo estilo penetró en España por el Camino de Santiago, en el siglo XI, y por los valles pirenaicos. Fusionó elementos romanos, germánicos y orientales. Sus formas compactas y equilibradas, la solidez de sus muros y la escasez de vanos se adaptaban perfectamente a las circunstancias bélicas de la época. Se desarrolló con escasas variantes hasta el siglo XIV, en conexión con el monacato.

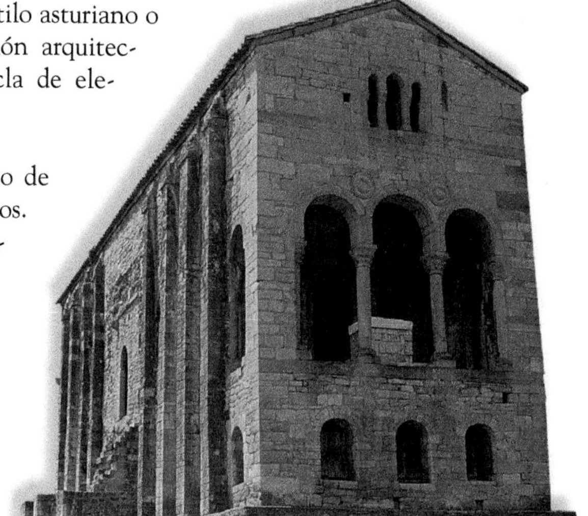

Santa María del Naranco *es la joya del arte asturiano.*

Santa María del Naranco (*siglo IX*). *Oviedo. Asturias.*

El románico, arte del monacato y de la sociedad señorial

Excepto la gran catedral de Santiago de Compostela, la mayoría de los templos románicos españoles son iglesias y ermitas rurales, menos frecuentes a medida que se avanza hacia el Sur, y prácticamente inexistentes en Andalucía, por estar entonces bajo dominio musulmán. El románico catalán del que son ejemplos el Monasterio de Ripoll, la Catedral de Seo de Urgell, San Cugat del Vallés, etc., manifiesta la influencia del arte lombardo, mientras que la Catedral de Jaca, San Martín de Frómista y San Isidoro de León, en el Camino de Santiago, se inspiran en los modelos franceses.

Dios en majestad. Ábside de San Clemente de Tahull. Lérida.

La pintura románica es muy esquemática, de figuras expresionistas e ideales. La escultura es eminentemente simbólica. Ambas artes tenían sobre todo una función decorativa y pedagógica al mismo tiempo. Monumento capital de la escultura románica española es el Pórtico de la Gloria de la Catedral de Santiago de Compostela, de finales del siglo XII.

Portada románica de la sala capitular de la concatedral de San Pedro, Soria.

Pórtico de la Gloria. *Catedral de Santiago. Santiago de Compostela, La Coruña.*

El Pórtico de la Gloria *es uno de los conjuntos escultóricos más impresionantes del arte románico.*

El gótico, estilo de la burguesía

El gótico estuvo precedido por el cisterciense, estilo sobrio que fue introducido por la Orden del Císter, defensora de los ideales ascéticos frente al hedonismo de la sociedad urbana. La sobriedad cisterciense da carácter a las catedrales de Ávila, Zamora, Lérida y Tarragona, y a muchos monasterios distribuidos por todo el territorio español.

Elemento decorativo gótico.

Catedral de Burgos, uno de los edificios más importantes del arte gótico español.

La verticalidad y la fragilidad aparente de la arquitectura gótica son el resultado de la introducción en el arte de un sentido poético. Los templos ganan en altura a la vez que pierden masa, los elementos funcionales y decorativos se estilizan, los vanos predominan sobre los muros y cristaleras multicolores inundan de suave luz los interiores. El gótico fue el estilo de la burguesía, estamento social en progresión, y de un clero que había tenido que salir de los monasterios y adaptarse a la vida ciudadana. Se mantuvo como canon artístico entre los siglos XIII y XVI. Se difundió ampliamente: catedrales de Cuenca (siglo XII), Burgos, Toledo y León (siglo XIII), Barcelona, Palma de Mallorca, Gerona y "Vieja" de Salamanca (siglo XIV), Sevilla (siglo XV), Segovia y "Nueva" de Salamanca (siglo XVI). La pintura y la escultura góticas son naturalistas y realistas.

En contraste con el románico, estilo fundamentalmente religioso y rural, el gótico es ciudadano y también civil, sobre todo en la Corona de Aragón, donde la burguesía construyó residencias privadas. El Palacio Real de Barcelona, con su famoso Salón del Tinell, es un destacado ejemplo del gótico civil catalán.

Las formas ascendentes, las tracerías, los calados, las inscripciones y los motivos heráldicos son los elementos decorativos fundamentales del gótico flamígero, expresión final de este estilo.

El mudéjar, última manifestación del arte hispanoárabe

El mudéjar es un estilo extremadamente complejo y variado, resultado de la adición de elementos decorativos andalusíes a estructuras arquitectónicas cristianas. Con el mudéjar, el arte hispanomusulmán adquirió gran complejidad. Fue llevado por los españoles al Nuevo Mundo y exportado a Europa occidental. Tuvo una dilatada existencia entre los siglos XII y XIX.

Detalle del aparejo de la fachada mudéjar de la Iglesia del Salvador. Teruel.

La complejidad del mudéjar se refleja en la diversidad de escuelas y subestilos regionales: románico-mudéjar castellano-leonés: San Tirso de Sahagún; gótico-almohade toledano: sinagoga de Santa María la Blanca; gótico-nazarí toledano: Sinagoga del Tránsito; gótico-almohade extremeño: Monasterio de Guadalupe. Caracteres muy singulares presenta el aragonés, con campanarios de planta cuadrada y cuerpo superior octogonal. El mudéjar andaluz fusiona en combinaciones múltiples el estilo almohade, el nazarí, el gótico y el clasicismo. El Alcázar de Sevilla combina elementos renacentistas y nazaríes. El arte mudéjar renació pujante entre los arquitectos neomedievalistas del siglo XIX. La tradición mudéjar ha pervivido en diversas manifestaciones de la artesanía popular y de las artes industriales españolas.

Algunas técnicas mudéjares sobreviven todavía en la artesanía española, como la loza de Manises (Valencia) y las alfombras de "nudo español".

Salón de Embajadores del Alcázar de Sevilla.

El canto mozárabe y la polifonía

La liturgia visigótica o mozárabe incluía un canto que se mantuvo en la Iglesia hispana hasta el siglo XI, centuria en la que se impuso el rito romano y fue sustituido por el canto gregoriano. Este, a su vez, entró en decadencia a medida que se extendía el canto polifónico o canto a varias voces.

Conviene recordar que la poesía épica y lírica y los romances son textos de canciones -las antologías que los recogen se llaman "cancioneros"-, que se componían para ser cantados, no recitados, y que los juglares eran más músicos que rapsodas. Los trovadores -autores de refinadas canciones-poesías lírico-amorosas- contribuyeron, como los juglares, al enriquecimiento del acervo musical hispano. Más importante aún fue la aportación de los líricos en lengua gallegoportuguesa. La música de las *Cantigas de Santa María*, de Alfonso X el Sabio, es un elocuente testimonio de la música medieval española.

Entre las variadas formas que revistió la música popular del Medioevo, la más extendida y popular fue el villancico castellano, canción de tema profano a varias voces que en el siglo XV se convirtió en música culta.

La cultura hispanohebrea

Junto a las culturas cristiana y musulmana, cuyas características ya han sido expuestas, la hebrea conoció una etapa de gran brillantez, sobre todo en el ámbito del pensamiento, que alcanzó gran originalidad con Maimónides (1135-1204), quien, como el musulmán Ibn Rochd (Averroes), intentó conciliar fe y razón. Pedro Alfonso, científico del siglo XII, introdujo los cuentos orientales en España. Sem Tob (siglo XIV), rabino de Carrión, cultivó el género didáctico-moralizante: *Proverbios Morales*. El converso Juan Antonio de Baena (siglo XV) elaboró una magnífica antología poética: *Cancionero de Baena*.

Algunos conversos, judíos convertidos al cristianismo, colaboraron con la Escuela de Traductores de Toledo, fundada en el siglo XII, en la que se traducían al castellano y al latín obras de autores clásicos, árabes y judíos. Hombres de letras de origen converso participarían también en la preparación de la *Biblia Políglota Complutense*, gran empresa cultural llevada a cabo por el cardenal Cisneros en la Universidad de Alcalá de Henares.

La cultura hispanohebrea continuó brillando tras la expulsión de los judíos (1492): León Hebreo (1460-1535) elevó a altas cimas el neoplatonismo; Baruc Spinoza (1632-1677) elaboró un cuerpo de doctrina filosófica. Los descendientes de los expulsados en 1492, los judíos sefardíes, han transmitido por vía oral gran número de canciones, romances y cuentos hispanos de origen medieval.

Fachada de la Universidad de Alcalá de Henares. Madrid.

Curioso fruto de la "España de las tres culturas" fue la literatura aljamiada: textos en lengua romance transcritos en caracteres hebreos o árabes. Tras la desaparición del reino islámico de Granada, los musulmanes redactaron numerosos textos aljamiados de carácter jurídico y religioso.

Cristianos, musulmanes y judíos se influyeron mutuamente, y compartieron sensibilidades, formas de cultura espiritual y una misma forma de sentir la religión. Por influencia oriental, el teocentrismo medieval se transformó entre los cristianos hispánicos en un intenso sentimiento trascendental y místico de la existencia humana. De los musulmanes tomaron el concepto de guerra santa, y de los judíos el de la religión como elemento diferenciador de los grupos humanos. Esta concepción de la fe religiosa tendría una importancia capital en la España medieval y moderna, ya que fue el origen de la confusión entre lo divino y lo humano, entre ideología y teología, y de la valoración de la unidad de fe como seña de identidad fundamental de la organización política.

"...Cristianos, musulmanes, judíos y judeoconversos fueron los artífices de esta magna empresa que convirtió a la Península en el puente cultural entre el Islam y la sociedad de la Europa occidental. Estudiosos de otros países como Hugo Sanctallensis, Roberto de Chester, Platón de Tívoli y Hermán el Dálmata trabajaron en Barcelona, Zaragoza y Tudela desde la primera mitad del siglo XII. Esta última ciudad será también la patria de dos insignes autores hebreos: el astrónomo Abraham ben Ezra y el geógrafo Benjamín de Tudela.
Hacia mediados del XII, Toledo ocupa la primacía como gran foco cultural internacional. Se ha discutido por autores como Jourdan, Menéndez Pidal y Sánchez Albornoz, si existió una Escuela de Traductores propiamente dicha, fundada por el prelado don Raimundo. En cualquier caso, la histórica ciudad se convirtió en foco de atracción de los estudiosos de diversa procedencia espiritual y geográfica".

En *La España Medieval. Sociedades. Estados. Culturas*, de Emilio Mitre. Istmo. 1984.

Los Reyes Católicos: la "Restauración de España"

Al final de la Edad Media, el ideal de unidad de fe católica se constituyó en el fundamento de la organización política, rompiéndose así la tradicional convivencia pacífica entre cristianos, musulmanes y judíos. Los Reyes Católicos realizaron el viejo ideal de la **"Restauración de España"** *(16), con la incorporación de la Granada islámica a la Corona, y dieron comienzo a la extraordinaria empresa de la expansión imperial. El absolutismo real acabó con la tradicional división del poder.*

La cultura medieval comenzó a ser sustituida por la renacentista, basada en la tradición grecorromana y, por tanto, de carácter antropocéntrico. Los artistas recuperaron el sentido clásico de las proporciones, los literatos comenzaron a interesarse por la condición humana, y las lenguas vulgares se convirtieron en vehículo de expresión literaria. El año 1492 marcó un hito en la Historia de España, pues tuvieron lugar el descubrimiento del Nuevo Mundo, la conquista de Granada, la expulsión de los judíos y la publicación de la *Gramática Castellana* de Elio Antonio de Nebrija. *La Celestina* y el estilo plateresco fueron las manifestaciones supremas de la literatura y del arte del ocaso de la Edad Media hispana.

Entrada de los Reyes Católicos en Granada. Retablo de la Capilla Real. Catedral de Granada.

La quiebra del orden tradicional de valores

Entre mediados del siglo XIV y finales del XV se produjeron en los reinos hispánicos graves conflictos sociales y guerras civiles. La crisis tuvo su origen en la desfavorable coyuntura económica local e internacional y en las mortíferas epidemias de peste negra de 1348, 1352 y 1381, que en algunas zonas acabó con la vida del 70% de la población. La producción y el comercio sufrieron un grave quebranto, y los monarcas, necesitados de dinero, tuvieron que aumentar los impuestos -el rey Alfonso XI de Castilla impuso la alcabala, gravamen sobre las transacciones que se mantuvo hasta 1845-. Los predicadores atribuyeron el origen de los males a los judíos, que en Sevilla, en 1391, fueron víctimas de la ira popular, hecho que marcó el comienzo de un grave conflicto cuyo desenlace final fue la creación de la Inquisición y la expulsión en 1492 de aquella minoría religiosa.

En todos los reinos hispánicos hubo guerras civiles, movimientos sociales, antiseñoriales y antiabsolutistas. Revistieron singular gravedad el destronamiento en efigie del rey Enrique IV de Castilla, la revolución de los payeses de remensa catalanes, campesinos adscritos hereditariamente a la tierra, a los que la Sentencia Arbitral de Guadalupe (1486) les reconoció parte de sus derechos, y la guerra civil en Navarra. De los enfrentamientos civiles resultó triunfante el absolutismo real. Los monarcas se apoyaron en la burguesía para debilitar a la nobleza, pese a lo cual limitaron la tradicional autonomía de las ciudades.

Ante la incapacidad de los poderes públicos para acabar con el bandidaje, las hermandades, organizaciones ciudadanas autodefensivas, pusieron en práctica métodos represivos. Al objeto de restablecer el orden en el campo, los Reyes Católicos crearon en 1476 la Santa Hermandad, que empleó métodos aún más violentos que las hermandades.

El pueblo responsabilizó a los judíos de sus desgracias, lo que provocó el comienzo de una ola de antisemitismo violento que culminó con la creación de la Inquisición.

La crisis se manifestó también en el orden espiritual. El alto clero constituía, junto con la nobleza, una elite dominante más atenta a los intereses materiales que a las cuestiones espirituales; sectores del bajo clero se habían alejado del modelo de vida evangélico, y el laicismo y las supersticiones se extendían entre la burguesía y los estamentos populares. Estas circunstancias propiciaron la prerreforma católica de Francisco Jiménez de Cisneros (1436-1517), cardenal y regente de Castilla, que restableció la regla original de los franciscanos y reformó el clero secular.

Cardenal Cisneros. *Retrato anónimo.*

El cardenal Cisneros acumuló el poder en el reino de Castilla durante varios años.

(16) Restauración de España: *ideal al que aluden con frecuencia las crónicas medievales y los humanistas, y que reflejaba el deseo de restaurar la unidad política de la Hispania romanovisigoda.*

La "Restauración de España"

Los ideales políticos renacentistas, que animaban a los monarcas a engrandecer y extender sus dominios, reavivaron el deseo de restaurar la unidad política de la antigua Hispania. Este ideal se realizó con la unión matrimonial (1469) de los herederos de las coronas de Castilla-León y de Aragón-Cataluña, Isabel y Fernando, los Reyes Católicos, título que les fue otorgado por el papa Alejandro VI en 1494. Esto constituyó el punto de arranque de la España moderna, pues marcó el impulso final hacia la unión territorial peninsular. La "Unidad Nacional" (17) se completó con la conquista del reino islámico de Granada (1492), de las Canarias en 1496 -islas habitadas por un pueblo de cultura prehistórica, los guanches, cuya conquista había comenzado años antes- y con la incorporación del reino de Navarra en 1512-1515.

"A fines del siglo XV, aunque sea en medio de discordias y desórdenes, el cuerpo hispánico es empujado por un fuerte crecimiento y de ese hervor vital que le sacude surge renovado, como, según dijimos, aconteciera en los momentos correspondientes a Alfonso III, Alfonso VI y Fernando III, el mito neo-gótico. Entonces no será sólo un esquema para trazar la línea continua de nuestro pasado, sino un programa de futuro, en el que se manifiesta el anhelo de dar cima a una obra. Y Diego de Valera, que lo expresa con más claridad que ninguno, elogiando y excitando al rey Fernando el Católico, llamándole descendido de la "ínclita gótica sangre", le pedirá y esperará de él que restaure la "silla imperial de los godos".

En *El concepto de España en la Edad Media,* de José Antonio Maravall. Centro de Estudios Constitucionales. 1981.

El sistema político confederal

Del matrimonio de los Reyes Católicos no surgió un Estado unitario. Por el contrario, y en línea con lo que había sido el propio devenir histórico hasta entonces, la Corona española sólo se hizo posible bajo la forma de una confederación de los reinos medievales, que mantuvieron sus fueros, libertades e instituciones. De un lado, Castilla siguió con sus Cortes, con representaciones de los estamentos castellanos, gallegos, asturianos, leoneses, extremeños, canarios y andaluces, así como de los señoríos vascos. Navarra continuó como un Reino con sus propias Cortes y su sistema autónomo. Una situación que subsistiría nada menos que hasta 1841. Aún en 1834 fue proclamada Isabel II de España como Isabel I de Navarra. La Corona de Aragón mantuvo sus Cortes "confederales", que coexistieron con las instituciones particulares de cada uno de sus territorios: las Cortes aragonesas, la Generalidad de Cataluña, la Generalidad Valenciana, y el régimen particular del Reino de Mallorca.

Una vez lograda la unión de sus reinos, los Reyes Católicos reforzaron el poder de la Corona, reformaron el sistema judicial y el ejército, incorporaron el sur de Italia a la monarquía española y dieron comienzo a la expansión ultramarina. La época de los Reyes Católicos será evocada posteriormente, sobre todo en épocas de crisis, como una edad dorada y ejemplar.

Moneda de uso común en la España de la época.

La expansión ultramarina

Conquistada Granada, los pueblos hispanos aspiraban a proseguir la Reconquista por el norte de África, que consideraban prolongación natural de la Península Ibérica. Sin embargo, el descubrimiento de América vino a apartarles de su sueño africano. El apoyo de los Reyes Católicos al proyecto de Cristóbal Colón de viajar a Oriente navegando hacia Occidente permitió a los españoles descubrir el Nuevo Mundo: el 12 de octubre de 1492 los marineros españoles desembarcaron en la isla de Guanahaní, y poco después lo harían en el continente.

(17): "Unidad Nacional": responde al mismo concepto de nación y de unidad peninsular conseguida con el matrimonio de los Reyes Católicos y con la conquista de Granada. Entonces comienza a hablarse propiamente de España como organización política.

La expansión ultramarina

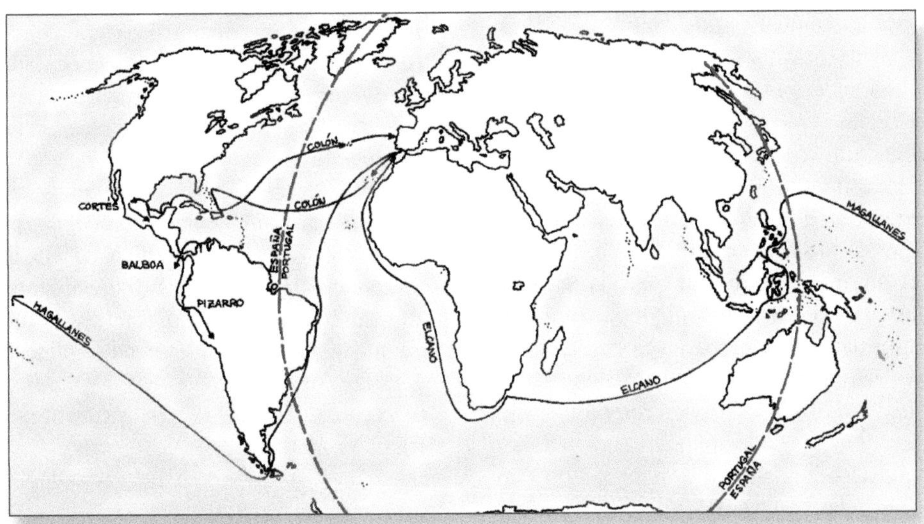

El Tratado de Tordesillas permitió ordenar la expansión territorial de las coronas de España y Portugal.

Núñez de Balboa descubrió el Océano Pacífico en 1513 y demostró así la continentalidad de aquellas tierras.

Los ideales guerreros forjados en la Reconquista, el afán evangelizador, el deseo de conseguir bienes y riquezas, el espíritu de aventura y las utopías renacentistas, es decir, una amalgama de factores medievales y modernos, impulsaron a los españoles a acometer la extraordinaria empresa de América. Por el ambicioso Tratado de Tordesillas (1494), españoles y portugueses se dividieron el mundo en dos extensas zonas separadas por el meridiano situado a 370 leguas al oeste de Cabo Verde.

El descubrimiento y la colonización de América sirvieron de factores de cohesión al recién creado Estado español, al que dotaron de nuevos objetivos. Sin embargo, los súbditos de la Corona de Aragón quedaron excluidos de los nuevos territorios, que eran considerados exclusivamente castellanos. En realidad, como admiten muchos historiadores, se desconoce el peso que tuvo en aquella exclusión el temor de la Corona a que los catalanoaragoneses exportaran a América su concepto del poder como resultado del pacto; también se ignora en qué medida pudo influir el desinterés de los catalanoaragoneses por unos territorios alejados del Mediterráneo, su área tradicional de expansión.

La conquista, la evangelización y la colonización del Nuevo Mundo, con sus miserias, y también con su grandeza, fueron la expresión misma de la idea de una España poderosa a escala mundial. Claramente se vio así desde el principio, cuando el primer virreinato, el de México, fue llamado "de la Nueva España", y cuando Carlos I puso a su escudo la leyenda de *Plus Ultra (Más más allá)*, que aún hoy permanece en el escudo constitucional.

Las naves españolas surcaban todos los mares y desde fuera, mucho antes que desde dentro, a España se la consideraba una unidad política. Ningún monarca pudo ya plantearse la división de sus reinos. Así desapareció definitivamente el sentido patrimonial del Estado, y España nació como realidad política.

Escudo de Carlos V.

El problema de las minorías étnico-religiosas. La Inquisición

Las crisis de los siglos bajomedievales se tradujeron en el fin de la convivencia pacífica entre cristianos, musulmanes y judíos. A partir de entonces, los cristianos viejos -cristianos sin ascendientes semitas- consideraron enemigos del Estado y de su fe a los no católicos. Este hecho tuvo una importancia capital en el devenir histórico de la España moderna.

Para los cristianos viejos, la unidad política no podía completarse hasta conseguir la religiosa, base fundamental y justificación última de su organización política. Esta peculiar concepción de la religiosidad, de origen oriental, como ya se ha dicho, movió a los Reyes Católicos a obligar a los judíos a convertirse al catolicismo y a decretar la expulsión de los no convertidos en 1492. La expulsión de los judíos -entre 100.000 y 200.000- significó la desaparición de un importante sector social de banqueros, comerciantes, médicos y artesanos, artífices del florecimiento económico de las ciudades en la segunda mitad del siglo XV. Muchos judíos se convirtieron al cristianismo, por lo que no les afectó el decreto de expulsión. Sus descendientes dieron a España nombres tan relevantes como Fernando de Rojas, Fray Luis de León, Miguel de Cervantes, Santa Teresa de Ávila, Baltasar Gracián y muchos otros. De ascendencia hebrea era incluso el propio Gran Inquisidor Torquemada, que tanto persiguió a los falsos conversos.

El problema político-religioso no terminó con la expulsión de los judíos y la persecución de los sospechosos de herejía, sino que se prolongó con los moriscos, nombre que se dio a los musulmanes tras la caída de Granada. El Cardenal Cisneros puso tanto empeño en convertir a esta minoría étnico-religiosa que provocó una rebelión en Las Alpujarras (Granada). El problema se resolvió drásticamente a comienzos del siglo XVII mediante la expulsión de los no convertidos.

Al objeto de vigilar a los cristianos nuevos o conversos, de quienes se sospechaba que continuaban practicando en secreto su religión, y de aislar socialmente a sus descendientes, los cristianos viejos establecieron un complejo sistema represivo que actuó con gran celo: el Tribunal del Santo Oficio de la Inquisición y las "pruebas de limpieza de sangre".

El Tribunal de la Inquisición se instituyó por vez primera en la Corona de Aragón en 1238 con el fin de reprimir la herejía, y en 1480 comenzó a perseguir a los falsos conversos. En poco tiempo se convirtió en un eficaz instrumento de control ideológico del pensamiento y de las costumbres de los españoles. Cualquier disidencia o actitud que atentara contra el orden de valores establecido cayeron bajo su ámbito jurisdiccional.

La Inquisición fue fruto del singular clima político y espiritual de la época. Su extensión a todos los territorios de la Corona le confirió gran fuerza y autoridad. Su permanente control sobre la sociedad española supuso un freno para el desarrollo del pensamiento científico y filosófico. Suprimida por las Cortes de Cádiz y restaurada por Fernando VII, fue definitivamente abolida en 1834.

Cruz y lema de la Inquisición.

Los cristianos viejos establecieron también las llamadas "pruebas de limpieza de sangre", que impedían a los descendientes de los cristianos nuevos o conversos ingresar en el ejército, en la administración, en las universidades y en las órdenes militares y religiosas, lo que fue origen de corrupción administrativa y de abuso de poder, y, sobre todo, apartó de la vida pública y de la cultura a un elevado número de españoles.

Auto de Fe, *Pedro de Berruguete. Museo del Prado. Madrid.*

Los Autos de Fe eran los juicios de la Inquisición.

Una economía intervenida

Los Reyes Católicos intervinieron la economía y fijaron la paridad de las monedas, pero no crearon una unión económica complementaria de la política: las aduanas interiores se mantuvieron, los comerciantes catalano-aragoneses no tenían acceso a las ferias castellanas y quedaron excluidos del comercio indiano, que fue reservado en régimen de monopolio para Castilla.

La demanda del mercado americano estimuló la producción. La ganadería ovina y el comercio de la lana eran las actividades económicas más rentables y las que a más amplios sectores beneficiaban: a ganaderos, mercaderes y navieros. Se calcula que a finales del siglo XV había en Castilla-León tres millones de ovejas. La abundancia de lana favoreció el desarrollo de la industria textil en Castilla y Andalucía. La industria de la seda, la de curtidos, vidrios y las ferrerías eran también florecientes. Así las primeras décadas del siglo XVI fueron una época de bonanza económica, excepto en la Corona de Aragón, donde llevó más tiempo superar la crisis de la centuria anterior.

La cultura de la premodernidad. *La Celestina*

Los ideales humanísticos del Renacimiento terminaron con el teocentrismo medieval. Los pensadores comenzaron a diferenciar lo sagrado de lo profano y a interesarse por el pensamiento clásico y por las creaciones del espíritu humano. El racionalismo laico y el cientificismo irrumpieron en el pensamiento español, como en todo el europeo.

El nuevo orden de valores tuvo un reflejo directo en la literatura: los primeros humanistas cultivaron la prosa dialogada, la narración histórica erudita, las biografías, los libros de viajes y la prosa culta sobre los más variados temas. La corte castellana de Juan II (1406-1454) y la napolitana del aragonés Alfonso V (1416-1458) fueron importantes centros de actividad intelectual humanista.

La poética italiana del *"dolce stil nuovo"* (18) se fusionó con la trovadoresco-provenzal y de ello surgió la poesía cortesana. Los poetas cortesanos exaltan a la mujer, se recrean en la artificiosidad verbal y, ante la crisis de los valores espirituales tradicionales, adoptaron una actitud entre frívola, irónica y pesimista. La poesía cortesana está recogida en cancioneros como los de Baena, Estúñiga y General. Entre los grandes poetas de la centuria, Jorge Manrique (1440-1479) es autor de las bellísimas y populares *Coplas a la muerte de su padre, el maese Don Rodrigo.*

"¿Qué se hicieron las damas
sus tocados e vestidos,
sus olores?
¿Qué se hicieron las llamas
de los fuegos encendidos
d´amadores?..."

Coplas a la muerte de su padre, de Jorge Manrique.

La poesía cortesana tuvo un paralelo en prosa: las novelas sentimentales -*Siervo libre de amor*, de Rodríguez del Padrón; *Cárcel de amor*, de Diego de San Pedro-. Una excepción en el homenaje que los literatos del siglo rindieron a la mujer es el arcaizante *Corbacho o Reprobación del amor mundano*, de Alfonso Martínez de Toledo (1398-1470). El interés de los renacentistas por las cuestiones humanas se tradujo en el cultivo del género biográfico: Fernán Pérez de Guzmán escribió *Generaciones y semblanzas*, y Hernando del Pulgar *Claros Varones de Castilla*.

A finales del siglo XV comienza a tomar forma la tradición dramática de la que nacería el teatro de los Siglos de Oro. Juan del Enzina (1468-1529) creó la corriente dramática que haría del teatro un género autónomo: sitúa a los personajes en ambientes y escenarios adecuados a las situaciones, les hace hablar en el lenguaje del pueblo y les atribuye sentimientos y pasiones.

La tradición épica de los cantares de gesta continuó con los romances, poemas narrativos de lenguaje sobrio sobre diversos asuntos. Se registraron por escrito desde principios del siglo XV, y en la siguiente centuria fueron recopilados en antologías o romanceros. Autores de los Siglos de Oro incluyeron romances populares en sus obras cultas, e incluso compusieron algunos al estilo tradicional, costumbre que prácticamente ha perdurado entre los poetas hasta nuestros días.

(18) "dolce stil nuovo": *expresión tomada del italiano que quiere decir "dulce estilo nuevo".*

La cultura de la premodernidad. *La Celestina*

En 1499 se publicó en Burgos *La Celestina -Tragicomedia de Calisto y Melibea-*, obra cumbre de la literatura española de la transición entre el Medioevo y el Renacimiento, "la primera obra occidental sin Dios ni providencia" (Juan Goytisolo). Es un texto en prosa entre novelesco y dramático. Su lenguaje es a la vez culto y popular, con abundantes refranes y latinismos. Todos los personajes son profundamente humanos, de carne y hueso, ajenos al simbolismo medieval. El tono moralizador es todavía un rasgo arcaizante; la pasión y el atrevimiento con que los personajes se enfrentan a los códigos morales son profundamente modernos. Se sabe poco de la vida del autor, el bachiller Fernando de Rojas, de origen converso, que, para algunos críticos, no habría sido el único autor de la obra. *La Celestina* fue reiteradamente imitada -género celestinesco- y su estilo y su forma de interpretar la realidad y de abordar la creación literaria se prolongaron en el género picaresco.

La Celestina, Fernando de Rojas. Biblioteca Nacional. Madrid.

Portada de la edición de Sevilla (1502) de La Celestina.

> *"-¡Válame Dios! -dijo el Cura, dando una gran voz-. ¡Que aquí esté Tirante el Blanco! Dádmele acá, compadre; que hago cuenta que he hallado en él un tesoro de contento y una mina de pasatiempos. Aquí está don Quirieleisón de Montalbán, valeroso caballero, y su hermano Tomás de Montalbán, y el caballero Fonseca, con la batalla que el valiente de Tirante hizo con el alano, y las agudezas de la doncella Placerdemivida, con los amores y embustes de la viuda Reposada, y la señora Emperatriz, enamorada de Hipólito, su escudero. Dígoos verdad, señor compadre, que, por su estilo, es éste el mejor libro del mundo: aquí comen los caballeros, y duermen, y mueren en sus camas, y hacen testamento antes de su muerte, con otras cosas de que todos los demás libros deste género carecen".*
>
> *Don Quijote de la Mancha*, de Miguel de Cervantes.
> Primera parte, capítulo VI.

En Cataluña, la recepción de las modas italianas significó el comienzo de la sustitución del provenzal por el catalán como lengua poética. El nuevo estilo italianizante-renacentista culmina en Ausias March (1379-1459), gran poeta del sentimiento, que intentó conciliar pasión y serenidad. La mejor creación en prosa del siglo XV, el Siglo de Oro catalán, fueron los libros de caballerías, singularmente *Tirant lo Blanc*, de Joanot Martorell, "el mejor libro del mundo" (Cervantes), relato caballeresco inspirado en la expedición catalana al Mediterráneo oriental. Valencia se erigió, durante la centuria, en el más dinámico centro cultural del área catalanohablante, pues valencianos eran March, Martorell y otros grandes literatos.

> *Celestina. "Señora, el perdón sobraría donde el yerro falta. De Dios sea perdonada, que buena compañía me queda. Dios la deje gozar su noble juventud y florida mocedad, que es (el) tiempo en que más placeres y mayores deleites se alcanzarán. Que, a la mi fe, la vejez no es sino mesón de enfermedades, posada de pensamientos, amiga de rencillas, congoja continua, llaga incurable, mancilla de lo pasado, pena de lo presente, cuidado triste de lo porvenir, vecina de la muerte, choza sin rama que se llueve por cada parte, cayado de mimbre que con poca carga se doblega."*
>
> En *La Celestina. Tragicomedia de Calisto y Melibea*, de Fernando de Rojas.
> Edición y notas de Dorothy S. Severin. Alianza Editorial. 1986.

El *Arte de la Lengua Castellana* y la *Biblia Políglota Complutense*

En 1492 se publicó el *Arte de la Lengua Castellana*, del humanista Elio Antonio de Nebrija. El romance castellano se convirtió así en un verdadero idioma, enriquecido por una literatura notable. La unificación lingüística fue complementaria de la política, territorial y religiosa, y de la expansión ultramarina, pues "siempre la lengua fue compañera del imperio". Aunque Nebrija se refería con estas palabras al Imperio romano, es claro que era consciente del valor de la lengua como factor de cohesión entre todos los súbditos de la Corona.

El cardenal Francisco Jiménez de Cisneros (1436-1517), fundador de la Universidad de Alcalá de Henares, gran centro del humanismo español, como la de Salamanca, dirigió otra gran empresa: la preparación y publicación de la *Biblia Políglota Complutense*, la primera edición crítica y políglota -en latín, griego y hebreo- de las Sagradas Escrituras. La impresión se llevó a cabo entre 1514 y 1517.

Estatua de Antonio de Nebrija, autor de la primera gramática de una lengua romance. Biblioteca Nacional. Madrid.

Entre el goticismo y el clasicismo artísticos: el Plateresco

En contraste con la austeridad del primer gótico (cisterciense), el tardío es fundamentalmente decorativo. A causa de la riqueza y del intenso movimiento de los elementos ornamentales, a este gótico tardío se le conoce con los nombres de "florido" y "flamígero". Monumento capital en el nuevo estilo es el monasterio toledano de San Juan de los Reyes. Más sobrias son las últimas creaciones del gótico catalán. La adición de elementos mudéjares al flamígero dio origen al estilo isabelino o Reyes Católicos.

Los pintores tardogóticos sustituyeron los fondos dorados por los paisajes, humanizaron la temática, representaron escenas de la vida cotidiana y se interesaron por los detalles. Pedro de Berruguete es el pintor que mejor reflejó el cambio que se estaba produciendo en el arte. Los escultores, como los pintores, dudaron entre goticismo e italianismo.

Claustro de San Juan de los Reyes. Toledo.

La combinación de la tradición gótico-mudéjar con elementos italianos se tradujo en el nacimiento del plateresco, un estilo arquitectónico de estructuras góticas y decoración renacentista. Como el mozárabe y el mudéjar, es un estilo local, con escasos paralelismos fuera de España. Surgió a finales del siglo XV y se mantuvo hasta mediados del XVI. La decoración plateresca es extraordinariamente rica y variada y se concentra sobre todo en las fachadas, que toman forma de retablo. Los decoradores platerescos recurrieron a una amplia gama de recursos ornamentales: figuras zoomorfas y vegetales, orlas, columnas, etc. Salamanca concentra un gran número de monumentos platerescos, entre ellos la Universidad y la Catedral.

A finales del siglo XV se gestó la tradición musical que culminará en la próxima centuria, época dorada de la música culta española; se desarrolló la escuela polifónica y se consolidó la corriente popular de los villancicos y de los romances. Juan del Enzina, dramaturgo, poeta y sobre todo músico, elevó el villancico a la categoría de música culta.

Elemento plateresco.

El siglo XVI: la Modernidad Renacentista

Retrato ecuestre del emperador Carlos en Mühlberg (Detalle). Tiziano. Museo del Prado. Madrid.

La herencia de los Reyes Católicos recayó en su nieto Carlos I -rey de España entre 1516 y 1556, y emperador de Alemania desde 1519-, defensor del ideal medieval de la monarquía universal -el Sacro Imperio Romano-, regida por el papa y el emperador, frente al nuevo orden político de los estados nacionales que se estaba gestando en Europa y que se impondría en la paz de Westfalia (1648). El ideal imperial arraigó profundamente entre los españoles, que se enfrentaron a las fuerzas políticas y religiosas que amenazaban la unidad de la Cristiandad.

La incorporación de Portugal a la confederación española en 1581 significó la culminación del viejo sueño de la unidad ibérica. La economía acusó el impacto de la llegada de los metales preciosos americanos. A pesar del absolutismo confesional, la recepción de la modernidad renacentista se tradujo en un extraordinario desarrollo del arte, la cultura y el pensamiento durante gran parte de los siglos XVI y XVII, los Siglos de Oro de la cultura española.

La mentalidad renacentista

Como hemos visto en el capítulo anterior, a finales del siglo XV el orden de valores y la interpretación del mundo medievales fueron sustituidos por la cultura humanístico-renacentista, que dio origen a la corriente racionalista europea. Las novedades procedían de Italia y se extendieron en muy poco tiempo por el continente europeo.

La modernidad renacentista significó desarrollo del pensamiento científico, afirmación del principio de la validez universal de las leyes físicas, afán por conocer el mundo y por aprovechar sus recursos naturales, disfrute estético de la naturaleza, interés por los problemas y las creaciones de los seres humanos, defensa de su dignidad, y cuestionamiento de la religión y del dogma. Los renacentistas introdujeron la nueva cultura política del Estado que hoy llamamos "nacional" y el concepto de soberanía como poder absoluto e independiente de las leyes humanas.

Los artistas recuperaron el ideal de belleza clásico, basado en el equilibrio y en la armonía.

Algunos autores creen que el absolutismo confesional y la debilidad de la burguesía impidieron el desarrollo en España de una verdadera cultura renacentista. Para otros, la expansión ultramarina, la prerreforma católica de Cisneros, el erasmismo y el pensamiento de los grandes humanistas ponen de manifiesto lo contrario.

Un Estado Moderno atípico

El confederalismo instituido por los Reyes Católicos, que fue continuado por los reyes de la casa de los Austrias, impidió la instauración en España de un verdadero Estado Moderno, asentado sobre el principio de la unidad del poder. Los reyes españoles tuvieron que admitir la existencia de centros autónomos de poder en los extensos territorios de la monarquía, así como una gran diversidad de regímenes jurídicos.

La común dependencia de la Monarquía Española era el único vínculo entre los reinos que la formaban, débil lazo que hacía de aquel conglomerado de reinos y territorios una organización escasamente cohesionada. Así, el sistema confederal español no respondía al modelo de organización política, el Estado Moderno, que se había instaurado en Europa. Este modelo fue definido por Maquiavelo como un ámbito de poder soberano, dotado de su propia razón, la razón de Estado, cuyos fines son independientes de las normas éticas. El entusiasmo con que los españoles acogieron la idea imperial carolina -imperio universal cristiano regido por el papa y el emperador, la *Universitas Christiana*-, tampoco ayudaba a la modernización del Estado. Así, los españoles del Renacimiento tomaron posiciones contrarias a la modernidad política; no obstante, los monarcas españoles, como todos los europeos, aspiraron a implantar el absolutismo como principio rector de la organización política, pero sólo lo consiguieron en el aspecto religioso, de manera que hubo absolutismo, en efecto, pero tuvo más carácter confesional que político.

La Monarquía Española defendió la unidad de fe católica en Europa, y, por consiguiente, tuvo que enfrentarse a reformistas y luteranos, y a los turcos, que constituían una amenaza para la seguridad del continente, empresa que exigió ingentes recursos humanos y económicos.

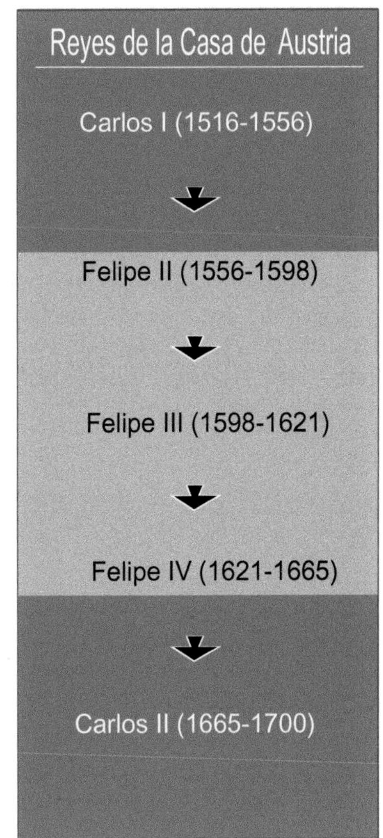

Absolutismo y centralismo

Consecuentes con la ideología dominante en la Europa moderna, los Austrias españoles reforzaron, en la medida en que les fue posible, el poder real y el centralismo. Carlos I acabó con la resistencia del movimiento comunero -Comunidades de Castilla-, que defendía las libertades municipales y de las Cortes frente al absolutismo real. Por esta razón, no sin fundamento, la revolución comunera es considerada por los historiadores como la primera revolución burguesa española. La derrota de las milicias comuneras en la Batalla de Villalar en 1521 significó la supresión de importantes pretensiones políticas de Castilla y León, los territorios de mayor peso demográfico, económico y político de la Corona. Por lo demás, el incremento de los tributos restó poder a las Cortes, que, además, ya no tuvieron que aprobar con tanta frecuencia "ayudas" económicas especiales para los monarcas, pues estos incrementaron sus recursos con los metales preciosos llegados de las Indias.

El absolutismo que inspiró la política de Carlos I tomó una orientación centralista con Felipe II, su hijo, que completó la unidad peninsular con la incorporación de Portugal en 1581, país que permanecería unido a la Monarquía Hispánica hasta 1640. Un factor acorde con el proyecto político de este monarca fue la fijación de la capitalidad en Madrid (1541), en el centro peninsular. Sin embargo, todos los intentos de creación de un Estado absolutista, unitario y centralista, fracasaron, como se pondría de manifiesto en las revoluciones catalana y portuguesa de mediados del siglo XVII.

Si en el orden político los Austrias españoles no pudieron imponer un verdadero absolutismo, sí lo consiguieron en el religioso. Este hecho fue resultado de la identificación entre Iglesia y Estado, de manera que Felipe II otorgó rango de ley a las resoluciones del Concilio de Trento. La Inquisición veló por el estricto mantenimiento de la ortodoxia, y los teólogos españoles apoyaron las tesis papistas y opusieron el escolasticismo renovado al reformismo heterodoxo. El contrarreformismo tuvo un valioso aliado en la Compañía de Jesús, fundada por el español San Ignacio de Loyola en 1540.

Felipe II, *Pantoja de la Cruz. Monasterio de El Escorial. Madrid.* © PATRIMONIO NACIONAL.

El Imperio español

El Imperio español fue resultado de un dilatado proceso histórico: los catalanoaragoneses habían ocupado Sicilia (1283), Cerdeña (1323), Atenas y Neopatria (1380), y Nápoles (1442); Carlos I se anexionó el Milanesado y legó a la Corona de España el Franco-Condado y los Países Bajos, formados por Flandes, Luxemburgo, Holanda, Brabante, Hainault y Artois; los castellanos añadieron a las posesiones españolas gran parte del subcontinente suramericano meridional, las islas del Caribe, Centroamérica, México, Nuevo México, California y Florida, las Filipinas y otras islas del Pacífico, Melilla y otras plazas norteafricanas. Cuando Portugal se incorporó en 1581 a la confederación hispana, el imperio de Felipe II se convirtió en la más extensa organización política mundial.

Los Consejos -Real de Castilla, de Estado, de Aragón, de Hermandad, de Órdenes, de Hacienda, de Cruzada, de Indias, de Navarra, de Flandes, de Italia, de Portugal y de la Suprema Santa Inquisición- tenían encomendada la administración territorial y sectorial. De sus relaciones con el monarca se encargaban los secretarios, altos

El Imperio español

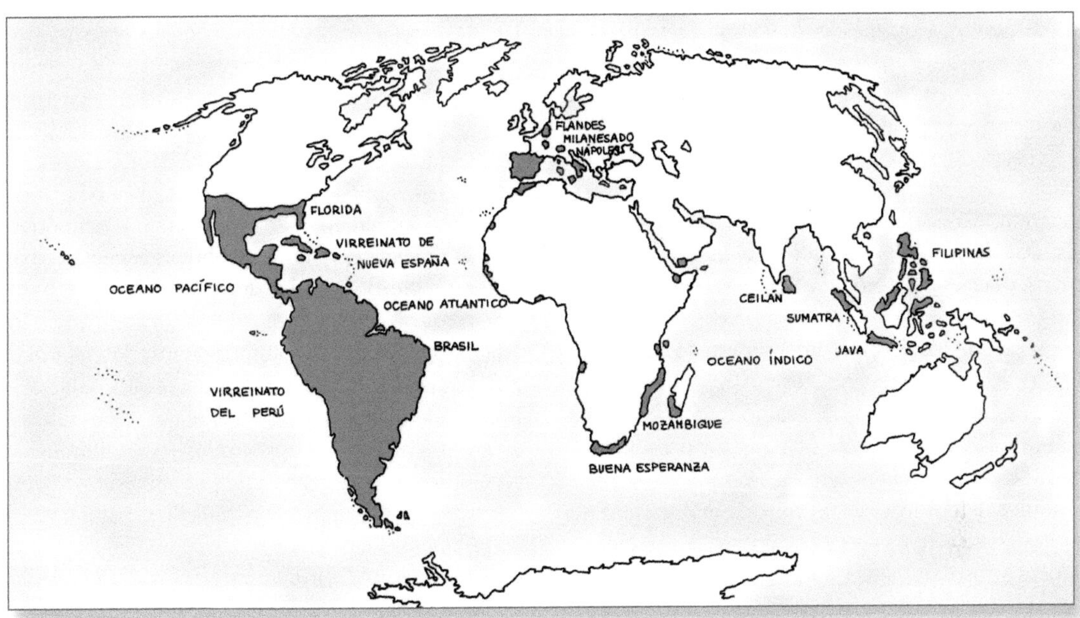

Mapa del Imperio hispano-portugués durante el reinado de Felipe II.

funcionarios de origen burgués y de formación universitaria. El poder ejecutivo era desempeñado en algunos territorios por los virreyes; las Audiencias tenían asignado el poder judicial y competencias administrativas y consultivas.

En los territorios imperiales europeos, la lengua y la cultura españolas no desplazaron en ningún caso a las autóctonas, y las autoridades imperiales se limitaron a mantener el orden y el sistema establecidos. El caso de Hispanoamérica fue distinto ya que la implantación de la cultura española y de un nuevo orden político, social y económico transformaron radicalmente la situación anterior. España incorporó gran parte del continente americano a la cultura occidental. En la primera mitad del siglo XVI, en muy pocos años, los españoles controlaron el inmenso territorio comprendido entre la Patagonia y el sur de los actuales Estados Unidos, excepto Brasil, gran proeza casi increíble hoy en términos de capacidades físicas y organizativas. Hitos importantes fueron el descubrimiento del Mar del Sur u Océano Pacífico por Núñez de Balboa (1513), la conquista de México por Hernán Cortés (1520), la primera circunnavegación de la Tierra, que fue llevada a cabo por la expedición española de Magallanes-Elcano (1519-1522), la conquista del Perú por Pizarro (1535) y la anexión de las islas Filipinas (1565).

"Cualquier intento de explicar el extraordinario éxito de una empresa llevada a cabo por un grupo tan reducido de hombres frente a la aplastante superioridad numérica de sus adversarios, debe tener necesariamente en cuenta tanto las aspiraciones individuales del conquistador como la disposición de la sociedad de la cual procedía para aceptar su validez y apreciar su realización. El conquistador sabía que se arriesgaba a perecer en cualquier momento, pero también sabía que, si sobrevivía, volvería rico a un mundo en el que la riqueza confería rango y poder. Por otra parte, si moría, tenía el consuelo de morir por la Fe y la esperanza de su salvación".

En *La España imperial 1469-1716*, de J.H. Elliott. Vicens Vives. 1965.

Galeón de guerra de la flota de Indias.

El Imperio español

La colonización de América se llevó a cabo aplicando un régimen de monopolio en lo económico e intervencionista en lo político-administrativo. La Casa de Contratación de Sevilla, fundada en 1503, ejercía como aduana, centro de estudios y órgano rector del comercio indiano. En lo político, el Consejo de Indias, supremo órgano rector de ultramar, creado en 1523, legislaba al margen de las Cortes.

La Iglesia llevó a cabo una gran labor asistencial y de protección de los indígenas americanos. Entre sus más apasionados defensores, el dominico Fray Bartolomé de Las Casas (1474-1566) denunció los abusos de los colonos. Gracias al clero se pusieron en práctica sistemas de asimilación pacífica de los indios, se salvó parte del legado cultural autóctono, incluidas algunas lenguas, y la violencia pudo ser denunciada y, en muchos casos, evitada.

Las denuncias de los abusos cometidos con los indios impresionaron a los españoles y a la monarquía, lo que dio origen a apasionadas polémicas sobre la legalidad de la conquista y sobre la ética de las guerras. Los teólogos juristas españoles negaron validez a cualquier otro título o argumento legitimador de la conquista que no fuera la evangelización de los indios, misión que había sido encomendada por el Papa a la Corona de España.

Las Leyes de Indias reconocieron la personalidad jurídica de los indígenas americanos, proclamaron su libertad y reglamentaron su trabajo, aunque de hecho se les mantuvo siempre en un régimen de semiservidumbre. Los españoles se mezclaron con los aborígenes, lo que dio lugar a un intenso mestizaje de la población, en la que, sin embargo, los blancos fueron siempre la elite dominante.

La primera decadencia. La revolución de los precios

Algunos historiadores suelen percibir síntomas anunciadores de la decadencia en el reinado del poderoso Felipe II. El comienzo de la crisis puso de manifiesto los defectos de un sistema que se empeñaba en aplicar el absolutismo y en mantener la unidad religiosa y la intolerancia, que habían segregado de la comunidad sociopolítica a las minorías étnico-religiosas, causando un grave perjuicio a la agricultura y al comercio.

La crisis fue sobre todo de carácter económico: la entrada de los metales americanos en la circulación monetaria castellana fue sólo pasajera, pues en gran parte tales recursos se utilizaron para financiar las guerras transpirenaicas y para adquirir productos de importación. Pero su solo transcurso por España provocó una fuerte inflación –"revolución de los precios"-, que redujo sensiblemente las posibilidades de Castilla de competir en los mercados exteriores e incluso en su propio mercado interior. La inflación favoreció la especulación y enriqueció aún más a los nobles y terratenientes, mientras que la burguesía empresarial se arruinaba. El resultado final no pudo ser más catastrófico: ruina de la burguesía y de las empresas, enriquecimiento de señores y especuladores y empobrecimiento del pueblo y del Estado, que tuvo que endeudarse con la banca extranjera. Además, la concentración de todo el tráfico americano en el puerto de Sevilla, pretendiendo que los demás europeos fueran a comerciar allí, estimuló el contrabando, que causó un enorme perjuicio a la economía, y suscitó la codicia de los piratas franceses, de los bucaneros holandeses y de los corsarios ingleses respecto de las flotas de los galeones españoles.

Así, con una economía en bancarrota, con una población cada vez más estancada y con una débil organización política, España difícilmente podía imponer en Europa sus ideales políticos. El desastre de la Armada Invencible (1588) frente a los ingleses significó el fin de la expansión imperial española.

Ataque de brulotes incendiarios en Calais. *Museo Naval. Madrid.*

El desastre de la Armada Invencible fue una de las señales más claras del comienzo de la decadencia española.

La respuesta a la crisis económica: arbitristas y mercantilistas

Aunque algunos analistas españoles de la época se dieron cuenta de la relación existente entre la llegada de los metales preciosos y el aumento de los precios, se carecía de referencias y de experiencia para poner remedio a tan dramática situación: a mayor abundancia de oro, mayor carestía de los productos y más pobreza.

Por entonces predominaba en Europa el mercantilismo, teoría económica que consideraba el atesoramiento de metales preciosos base de la riqueza y motor del desarrollo económico, por lo que se propugnaba limitar la importación de productos manufacturados. Sin embargo, el cierre de numerosas empresas obligó a comprar productos en el exterior, lo que impidió la plena aplicación de la teoría mercantilista.

Los arbitristas buscaron soluciones al alza creciente de los precios y a los problemas del país, entre cuyas causas señalaron la concentración de la propiedad agrícola, la despoblación, la especulación, el endeudamiento del Estado y la exportación de materias primas y de capitales. Luis Ortiz -*Memorial para que no salgan dineros de estos reinos de España* (1588)- y Sancho de Moncada -*Restauración política de España* (1619)- propusieron limitar las importaciones y la salida de metales preciosos, prohibir la exportación de materias primas y devaluar la moneda.

"La vida diaria de nuestros antepasados se movía en unos cuadros uniformes sólo alterados por novedades de escasa trascendencia. La idea de un progreso rápido y continuo, de una mejora radical en las condiciones de vida les era extraña. [...] La alimentación, el vestido, el alojamiento, los medios de iluminación, de calefacción y de transporte eran en 1700 idénticos o muy semejantes a los utilizados en los dos siglos anteriores. Es casi imposible averiguar si hubo aumento o disminución del nivel de vida en aquellos dos siglos, y tampoco tiene mucho sentido compararlo con el nuestro, porque los criterios de valoración no son los mismos. Esto es, sobre todo, evidente en el sector terciario. [...] En aquella época cualquier familia medianamente acomodada podía tener dos o tres sirvientes, mientras que la clase media no siempre puede tener uno, pero aquella ventaja de los señores era la contrapartida de la situación inferior de los domésticos."

En *El Antiguo Régimen: Los Reyes Católicos y los Austrias*, de A. Domínguez Ortiz. Alianza Editorial. 1988.

El español, lengua internacional

La expansión imperial convirtió el español en lengua de las relaciones internacionales, a la vez que la aparición de grandes personalidades literarias españolas le dio gran prestigio como lengua culta. Juan de Valdés dice en su *Diálogo de la lengua* (1535):

> *"Ya en Italia assí entre damas como entre cavalleros se tiene por gentileza y galanía saber hablar castellano".*

La hegemonía de Castilla y el prestigio de su lengua contribuyeron a que todos los pueblos peninsulares la aceptaran como vehículo de expresión literaria, incluso los portugueses. Entre finales del siglo XV y el último tercio del XVII, casi la totalidad de los autores portugueses escribieron indistintamente en su lengua y en español. El éxito de la narrativa y del teatro españoles en Portugal hace pensar que el conocimiento de la lengua castellana no se limitaba sólo a una elite ilustrada. El bilingüismo tiene, por tanto, una dilatada tradición en España y en la Península Ibérica.

"Conviene tener bien presente que bajo el gobierno de los Felipes son bilingües, más que nunca, no sólo los autores sino también el público portugués. Un ejemplo de cómo los autores españoles se dirigían a los portugueses es el panegírico de Lisboa con que comienza El burlador de Sevilla *de Tirso de Molina. Significativo es también que* El Quijote *de Cervantes tuviera dos ediciones en Lisboa en el año de su primera edición, y que la primera edición del Guzmán de Alfarache, 2ª parte, de Mateo Alemán, fuera igualmente lisboeta. Se manifestaba así una tendencia a dar al castellano, lengua general de la Península, primacía en el teatro y en los géneros de gran difusión, como la novela, quedando el portugués reducido a la condición de lengua regional".*

(Traducción de S. Quesada).

En *História da Literatura Portuguesa*, de António José Saraiva y Óscar Lópes. Porto Editora.

El Erasmismo

El humanista holandés Erasmo de Rotterdam (1466-1536) creó un avanzado cuerpo de doctrina -*Philosophia Christi*-. Admitió el libre examen, definió la religión como una experiencia íntima, rechazó el escolasticismo decadente, el formalismo ritual y el dogmatismo; propugnó la puesta en práctica del espíritu evangélico, y afirmó la capacidad de los seres humanos para comprender a Cristo a través de la lectura del Evangelio. Proclamó la igualdad esencial de todos los seres humanos y el valor ético del esfuerzo personal, al que consideraba único factor válido de jerarquización social; denunció la violencia contra los débiles, y consideró el logro de la justicia como el objetivo supremo del poder.

Erasmo de Rotterdam, *Holbein el Joven. Museo del Louvre. París.*

Erasmo de Rotterdam ejerció una poderosa influencia entre las elites intelectuales españolas.

El pensamiento de Erasmo influyó intensamente en los españoles. Para el hispanista Marcel Bataillon, la publicación en España de su *Enchiridión* dio origen a una verdadera revolución espiritual. Al calor del erasmismo se gestó una corriente racionalista española que ha tenido una dilatada supervivencia, prácticamente hasta nuestros días. Además, la espiritualidad moderna española y el ideal carolino de la *Universitas Christiana* se hacen inteligibles a la luz de sus doctrinas. Erasmo tuvo muchos amigos en España, pero, por su oposición al absolutismo confesional, rechazó la invitación de Cisneros para enseñar en la Universidad de Alcalá de Henares y para participar en la elaboración de la *Biblia Políglota Complutense*.

Luis Vives

Entre los erasmistas españoles, el valenciano de origen converso Juan Luis Vives (1492-1540) creó un cuerpo de doctrina cristiana, que fue la aportación española más importante al movimiento humanista. Menéndez y Pelayo lo calificó de "gran pedagogo del Renacimiento, el escritor más completo y enciclopédico de aquella época portentosa, el reformador de los métodos, el instaurador de las disciplinas."

Vives, como Erasmo, se declaró a favor del libre examen y contrario a la abstracción de los escolásticos, criticó la tergiversación de que era objeto la filosofía antigua, defendió el método experimental como única fuente del conocimiento científico, renovó los métodos pedagógicos, y elevó la psicología a la categoría de disciplina científica. Se planteó racionalmente la religión, y valoró más la rectitud de conciencia y la práctica del mandato evangélico que los formalismos litúrgicos; defendió el derecho de la sociedad a destituir al tirano, rechazó la violencia -"todas las guerras son guerras civiles"-, y afirmó el derecho de la mujer al trabajo y a la cultura; criticó los privilegios sociales heredados y valoró el esfuerzo y el mérito personales como únicos factores de distinción social. Tuvo que exiliarse para escapar de la persecución inquisitorial, siendo así uno de los primeros españoles en abandonar su patria por razones ideológicas.

Luis Vives, *Retrato anónimo. Biblioteca Nacional. París.*

El humanista Luis Vives sufrió la persecución del Tribunal de la Inquisición.

Humanismo y cientificismo

El descubrimiento de América tuvo una gran repercusión en todos los ámbitos de la actividad humana. Los españoles se encontraron ante un continente inmenso -el Nuevo Mundo-, que por su novedad supuso un reto para científicos, gobernantes y juristas. Este hecho, unido al interés de los humanistas por las cuestiones prácticas, estimuló la observación directa de la realidad y la elaboración de teorías a partir de la misma: López de Velasco: *Geografía y descripción universal de las Indias*; Fernández de Oviedo: *Historia General y Natural de las Indias*; Nicolás Monardes: *Historia Medicinal de las cosas que se traen de nuestras Indias Occidentales*. El saber se apoyó en la experimentación y adquirió así una orientación práctica, de lo que se derivó un humanismo científico especialmente en el ámbito de la medicina. En aquella época surgió la gran tradición española de los médicos filósofos o médicos humanistas, que se ha mantenido hasta nuestros días.

La Escuela teológico-jurídica española del siglo XVI

Una aportación importante de España a la modernidad renacentista fue la del grupo de teólogos y juristas creadores de un avanzado cuerpo de doctrinas sobre la soberanía, la guerra, la libertad y la ley. En su interpretación ético-jurídica de la conquista y la colonización de América, definieron incluso el concepto de soberanía popular y los principios del Derecho internacional. Apoyaban su pensamiento en el pactismo tradicional hispano y en la doctrina de la transmisión del poder: la sociedad es depositaria del poder, que lo ha recibido de Dios y lo delega en el gobernante, a condición de que este lo ejerza justamente y en beneficio del bien común. Los más destacados miembros de la Escuela fueron el dominico Francisco de Vitoria (1486-1546) y el jesuita Francisco Suárez (1548-1617).

Para Francisco de Vitoria, soberanía no significaba poder absoluto. Creía en la existencia de una "comunidad universal", superior a los estados y dotada de potestad para resolver los conflictos internacionales. Fue así pionero en la definición del Derecho de gentes o internacional. Reconoció personalidad jurídica a todos los seres humanos, incluidos los aborígenes del Nuevo Mundo. En una época de confusión entre Iglesia y Estado, asignó a ambas instituciones fines y objetivos distintos.

Más radical en sus planteamientos, Francisco Suárez defendió el derecho de los gobernados a destituir al tirano. Además, modernizó el escolasticismo, elaboró un cuerpo de doctrina metafísica autónoma, y creó escuela, siendo su pensamiento, junto con los de Vives y Vitoria, la más alta contribución hispana al catolicismo moderno. Las teorías políticas de los teólogos juristas fueron llevadas a sus últimas consecuencias por Juan de Mariana (1535-1623), defensor del tiranicidio en *De rege et regis institutione* (1599).

El jesuita Francisco Suárez representó una modernización de la teología escolástica.

Controversias jurídico-políticas en la España del Renacimiento

La conquista del Nuevo Mundo fue causa directa e indirecta de polémicas y controversias sobre diversas cuestiones ético-jurídicas. En ellas participaron las más ilustres personalidades de la Escuela teológico-jurídica, que formularon tesis y doctrinas que aún hoy día sorprenden por su modernidad. Aquellos teólogos y juristas influyeron en los poderes públicos, que adecuaron las leyes a sus directrices: las *Leyes de Indias* reconocieron la personalidad jurídica de los indígenas del Nuevo Mundo y, en consecuencia, les otorgaron, al menos formalmente, los mismos derechos que a los súbditos de la Corona de Castilla.

La necesidad de justificar ética y legalmente la conquista de América dio origen a la controvertida cuestión de los "justos títulos". Vitoria niega autoridad al Papa para conceder las Indias a España -las bulas papales habían otorgado a España la posesión de las Indias-, y sólo admite como títulos legítimos de su sometimiento a España el derecho de los cristianos a evangelizar a los infieles, el de los pueblos al libre comercio y el deber moral de intervenir en defensa de los débiles y de los indios cristianizados. La totalidad de los participantes en la polémica, incluido el padre Las Casas, coincidieron en reconocer la evangelización de las Indias como el único título que justificaba su anexión por la Corona de España.

Monumento a Francisco de Vitoria. Vitoria, Álava,

La cuestión de los títulos estuvo vinculada a la de la legitimidad de las guerras. Conviene recordar que esta polémica se desarrolló en plena vigencia en Europa de la "razón de Estado" -el fin del Estado justifica los medios-. Francisco de Vitoria definió la guerra como un mal inevitable que sólo se justifica como instrumento del orden y de la justicia, opinión compartida por Las Casas. Luis Vives no distingue entre guerras justas e injustas y afirma categóricamente la ilegalidad de todas las guerras.

Otra cuestión que apasionó a los intelectuales españoles fue la de la razón de Estado, que muchos rechazaban por ser contraria a la moral cristiana. En el *Tratado de la religión y virtudes que debe tener el príncipe cristiano* (1595), Pedro de Ribadeneyra opuso al príncipe maquiavélico el modelo del príncipe cristiano ideal. Otros autores, sin embargo, distinguieron entre ética y política y admitieron la necesidad de tener en cuenta razones de tipo no religioso en la gestión de los asuntos públicos. Entre estos, Furió i Ceriol era partidario de la división de poderes y de la creación de un consejo asesor de los monarcas, como afirma en *El Consejo y consejeros del príncipe* (1559).

El pensamiento heterodoxo

La vigilancia de la Inquisición y las limitaciones impuestas a la circulación de libros e ideas no impidieron la difusión en España del protestantismo, que contó con adeptos desde mediados del siglo XVI, algunos tan importantes como Fray Bartolomé de Carranza, arzobispo de Toledo, máxima autoridad de la Iglesia española.

De la tensión espiritual que dio origen a la Reforma protestante surgió en España el movimiento ascético-místico, forma de religiosidad que se concretó en una literatura espiritual -Fray Luis de Granada, Santa Teresa de Jesús, San Juan de la Cruz, etc.- y en corrientes espirituales heterodoxas: los alumbrados o iluminados, intensamente influidos por Erasmo, practicaban la contemplación como única forma de perfeccionamiento moral; sólo admitían la interpretación personal de la *Biblia*, sin intermediarios; rechazaban la oración formal y el valor de las obras. Fueron sospechosos de iluminismo Fray Luis de Granada, San Ignacio de Loyola, Santa Teresa de Jesús y San Juan de la Cruz. La religiosidad de las beatas, mujeres de intensa espiritualidad que vivían apartadas del mundo, se relacionaba con el iluminismo y el quietismo, movimiento heterodoxo que estudiaremos en el próximo capítulo.

Los españoles y la Contrarreforma

Al objeto de evitar la desmembración religiosa y política del continente, la monarquía española se erigió en líder de la Reforma católica o Contrarreforma. Por esta razón se enfrentó a las potencias europeas donde estaba triunfando la Reforma protestante, invirtiendo en la empresa considerables recursos, que eran proporcionados por Castilla y sus colonias americanas.

La aportación española a la Contrarreforma fue igualmente importante en el campo del pensamiento. Los teólogos españoles participaron masivamente en el Concilio de Trento (1545-1549, 1551-1553, 1562-1563), que fijó la posición de Roma respecto al dogma. Los jesuitas desempeñaron un papel fundamental en la defensa y difusión del contrarreformismo, y polemizaron con los dominicos sobre la cuestión de la omnipotencia divina y la libertad humana. Para el jesuita Luis de Molina no existía contradicción entre ambas, ya que Dios y los seres humanos actúan coordinadamente. El dominico Domingo Báñez argumentó, frente a Molina, que los actos humanos están predeterminados por Dios, pero la responsabilidad de los mismos corresponde a quienes los realizan, siendo esta la clave de la libertad de los seres humanos.

Teatro y narrativa del Renacimiento

La corriente dramática profana introducida por Juan del Enzina se enriqueció a lo largo del siglo XVI con elementos costumbristas y realistas, diálogos coloquiales, personajes varios, situaciones tragicómicas y desenlaces felices, hasta culminar en las comedias de Lope de Vega, gran creación del teatro de los Siglos de Oro, como los autos sacramentales de Calderón de la Barca.

Entre los dramaturgos posteriores a Juan del Enzina, Gil Vicente (1465-1536), autor portugués bilingüe, marcó un hito en la escena española con sus obras de carácter realista.

Corral de comedias. Lugar habitual para las representaciones teatrales. Almagro, Ciudad Real.

Miguel de Cervantes, Juan de Jáuregui. Real Academia de la Lengua. Madrid.

Miguel de Cervantes forma parte del canon de la literatura universal.

Más trascendencia tuvieron las novedades introducidas por Lope de Rueda (1510-1565): realismo costumbrista, gran diversidad de personajes y diálogos populares y cómicos. Juan de la Cueva se apartó de la corriente popular y escribió un teatro de carácter épico medieval. Miguel de Cervantes Saavedra (1547-1616) continuó la tradición clásica con *El cerco de Numancia*.

Entre los géneros narrativos de la modernidad, las novelas o libros de caballerías refieren las fantásticas aventuras de héroes inspirados en la tradición cabelleresca medieval. El primer gran libro de caballerías en lengua castellana es el *Amadís de Gaula*, de probable origen portugués, del que sólo se conoce la versión castellana publicada por vez primera en 1508. La novela bizantina narra una acción que por su estructura admite la inserción de nuevos personajes y aventuras, por ejemplo *Los trabajos de Persiles y Segismunda* de Miguel de Cervantes. El portugués bilingüe Jorge de Montemayor (1520-1561) es el autor de *Los siete libros de Diana*, primera gran novela pastoril, género

Teatro y narrativa del Renacimiento

Monumento al Lazarillo de Tormes. Salamanca.

El Lazarillo de Tormes *es la primera novela picaresca de la literatura española.*

que evoca el ideal utópico de la vida natural. Seguidores suyos fueron, por ejemplo, Cervantes y Lope de Vega. Las novelas históricas alcanzaron gran éxito popular, entre ellas las de asunto morisco, que exaltan a los héroes de religión musulmana.

La lozana andaluza, de Francisco Delicado, es una novela erótica heredera de *La Celestina* y pionera del género picaresco. En 1554 se publicó *La vida de Lazarillo de Tormes y de sus fortunas y adversidades*, de autor desconocido, primera gran novela del género picaresco, que critica las circunstancias sociales, sirviéndose para ello de la narración de las aventuras de un joven marginado.

La poesía italianista

Las modas poéticas italianas introducidas por el catalán Juan Boscán, uno de los primeros poetas españoles en cultivar "en lengua castellana sonetos y otras artes de trovar usadas por los buenos poetas de Italia", dieron origen a una nueva lírica centrada en la expresión de la belleza y del amor ideales, así como a la diversificación y enriquecimiento de las formas métricas.

Garcilaso de la Vega (1501-1536), autor de emotivos versos de gran riqueza léxica y abundantes metáforas, creó una tradición de poesía culta amorosa que se ha mantenido hasta nuestros días. En la obra de Fray Luis de León (1527-1591) alientan la utopía de la vida natural y el sentimiento de la armonía universal y de la belleza como obras divinas: *Noche serena*, *Vida retirada*. Fernando de Herrera (1534-1579) es brillante, metafórico y prebarroco autor de versos en los que laten el amor platónico y el sentimiento de la naturaleza y de la luz.

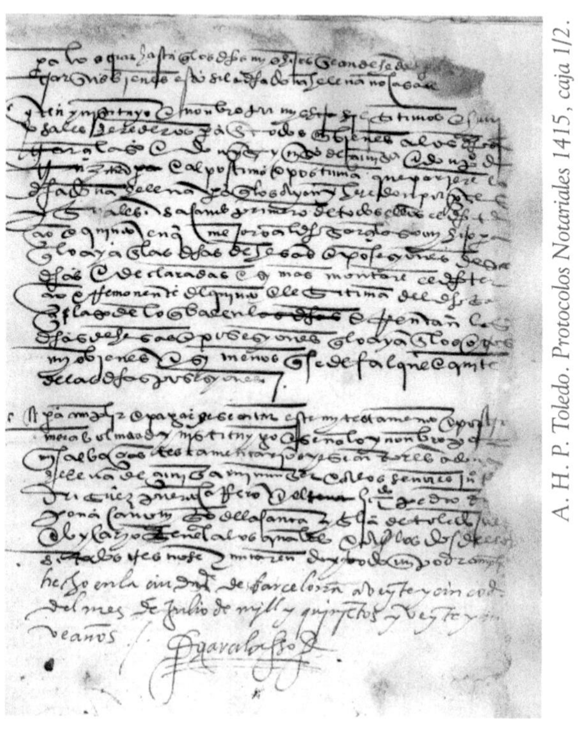

A. H. P. Toledo. Protocolos Notariales 1415, caja 1/2.

Autógrafo del testamento de Garcilaso de la Vega.

La literatura espiritual

La literatura ascético-mística es una de las creaciones más interesantes de la cultura española del Renacimiento. Las obras ascéticas sirven de guía al lector para alcanzar la purificación, las místicas muestran los estados de ánimo de quienes ya la han logrado.

Entre los autores ascético-místicos destacan los nombres de San Ignacio de Loyola (1491-1556), fundador de la Compañía de Jesús y autor de los *Ejercicios Espirituales*; Fray Luis de Granada (1504-1588), autor de sensibilidad barroca, que escribió *Guía de pecadores* e *Introducción del símbolo de la fe*; y, sobre todo, Santa Teresa de Jesús y San Juan de la Cruz.

Sta. Teresa de Jesús, Fray Juan de la Miseria. Convento de las Carmelitas Descalzas. Sevilla.

Santa Teresa de Jesús fue mujer de fuerte personalidad y gran escritora.

Teresa de Cepeda y Ahumada (1515-1582), conocida como Santa Teresa de Jesús, reformadora de la orden carmelita, profesó un catolicismo de raíz erasmiana, contemplativo, apasionado y a la vez reflexivo. Su lenguaje es sencillo y coloquial. Sus obras tienen carácter autobiográfico: *Libro de las fundaciones*, *Camino de perfección*, *Libro de la vida*, *Las moradas o castillo interior*. También escribió villancicos, epístolas y poesías religiosas.

La obra literaria de Juan de Yepes (1542-1591), San Juan de la Cruz, discípulo de Santa Teresa, posee un alto contenido místico-teológico en torno al amor divino y a la eternidad. Sus poesías, *Llama de amor viva*, *Noche oscura del alma*, *Cántico espiritual*, son un ejercicio de combinación de símbolos, imágenes y abstracciones. Su obra en prosa son comentarios a sus poemas religiosos.

"¿Adónde te escondiste,
Amado, y me dejaste con gemido?
Como el ciervo huiste,
habiéndome herido;
salí tras ti clamando, y eras ido.

Pastores, los que fuerdes
allá por las majadas al otero,
si por ventura vierdes
aquel que yo más quiero,
decidle que adolezco, peno y muero.

Buscando mis amores,
iré por esos montes y riberas;
ni cogeré las flores,
ni temeré las fieras,
y pasaré los fuertes y fronteras.

¡Oh bosques y espesuras,
plantadas por la mano del Amado!
¡Oh prado de verduras,
de flores esmaltado!
Decid si por vosotros ha pasado.

Mil gracias derramando
pasó por estos sotos con presura,
y, yéndolos mirando,
con sola su figura
vestidos los dejó de su hermosura".

Cántico espiritual,
de San Juan de la Cruz.

El movimiento ascético-místico fusionó misticismo medieval, intensidad espiritual y anhelos reformistas.

Los cronistas de Indias

El deseo de dejar testimonio de la realidad del Nuevo Mundo fue el origen de una variada producción en prosa que aporta abundante información sobre cuestiones de carácter antropológico, histórico, geográfico, botánico, etc. Los cronistas supeditaron su estilo y lenguaje a objetivos descriptivos. Sus juicios y opiniones son una interpretación subjetiva de la realidad objetiva.

La denominación de "crónicas de Indias" incluye un variado repertorio de obras como *Historia General y Natural de las Indias, Islas y Tierra Firme del Mar Océano*, de Gonzalo Fernández de Oviedo; *Relaciones*, de Hernán Cortés; *Historia General de las Indias*, de Francisco López de Gómara; Bernal Díaz del Castillo, *Historia verdadera de la Conquista de Nueva España*; *Crónica de Nueva España*, de Francisco Cervantes; *Crónica del Perú*, de Pedro Cieza de León, y *Naufragios*, de Alvar Núñez Cabeza de Vaca.

"... para aquellos cronistas del XVI y del XVII, la frontera entre realidad objetiva, hecha de ocurrencias escuetas, y subjetiva, fraguada con ideas, creencias y mitos, no existía. Había sido eclipsada por una cultura que casaba en matrimonio indisoluble los hechos y las fábulas, los actos y su proyección legendaria. Esta confusión de ambos órdenes, que alcanzará siglos más tarde con un Borges, un Carpentier, un Cortázar o un García Márquez, gran prestigio literario, que los críticos bautizarán con la etiqueta de "realismo mágico" y que muchos creerán rasgo prototípico de la cultura latinoamericana, puede rastrearse ya en esa manera de cabecear la realidad con la fantasía que impresiona tanto en las primeras relaciones escritas sobre América".

En "Sirenas en el Amazonas",
de Mario Vargas Llosa. *El PAÍS*, 8-12-1998.

El clasicismo en las artes. El Manierismo

Patio del Palacio de Carlos V en la Alhambra. Granada.

Diego Sagredo, autor de *El tratado del romano* (1520), difundió en España los principios del clasicismo arquitectónico, estilo artístico inspirado en los modelos grecorromanos. Sus características fundamentales son la distribución del espacio de acuerdo con las necesidades funcionales, la sobriedad decorativa, el equilibrio en las proporciones y la monumentalidad. Obras notables del clasicismo español son, por ejemplo, la Universidad de Alcalá de Henares, de Rodrigo Gil de Hontañón; la fachada del Alcázar de Toledo, de Alonso de Covarrubias, y el Palacio de Carlos V de Granada, de Pedro Machuca. Andrés de Vandelvira erigió algunos de los más bellos templos del clasicismo italianista español: El Salvador de Úbeda y la Catedral de Jaén.

Elemento clasicista/renacentista.

Realismo, tensión prebarroca y emotiva expresividad son los rasgos fundamentales del clasicismo escultórico español.

El clasicismo en las artes. El Manierismo

La obra suprema del clasicismo español es el gran Monasterio de San Lorenzo de El Escorial, obra emblemática de la España imperial. Su proyecto definitivo se debe a Juan de Herrera (1530-1597), que redujo al mínimo los elementos decorativos. El Escorial, concebido como monasterio, templo, palacio-residencia, panteón y biblioteca, tiene como núcleo central el gran templo de planta de cruz griega. El clasicismo herreriano marcó profundamente al arte español.

El Monasterio de El Escorial fue la plasmación del sueño imperial de Felipe II.

Los pintores y escultores clasicistas cultivaron los temas profanos y mitológicos, además de los religiosos. Realismo y expresividad son sus notas características. Juan de Juanes es manierista de delicadas tonalidades, Luis Morales *el Divino* pinta figuras místicas y estilizadas. Entre los escultores, Alonso de Berruguete esculpió figuras de tensión y movimiento más barrocos que clásicos, Juan de Juni fue precursor de la imaginería barroca. Todos los rasgos del manierismo -sensualidad, tensión, espiritualización, ausencia de espontaneidad, idealismo- están presentes en la pintura de Doménico Theotocópulos, *El Greco* (1541-1614), pintor cretense intensamente influido por el misticismo español.

San Mauricio y la Legión Tebana, *El Greco*. Monasterio de El Escorial. Madrid.

El misticismo musical

Con frecuencia se suele olvidar que el primer Siglo de Oro lo fue también para la música española. El misticismo se expresó también por medio de la música. Tomás Luis de Victoria (1548-1611) fue un compositor sobrio que fusionó elementos diversos en conjuntos armónicos de intenso dramatismo y recogimiento como en el *Ave María*. Gran aportación a la música instrumental europea fue la de los vihuelistas y la de los organistas españoles, entre ellos Antonio Cabezón (1510-1566), autor de *Obras de música para tecla, arpa y vihuela*.

El repertorio de la música popular de la época lo componen los madrigales -forma vocal a varias voces-, los villancicos y los romances. Durante el siglo XVI tomó forma la zarabanda, danza popular que traspasó las fronteras de España en la centuria barroca y se integró en la música culta.

Imágenes de España

El siglo XVII: Crisis y Barroco

En el espejo se reflejan el rey Felipe IV y la reina Mariana

El continente europeo sufrió una intensa crisis durante el siglo XVII, que para España significó el fracaso de su política continental, la pérdida de la hegemonía y la culminación de la "revolución de los precios". Los intentos centralizadores del conde-duque de Olivares, **valido (19)** del Rey Felipe IV, pusieron en peligro la continuidad de la monarquía confederal. Con la expulsión de los moriscos se realizó el ideal de la unidad de fe católica. El celo represivo de la Inquisición dificultó el cultivo de la ciencia y la filosofía. Los intelectuales se plantearon el problema de España a partir de un profundo pesimismo. Los artistas plásticos sustituyeron la armonía y las proporciones renacentistas por la tensión y el movimiento. Los literatos hacen un uso complejo del lenguaje y juegan con las palabras y con los conceptos.

Las Meninas, Diego Velázquez. Museo del Prado. Madrid.

Las Meninas de Velázquez, uno de los cuadros más famosos de la pintura universal.

A pesar de la derrota militar y política, de la pobreza y de la represión inquisitorial, que ciertamente perjudicaron a la cultura española, esta se manifestó muy activa, de manera que el siglo XVII fue el segundo Siglo de Oro español. Al final de la centuria se logró pacificar el país y la economía comenzó a recuperarse.

(19) *Validos*: hombres de confianza de los monarcas. A ellos se les encomendaba la dirección de los asuntos de Estado.

Quiebra del sistema confederal

Como consecuencia de la Guerra de los Treinta Años (1618-1648), en la que participaron todas las monarquías europeas, España tuvo que reconocer la independencia de Holanda y perdió la hegemonía militar (Batalla de Rocroi, 1643) y la política (Paz de Westfalia, 1648). En Westfalia se estableció un nuevo orden político basado en el equilibrio de poder entre los estados-naciones europeos, lo que significó el fracaso definitivo de la monarquía universal defendida por los Austrias españoles.

El conde-duque de Olivares (1587-1645), aspiraba a imponer en España el modelo de Estado Moderno, centralista, unitario y fiscalmente uniforme, ya que los gastos de la Corona eran sufragados fundamentalmente por Castilla. Sus proyectos, que respondían a la ideología dominante en Europa y a las crecientes necesidades económicas de la monarquía para mantener su política exterior, chocaron con los intereses de catalanes y portugueses. Los catalanes se rebelaron y se desencadenó una guerra fratricida, la "dels Segadors" (1640-1659), que terminó con la derrota de Cataluña y la cesión a Francia de los territorios del Rosellón y la Cerdaña (Paz de los Pirineos, 1659). La rebelión de Cataluña tuvo efectos aún más negativos para la Corona de España, pues alentó movimientos secesionistas en Portugal y en otros territorios de la Corona.

Felipe II de España había heredado la Corona de Portugal tras la muerte de su sobrino el rey Don Sebastián (1578). El nuevo monarca negoció con las Cortes portuguesas un ventajoso estatuto que garantizaba la soberanía del país y su defensa por la monarquía española. Sin embargo, los sectores hostiles a la unión aprovecharon el levantamiento de Cataluña para rebelarse y conseguir, con la ayuda de Francia y de Inglaterra, la independencia, que fue reconocida por España en 1668.

Retrato ecuestre del conde-duque de Olivares *(Detalle). Diego Velázquez. Museo del Prado. Madrid.*

La crisis del siglo XVII puso en evidencia la fragilidad de la organización confederal del Estado español y la imposibilidad de adaptarlo a la modernidad política. Era claro, además, que no se podía mantener un imperio mundial con tan escasa cohesión interna frente a estados nacionales de poderío creciente como Inglaterra, Francia y Holanda. Conviene señalar, sin embargo, que las revoluciones y los problemas económicos durante el siglo barroco no fueron un hecho exclusivamente español, sino que afectó a toda Europa.

Ruina del Estado y empobrecimiento social

Los ataques de los piratas y corsarios a los convoyes de la Carrera de Indias obstaculizaban el normal desarrollo del comercio y la llegada a España de los metales preciosos, tan necesarios para sufragar las frecuentes guerras, para pagar los altos intereses de las deudas contraídas por la Corona con los prestamistas alemanes e italianos, y para mantener la actividad económica, por lo que hubo que aumentar los impuestos, solicitar nuevos préstamos, devaluar la moneda y declarar varias suspensiones de pagos.

La crisis económica dejó sin trabajo a una gran masa de la población y arruinó a la burguesía empresarial, que a partir de entonces centró sus esfuerzos en conseguir la hidalguía, para librarse así del pago de impuestos y ascender en la escala social. Los hidalgos, por su parte, no podían ejercer actividades manuales o lucrativas, consideradas degradantes, "oficios viles", propios de moros y judíos, por lo que tenían limitadas sus actividades profesionales a las carreras eclesiástica, funcionarial y militar y a la emigración a las Indias: "Iglesia o casa real o mar". El sacerdocio se convirtió en un medio de subsistencia para muchos españoles. Consecuencia de la crisis fue el aumento de la pobreza, del bandolerismo y de la inseguridad en el campo y en las ciudades.

El catolicismo como razón de Estado

Los cristianos viejos elevaron la unidad de fe católica a la categoría de razón de Estado, y al servicio de esta decretaron la expulsión de los judíos y, posteriormente, de los moriscos, que, como aquellos, eran considerados un peligro para la monarquía católica.

En 1502 se obligó a los moriscos a elegir entre el bautismo o el destierro. Se produjeron entonces conversiones en masa que despertaron las sospechas de la Inquisición. Los moriscos de las Alpujarras (Granada) se rebelaron, y poco después les seguirían sus hermanos de Levante. Unos y otros recibían ayuda de los piratas norteafricanos, que efectuaban frecuentes actos de pillaje en las costas mediterráneas españolas. Estos hechos decidieron a las autoridades a decretar la expulsión, que se llevó a cabo entre 1609 y 1614. Abandonaron el país unos 300.000 moriscos, dirigiéndose la mayoría a Marruecos y sobre todo a Túnez, donde se erigieron en un poderoso grupo social.

Casas del Chapiz. *Edificio morisco del siglo XVI. Granada.*

La mentalidad barroca

La crisis económico-política tuvo también una vertiente espiritual. El misticismo adquirió un sentido aún más trascendente e intimista, de lo que fue exponente el quietismo, corriente de pensamiento heterodoxo basado en las formulaciones de Miguel de Molinos (1628-1696), para quien la contemplación y el olvido de la conciencia individual eran el mejor camino para alcanzar la perfección y la unión con Dios. Su *Guía espiritual* influyó en muchos cristianos españoles y europeos.

Del sentimiento de desengaño y de fugacidad de la vida, muy extendido en la sociedad de la época, se derivó un intenso pesimismo -"pesimismo barroco"- y una actitud irónica ante la vida, que era contemplada como simple sueño o apariencia engañosa -"que toda la vida es sueño / y los sueños sueños son" (Calderón de la Barca)-, o como tránsito o paréntesis hacia la eternidad. El estoicismo senequista ayudó a los intelectuales a mantener la paz interior, e influyó en Quevedo, Gracián, Cervantes, Calderón de la Barca y Mateo Alemán.

Escena de un drama calderoniano en el monumento a Calderón de la Barca. Plaza de Santa Ana. Madrid.

El honor era el valor supremo de la sociedad barroca. La obsesión por su defensa -"lavar el honor"- quedó reflejada en la literatura: por ejemplo, Pedro Crespo, personaje de *El alcalde de Zalamea*, de Calderón de la Barca, no duda en tomarse la justicia por su mano y ejecuta al violador de su hija, un capitán del ejército real, hecho que es comprendido incluso por el Rey.

El "Problema de España". Tácitos y novatores

Los intelectuales tomaron conciencia de la crisis y se preguntaron sobre sus causas. Este fue el origen del llamado "problema de España", que a partir de entonces y hasta nuestros días ha sido objeto de análisis por parte de innumerables intelectuales.

Francisco de Quevedo y Villegas (1580-1645), pionero del ensayismo sobre "los males de la patria", critica sus causas y atribuye los males de España a la carencia de hombres decididos y a los enemigos extranjeros. Diego Saavedra Fajardo (1584-1648) propone conciliar ética y política y aceptar de buen grado el nuevo orden político que se estaba imponiendo en Europa. Los arbitristas, por su parte, denunciaron los problemas y formularon planes regeneracionistas, frecuentemente utópicos e irrealizables.

Entre las corrientes de pensamiento de la época, el tacitismo, de carácter socializante, coincidía con el maquiavelismo en la concepción del éxito político como fruto de la habilidad del gobernante, no de sus virtudes morales. Con el pensamiento de los tácitos se relaciona el de Baltasar Gracián (1601-1658), para quien la vida es una lucha de los seres humanos por realizarse en un mundo engañoso e insolidario: *El Criticón*; *Agudeza y arte de ingenio*.

A pesar del aislamiento cultural a que se vieron sometidos los españoles por el absolutismo confesional, el movimiento laico de los novatores alentó el racionalismo y el cientifismo. Los novatores eran antiescolásticos y experimentalistas, propugnaban el estudio de las ciencias físicas, de la "nueva ciencia", y promovieron la creación de la Regia Sociedad de Medicina y Ciencias de Sevilla (1700). El libro *Carta filosófico-médico-química* (1687), de Juan de Cabriada, es exponente de la nueva concepción experimental de la ciencia.

Culteranismo y Conceptismo

Los literatos culteranos convirtieron la lengua en un artificio de combinaciones sintácticas, neologismos, cultismos, metáforas e hipérboles, y añadieron la complicación conceptual a la verbal, de manera que para comprender el fondo hay primero que interpretar la forma. Ejemplo supremo de lenguaje culterano es el de Luis de Góngora y Argote (1561-1627) en la *Fábula de Polifemo y Galatea* y *Soledades*.

Luis de Góngora y Argote (*Anónimo*). *Fundación Lázaro Galdiano. Madrid.*

"Era del año la estación florida
en que el mentido robador de Europa
-media luna las armas de su frente,
y el Sol todos los rayos de su pelo-,
luciente honor del cielo,
en campos de zafiro pace estrellas;
cuando el que ministrar podía la copa
a Júpiter mejor que el garzón de Ida,
-naúfrago y desdeñado, sobre ausente-
lagrimosas de amor dulces querellas
da al mar; que condolido,
fue a las ondas, fue al viento
el mísero gemido
segundo de Arión dulce instrumento."

Soledades, *de Luis de Góngora.*

El conceptismo también valora por igual la forma y el fondo, aprovecha al máximo los matices expresivos de las palabras y de las metáforas y se sirve de diversos recursos para despertar la curiosidad del lector. Con un lenguaje más conciso que el culterano, los conceptistas crearon una rica variedad de imágenes por medio del contraste entre palabras y entre conceptos. Quevedo y Gracián son los máximos representantes del género.

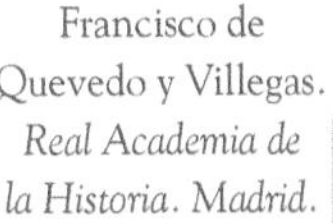

Francisco de Quevedo y Villegas. *Real Academia de la Historia. Madrid.*

"Cerrar podrá mis ojos la postrera
sombra que me llevare el blanco día,
y podrá desatar esta alma mía
hora a su afán ansioso lisonjera;

mas no de esotra parte, en la ribera,
dejará la memoria, en donde ardía:
nadar sabe mi llama el agua fría,
y perder el respeto a ley severa.

Alma a quien todo un dios prisión ha sido,
venas que humor a tanto fuego han dado,
medulas que han gloriosamente ardido,

su cuerpo dejará, no su cuidado;
serán ceniza, mas tendrá sentido;
polvo serán, mas polvo enamorado".

Amor constante más allá de la muerte, *soneto de Francisco de Quevedo.*

Culteranismo y Conceptismo

Al margen del barroquismo hubo también una poesía de carácter clasicista, la de los hermanos Argensola y la de la Escuela de Sevilla, más emotiva y colorista, que sirvió de medio de expresión del sentimiento de la fugacidad de la vida: Rodrigo Caro: *Canción a las ruinas de Itálica*; Andrés Fernández de Andrade: *Epístola moral a Fabio*.

El teatro nacional del Siglo de Oro

El teatro constituyó un importante medio de adoctrinamiento y de popularización del contrarreformismo y de los valores consagrados por la tradición. La tradición dramática popular culminó en las comedias de Lope de Vega (1562-1635), dramaturgo conceptista de intenso lirismo y lenguaje coloquial que trató temas muy al gusto de la época: históricos, amoríos, de enredo, de capa y espada, etc.; creó personajes de profunda humanidad, adaptó los desenlaces a lo que el público esperaba y deseaba, y agilizó el ritmo, alcanzando así un inmenso éxito. Escribió más de 1.800 comedias: *El perro del hortelano*, *La dama boba*, *La discreta enamorada*, etc., así como numerosos dramas, *Fuenteovejuna* entre ellos, eco literario del sentido popular del poder. Fue también gran poeta lírico y épico y novelista notable.

El teatro de Tirso de Molina (1584-1648) ofrece la novedad de interesarse por las circunstancias político-sociales de la época, faceta realmente novedosa en el marco de la dramaturgia barroca. Creó el personaje de Don Juan, protagonista de *El burlador de Sevilla y convidado de piedra*, origen de un mito que tendría amplio eco en la literatura universal.

Las desgracias sociales y políticas del siglo barroco generaron un profundo sentimiento de desengaño y pesimismo, lo que se tradujo en el desprecio de las glorias terrenas, en sarcasmo y en ironía.

En 1996 Pilar Miró llevó al cine la obra de Lope de Vega, El perro del hortelano.

Segismundo:

"*¡Ay mísero de mí!, ¡Ay infelice!*
Apurar, cielos, pretendo,
ya que me tratáis así,
qué delito cometí
contra vosotros naciendo;
aunque, si nací, ya entiendo
qué delito he cometido;
bastante causa ha tenido
vuestra justicia y rigor,
pues el delito mayor
del hombre es haber nacido".

La vida es sueño, de
Pedro Calderón de la Barca.

Los rasgos fundamentales del teatro de Pedro Calderón de la Barca (1600-1681) son la fastuosidad de las puestas en escena, el sentido trascendente y la complejidad conceptual y verbal, tanto en dramas (*La vida es sueño*) como sobre todo en sus autos sacramentales, género barroco español por excelencia, alegóricos y simbolistas, de tema religioso y teológico, que se representaban el día del Corpus: *El gran teatro del mundo*. La mayoría de los dramaturgos barrocos escribieron autos sacramentales.

La narrativa barroca

Miguel de Cervantes Saavedra (1547-1616), personalidad cumbre de las letras españolas, creó la novela moderna: "Yo soy el primero que he novelado en lengua castellana; que las muchas novelas que en ella andan impresas, todas ellas son traducidas de lenguas extranjeras y éstas son mías propias, ni imitadas ni hurtadas". Cultivó el género pastoril -*La Galatea*- y el bizantino -*Los trabajos de Persiles y Segismunda*-. Sus *Novelas Ejemplares* pertenecen al género corto, que él introdujo en la literatura española.

La gran creación de Cervantes es *El ingenioso hidalgo Don Quijote de la Mancha*, obra de múltiples lecturas que cada época ha interpretado a su manera, en la que aparecen reflejadas las circunstancias y las corrientes de pensamiento de la España moderna, expresadas de forma simbólica y con un lenguaje críptico. Don Quijote y su escudero Sancho Panza han sido vistos como símbolos de dos formas diferentes de concepción de la vida y de la realidad, idealismo y realismo, y como valores humanos universales. Para Unamuno, el quijotismo es una forma de aproximación a la realidad a través de la imaginación.

Monumento a Miguel de Cervantes y su obra en la Plaza de España. Madrid.

"Muchas veces he dicho lo que vuelvo a decir ahora -respondió Don Quijote-: que la mayor parte de la gente del mundo está de parecer de que no ha habido en él caballeros andantes; y por parecerme a mí que si el cielo milagrosamente no les da a entender la verdad de que los hubo y de que los hay, cualquier trabajo que se tome ha de ser en vano, como muchas veces me lo ha mostrado la experiencia, no quiero detenerme agora en sacar a vuesa merced del error que con los muchos tiene; lo que pienso hacer es el rogar al cielo le saque dél, y le dé a entender cuán provechosos y cuán necesarios fueron al mundo los caballeros andantes en los pasados siglos, y cuán útiles fueran en el presente si se usaran; pero triunfan ahora, por pecados de las gentes, la pereza, la ociosidad, la gula y el regalo".

El ingenioso hidalgo
Don Quijote de la Mancha,
de Miguel de Cervantes Saavedra.
Edición de Luis Andrés Murillo.
Castalia. 1978.

Algunos intelectuales españoles del siglo XX han propugnado elevar los valores éticos del quijotismo a la categoría de principio rector de la regeneración de España. Así, Don Quijote ha trascendido su naturaleza de obra de ficción hasta convertirse en un ideal ético y de vida.

El género picaresco, que nació en el Renacimiento con el Lazarillo, reúne todas las características formales y de fondo del barroco literario. Autores de novelas picarescas hubo muchos, entre los que destacan, por su gran calidad, Mateo Alemán con *Guzmán de Alfarache*, Vicente Espinel y su *Vida del escudero Marcos de Obregón*, además de Francisco de Quevedo y Villegas, autor de la *Historia de la vida del Buscón, llamado Don Pablos.*

El Barroco, un estilo artístico eminentemente decorativo

El barroco fue el lenguaje artístico empleado por la Contrarreforma para impresionar a los fieles, de ahí su solemnidad y su recargamiento decorativo, que contrastan con la sobriedad artística de los reformistas, de los calvinistas sobre todo. El arte barroco es una prolongación del renacentista, distorsionado por el movimiento y la exuberancia decorativa. Los arquitectos quiebran las fachadas con entrantes y salientes, retuercen las columnas, rompen los frontones, decoran los interiores con majestuosas pinturas, y ponen especial cuidado en la decoración de los retablos, conscientes de que son el centro de atención de los fieles. El barroco surgió a comienzos de la centuria y se mantuvo hasta bien entrado el siglo XVIII.

Tipo de columna repetido en la arquitectura barroca.

A causa del gran prestigio del clasicismo herreriano, el barroco artístico tardó algún tiempo en implantarse en España, y lo hizo de forma gradual. El primer barroco español es de una exuberancia más sugerida que real. Juan Gómez de Mora, arquitecto de la Cárcel de Corte y del Ayuntamiento de Madrid, introdujo este estilo en España. A la plenitud del barroco pertenecen obras tan dispares como el Pilar de Zaragoza y el Sagrario de la Cartuja de Granada.

Plaza de la Villa y Ayuntamiento de Madrid.

Un subestilo del barroco español es el churrigueresco -obra de una familia, los Churriguera-, de decoración variada y complicada, que con Pedro de Ribera (1681-1742) adquirió gran difusión, incluso en Hispanoamérica. Sus elementos fundamentales son el movimiento de las fachadas y el empleo sistemático de variados motivos decorativos: Iglesia de Montserrat de Madrid. En el siglo XVIII se levantó la fachada churrigueresca de la catedral románica de Santiago de Compostela.

El Barroco, un estilo artístico eminentemente decorativo

El arte barroco español alcanzó su más alta cima en la pintura, en la que irrumpen los claroscuros y atrevidas perspectivas. El tenebrismo naturalista es el signo distintivo de Francisco Ribalta y de José de Ribera. Francisco de Zurbarán es la versión pictórica del misticismo. Alonso Cano pintó bellísimas *Inmaculadas*. Bartolomé Esteban Murillo conmueve por la humanidad de sus figuras religiosas. Valdés Leal recuerda el destino final de las glorias terrenales.

Diego de Silva y Velázquez (1599-1660) es el gran maestro del academicismo naturalista, del realismo y de las perspectivas aéreas. *Las Meninas*, *La Venus del espejo*, *La rendición de Breda*, *Las hilanderas* son algunas de sus obras más famosas. Su temática, frecuentemente profana y mitológica, constituye una excepción en el barroco pictórico español, eminentemente religioso. Claudio Coello fue el más fiel seguidor de su estilo.

Inmaculada Concepción, *Bartolomé E. Murillo. Museo del Prado. Madrid.*

La Inmaculada es uno de los motivos más repetidos en la pintura de Murillo y en la pintura religiosa de la época.

Los rasgos esenciales de la escultura barroca son la tensión, el naturalismo, el predominio de las líneas curvas y la expresividad. La más relevante creación del siglo es la imaginería en madera policromada. Se trata sobre todo de figuras religiosas de expresión dramática, versión del misticismo de la época. Gregorio Fernández es el principal representante de la escuela vallisoletana. La serenidad prevalece sobre la tensión en las esculturas de Juan Martínez Montañés, autor de retablos y de imágenes del Niño Jesús en actitud de bendecir. Alonso Cano, igual que en su pintura, se inspira en Miguel Ángel.

En el ámbito musical, la guitarra comenzó a configurarse como el instrumento español por excelencia; y nacieron la zarzuela, forma tradicional del teatro lírico español, así llamada por haberse celebrado las primeras representaciones en el palacete madrileño de la Zarzuela; y la tonadilla, que incluía música y danza. Juan Batista Cabanilles continuó la tradición organística. Gaspar Sanz, compositor barroco del siglo XVIII, fue también organista y clavicembalista.

Las Hilanderas, *Diego Velázquez. Museo del Prado. Madrid.*

Las Hilanderas *es una de las obras maestras de temática mitológica de Velázquez.*

Imágenes de España

El siglo XVIII: Reformismo Ilustrado

La muerte sin descendencia de Carlos II (1665-1700), último monarca español de la Casa de Austria, planteó el problema de la herencia del trono de España. La rivalidad entre las potencias y el desacuerdo entre los españoles provocaron una guerra española y europea, la de Sucesión (1701-1714), que se saldó con la ascensión al trono de España de los Borbones, dinastía francesa que impuso el centralismo político y administrativo, y acabó así con la organización confederal de la monarquía.

El Rey Carlos II adorando la Sagrada Forma, *Claudio Coello (Detalle). Monasterio del Escorial. Madrid.* © PATRIMONIO NACIONAL.

Familia Real de Felipe V, *Van Loo (Detalle). Museo del Prado. Madrid.*

Con los Borbones llegaron a España el reformismo y las modas francesas y europeas. Los españoles se dividieron entre extranjerizantes, partidarios de aquellos, y defensores de la tradición nacional o casticistas. Este fue el origen de "las dos Españas", dos posturas ideológicas que permanecerán enfrentadas prácticamente hasta nuestros días. A pesar de la reacción conservadora, España se abrió al espíritu de la Ilustración o de las Luces, se modernizó y se desarrolló económicamente. Estos logros fueron resultado de la colaboración entre la burguesía ilustrada y la monarquía.

Durante el siglo XVIII, las reformas puestas en práctica en España y en sus colonias impulsaron el desarrollo y el bienestar de sus habitantes. El ministro Aranda, consciente de que la independencia de los Estados Unidos de América era el prólogo de otras emancipaciones, propuso la creación de varios reinos españoles en el Nuevo Mundo, pero sus propuestas no fueron escuchadas.

Los reformistas ilustrados utilizaron la literatura como medio de difusión del espíritu de las Luces -racionalismo, desarrollo, cientifismo, sentido crítico, extensión de la enseñanza, etc.-, que significó la práctica desaparición de la literatura de ficción y el auge de los géneros ensayísticos durante la centuria. La escena se repartió entre el popular sainete, las tragedias de corte clásico y las comedias inspiradas en los modelos franceses. La exuberancia decorativa barroca fue sustituida por la sobriedad del Neoclasicismo.

El fin del confederalismo y la modernización del Estado

Felipe de Anjou, nieto de Luis XIV de Francia, y el archiduque Carlos de Austria aspiraban al trono de España. Aquel era apoyado por castellanos y franceses; los catalanes, por temor a que el Borbón impusiera el centralismo, eran partidarios del austriaco, como los ingleses, que se oponían a la alianza entre Madrid y París, por no convenir a su tradicional política de mantenimiento del equilibrio de fuerzas en el continente.

Tras la victoria de los partidarios del candidato francés, este fue entronizado con el nombre de Felipe V, el primer Borbón español. Las potencias extranjeras le reconocieron rey de España por el Tratado de Utrecht (1713), que puso fin a la guerra.

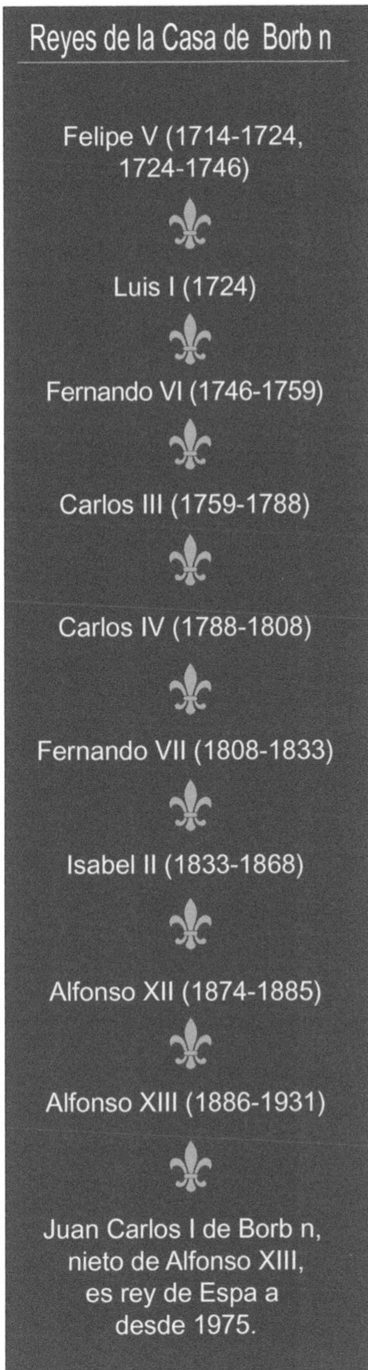
Reyes de la Casa de Borb n

Felipe V (1714-1724, 1724-1746)

Luis I (1724)

Fernando VI (1746-1759)

Carlos III (1759-1788)

Carlos IV (1788-1808)

Fernando VII (1808-1833)

Isabel II (1833-1868)

Alfonso XII (1874-1885)

Alfonso XIII (1886-1931)

Juan Carlos I de Borb n, nieto de Alfonso XIII, es rey de Espa a desde 1975.

Con los Borbones vinieron, además del reformismo, del centralismo y de las modas francesas, el Despotismo Ilustrado, sistema de gobierno absolutista e intervencionista que se propuso modernizar el país: "Todo para el pueblo, pero sin el pueblo". Escasos en número y sin apoyos sociales, los reformistas ilustrados no poseyeron la fuerza suficiente para imponer su ideología liberal, por lo que tuvieron que aliarse con los déspotas ilustrados. La monarquía y la burguesía ilustrada confiaban en la capacidad regeneradora de las leyes, y aspiraban a transformar la sociedad mediante la puesta en práctica de planes elaborados por técnicos y especialistas conocedores de las necesidades del pueblo español.

Felipe V mejoró el sistema administrativo; abolió las aduanas interiores (1714-1717) y creó las condiciones para un nuevo florecimiento industrial; dictó los Decretos de Nueva Planta, que supusieron la abolición de las instituciones políticas autónomas de la Corona de Aragón -Valencia y Aragón (1707), Baleares (1715) y Cataluña (1716)-, y sustituyó el sistema confederal por un Estado unitario en lo político. El País Vasco y Navarra quedaron exceptuados de la unificación administrativa por su apoyo al Rey en la Guerra de Sucesión. Felipe V entregó la administración territorial a los capitanes generales, sustitutos de los virreyes como representantes del poder real. Algunos autores han visto en esa primera administración militar el origen del militarismo español, que en el siglo XIX y parte del XX se convirtió en factor condicionante de casi todos los cambios políticos.

En relación con la lengua española el papel de Felipe V fue de gran importancia, ya que fundó en 1713 la Real Academia Española para "fijar las voces y vocablos de la lengua castellana en su mayor propiedad, elegancia y pureza". De 1726 a 1739 la Academia compuso el *Diccionario de Autoridades* en seis tomos.

Medalla de la Real Academia de la Lengua (RAE).

El fin del confederalismo y la modernización del Estado

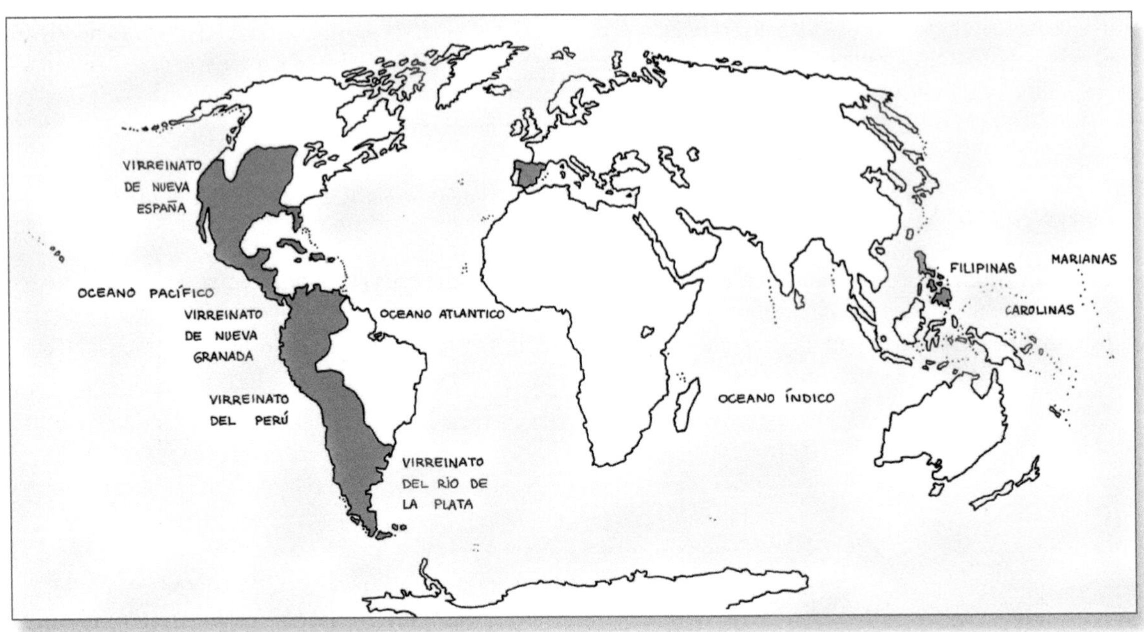

Mapa del Imperio español al comenzar el siglo XVIII.

El siglo XVIII, y en especial su segunda mitad, fue una centuria de modernización, de renovación e incluso de resurgimiento, y, con la cesión de la Luisiana por Francia (1760), el Imperio español alcanzó su máxima extensión territorial: comprendía las tres cuartas partes del territorio actual de los EE UU y se extendía hasta el Cabo de Hornos, en el extremo meridional de la Patagonia, así como algunos archipiélagos del Pacífico: Filipinas, Marianas, Carolinas, etc.

Carlos III fue el gran monarca del Despotismo Ilustrado y uno de los mejores de la historia del país. El Rey y la burguesía ilustrada trabajaron con entusiasmo por la armonización de España con Europa y consiguieron acelerar el proceso de su modernización. Carlos III decretó la libertad de comercio entre los reinos peninsulares, y después entre estos e Hispanoamérica -*Reglamento y Aranceles para el Comercio Libre de España e Indias* (1778)-, acabando así con el monopolio castellano en el comercio indiano; abolió las normas que impedían trabajar a los hidalgos; ordenó el trazado y la construcción de los seis caminos reales -primer sistema verdaderamente integrado de comunicaciones terrestres en España desde la época romana-; favoreció los estudios técnicos superiores, el acceso a la Universidad de las clases medias y de los "manteístas", estudiantes pobres adictos a las Luces, y la creación de Sociedades Económicas de Amigos del País, asociaciones privadas que canalizaron la difusión del espíritu de las Luces y la aplicación de los planes reformistas.

Estatua de Carlos III. Granada.

La Ilustración y los reformistas ilustrados

El movimiento de la Ilustración o de las Luces fue una reacción contra el orden de valores del Antiguo Régimen (20). Se basó en el concepto de la razón, de la ciencia y de la educación como premisas del progreso, de la libertad y del bienestar. En España dio origen a un movimiento regeneracionista que analizó los "males de la patria", formuló soluciones para los mismos y las puso en práctica. Los españoles vivieron así décadas de prosperidad económica, e incluso hubo años en que el Estado terminó con superávit el ejercicio económico. La burguesía, minoritaria pero recuperada de la crisis de la centuria anterior, desempeñó una importante función como promotora del cambio y de la modernización del país.

Los ilustrados interpretaron el mundo a través del materialismo y del sensualismo, filosofía que conceptuaba el conocimiento como una elaboración de la razón a partir de las sensaciones recibidas del exterior, no resultado de ideas innatas. Consideraban la ciencia y la filosofía ámbitos independientes de la religión, hacia la que manifestaban más indiferencia que hostilidad. Los ilustrados jansenistas propugnaban la religión intimista, defendían el derecho de los estados a intervenir en las cuestiones eclesiásticas, y se enfrentaron a los jesuitas, que fueron expulsados de España y de sus colonias en 1767.

Antiguo Palacio de la Aduana. Barcelona.

En materia económica, los reformistas ilustrados pasaron pronto del mercantilismo al liberalismo y al librecambismo, por lo que suprimieron las aduanas interiores y el monopolio castellano en el comercio indiano. Sus críticas se centraron en el sistema de concentración de la propiedad agrícola, sobre los privilegios fiscales de la nobleza y del clero, sobre los señoríos, mayorazgos y gremios, Mesta, bienes comunales, monopolios, etc.; es decir, sobre todos los factores e instituciones que impedían el aumento de la producción, dificultaban el comercio e inmovilizaban la riqueza. Denunciaron los hábitos sociales perniciosos, las supersticiones, el bajo nivel de instrucción del pueblo, la despoblación de algunas regiones, el retraso del mundo rural, la modestia de las manufacturas y los desequilibrios sociales. Aspiraban a crear un extenso estamento pequeño-burgués favorable a las Luces. La enseñanza y la agricultura fueron las cuestiones que más les preocuparon. Los títulos de dos importantes trabajos de Jovellanos son elocuentes por sí mismos: *Tratado teórico-práctico de enseñanza, Informe sobre la Ley Agraria.* A partir de la Ilustración, la reforma de la enseñanza y la agraria han sido objeto de permanente actualidad y de debate entre los españoles.

Entre los reformistas ilustrados -Fray Benito Jerónimo Feijoo, Pedro Rodríguez de Campomanes, Pablo de Olavide, Gaspar Melchor de Jovellanos, etc.- los llamados "proyectistas", continuadores de los tácitos y novatores, consiguieron de los poderes públicos la fundación de numerosas instituciones culturales y científicas y la extensión de la enseñanza. Al objeto de dar a conocer sus análisis y propuestas, cultivaron el ensayo y la prosa didáctica. La prensa de carácter erudito tuvo así un gran desarrollo. Las ideas-meta de los reformistas ilustrados -progreso, modernización, europeización, reforma- estarán presentes en el regeneracionismo común a gran número de movimientos políticos e intelectuales españoles de los siglos XIX y XX.

Retrato de Jovellanos, *Francisco de Goya. Museo del Prado. Madrid.*

(20) Antiguo Régimen: nombre que los revolucionarios franceses dieron al régimen sociopolítico vigente en Europa con anterioridad a la revolución liberal.

La Ilustración y los reformistas ilustrados

"No es difícil juzgar, en vista de lo que precede, cuál es el espíritu que anima al pequeño grupo de los reformadores españoles. Estos hombres examinan intrépidamente todos los terrenos: el de la religión lo mismo que el de la política o la economía, la ciencia lo mismo que el estilo de vida. Doctrinas y prácticas, todo lo quieren conocer y juzgarlo todo, para tomar cada uno lo que pueda ser útil a España. Ni ciegos ni fanáticos, temen los excesos, se mofan de quienes copian como monos lo extranjero, desdeñan a los profesores de lo absoluto, y, orgullosos de su país, encuentran en la historia patria motivos suficientes para justificar sus inquietudes, su búsqueda actual y su deseo ardiente de devolverle la gloria y la prosperidad. Pero esta minoría selecta vale mucho más por la calidad que por el número."

En *La España ilustrada de la segunda mitad del siglo XVIII*, de Jean Serrailh. Fondo de Cultura Económica. 1957.

Pero la Ilustración y el Despotismo Ilustrado vieron limitadas sus posibilidades. El temor a las transformaciones revolucionarias que se estaban produciendo en Francia se hizo patente al final del reinado de Carlos III. En 1788 se prohibió la difusión de la *Enciclopedia Metódica*. Un año después, en 1789, la Declaración de los Derechos del Hombre condujo a la prohibición de la prensa periódica francesa. Y en 1793 la ejecución de Luis XVI desencadenó el conflicto entre la España de Carlos IV y la Francia revolucionaria. Daba así comienzo una nueva crisis que alcanzó su peor momento con la invasión napoleónica.

El origen de "las dos Españas": casticismo frente a modernidad

El peso de la tradición conservadora y el gran ascendiente social de la Iglesia constituyeron un freno para la difusión de las Luces, que sólo tuvieron partidarios entre la minoritaria burguesía, contra la que se alzaron los defensores del Antiguo Régimen. Se labró así una profunda brecha entre unos y otros: "las dos Españas", que continuará en los siglos XIX y XX.

La irrupción de las modas extranjeras y del cosmopolitismo en España provocaron una reacción casticista, de defensa de lo tradicional y popular, que propició la afirmación de las hablas y de los tipos populares, el desarrollo de los géneros musicales autóctonos -zarzuela, tonadilla- y el auge de la guitarra, del folclore popular y de las corridas de toros. Así, mientras en Europa occidental la modernidad acababa con buena parte de las tradiciones populares, en España se elevaron a la categoría de señas de identidad nacional y pudieron mantenerse y fortalecerse tradiciones singulares como la tauromaquia. En este aspecto, la modernidad fracasó en España.

El baile de San Antonio de la Florida, *de Goya, reproduce una escena costumbrista de la época.*

El baile de San Antonio de la Florida, *F. de Goya. Museo del Prado. Madrid.*

Las polémicas sobre la ciencia y la filosofía españolas

Nicolás Masson de Morvilliers, un intelectual francés prácticamente desconocido, publicó en la *Nouvelle Encyclopédie* (1782) un artículo en el que negaba la aportación de España a la ciencia universal. Los casticistas reaccionaron contra tales afirmaciones. Juan Pablo Forner elaboró una apología de la contribución española: *Oración apologética por la España y su mérito literario*. La polémica reapareció en el último tercio del siglo XIX, y en ella participaron, con diferentes opiniones, muchos intelectuales y científicos españoles.

En relación con la polémica sobre la ciencia española, algunos intelectuales suscitaron otra sobre la filosofía española. Los que negaban su existencia afirmaban, frente a quienes la defendían, que en España sólo había habido escolasticismo, pues la represión inquisitorial habría desviado a los españoles del cultivo del pensamiento abstracto.

El didactismo prevalece sobre la literatura de ficción

La literatura fue sometida a objetivos didácticos y de adoctrinamiento, y tuvo que seguir reglas estrictas. Además, el sentimiento y la imaginación no eran especialmente valorados por los ilustrados. Por estas razones, la literatura de ficción apenas tuvo cultivadores. Para Ignacio Luzán, que adaptó el neoclasicismo literario al gusto español -*Poética*, 1737-, la poesía tenía como finalidad ser útil.

La literatura española acusó la influencia extranjera y a su vez influyó en algunos autores foráneos. Entre los escasos novelistas de la centuria, el jesuita Francisco de Isla publicó la *Historia del famoso predicador Fray Gerundio de Campazas, alias Zotes*, que por su carácter crítico responde también a la moda vigente de la utilidad. A final de la centuria hubo intentos de recuperación de la narrativa de ficción, pero los logros fueron irrelevantes, excepto en el caso de *Noches lúgubres*, de José Cadalso y Vázquez (1741-1782). Este autor propugnó en sus *Cartas Marruecas* la adecuación de la tradición española al espíritu de las luces, y criticó la situación de España, la frivolidad intelectual y los privilegios sociales.

Entre los poetas, Nicolás Fernández de Moratín imitó el estilo de los romances en su *Fiesta de toros en Madrid*. Félix María de Samaniego y Tomás de Iriarte fueron fabulistas moralistas. Gran número de autores compusieron poesía "filosófica", es decir, poesía instrumento de difusión de los ideales ilustrados. A finales de siglo reapareció, sin embargo, el subjetivismo poético.

"Doña Irene.- *No tenga usted sobre ese particular la más leve desconfianza; pero hágase usted cargo de que a una niña no le es lícito decir con ingenuidad lo que siente. Mal parecería, señor Don Diego, que una doncella de vergüenza y criada como Dios manda, se atreviese a decirle a un hombre: yo le quiero a usted.*
Don Diego.- *Bien; si fuese un hombre a quien hallara por casualidad en la calle y le espetara ese favor de buenas a primeras, cierto que la doncella haría muy mal; pero a un hombre con quien ha de casarse dentro de pocos días, ya pudiera decirle alguna cosa que… Además, que hay ciertos modos de explicarse…*
Doña Irene.- *Conmigo usa de más franqueza. A cada instante hablamos de usted, y en todo manifiesta el particular cariño que a usted le tiene… ¡Con qué juicio hablaba ayer noche después que usted se fue a recoger! No sé lo que hubiera dado porque hubiese podido oírla*".

El sí de las niñas, de Leandro Fernández de Moratín. Edición de René Andioc. Espasa-Calpe. 1992.

Leandro Fernández de Moratín, *Francisco de Goya. Museo de la Real Academia de San Fernando. Madrid.*

El didactismo prevalece sobre la literatura de ficción

Las comedias neoclásicas de Leandro Fernández de Moratín (1760-1828) sobre los hábitos y preocupaciones de la burguesía alcanzaron gran popularidad, entre ellas *La comedia nueva* y *El sí de las niñas*, como también los sainetes, "pintura exacta de la vida civil y de las costumbres de los españoles", según la hiperbólica definición de su creador, Ramón de la Cruz.

En la Ilustración, como en el Renacimiento, surgió de nuevo la utopía. En ambos casos fue una consecuencia del anhelo generalizado por conseguir un mundo y una sociedad mejores. Los ilustrados se sirvieron del género utópico para ejercer la crítica social y transmitir su imagen del mundo ideal.

Curiosa personalidad a caballo entre los dos siglos fue José María Blanco White (1775-1841), sacerdote emigrado a Inglaterra por cuestiones ideológicas, autor bilingüe: *Letters from Spain*, *Los placeres del entusiasmo*. Blanco, antidogmático y liberal radical, censuró los vicios nacionales y analizó la actitud de los españoles ante la invasión francesa y el cambio de dinastía.

Los últimos destellos del barroco artístico: el Rococó

El barroco se mantuvo como estilo dominante durante gran parte del siglo ilustrado. Despojado de patetismo, de solemnidad y de sentido religioso, se prolongó en el rococó, estilo decorativo y sensual, acorde con la frivolidad y el espíritu festivo de la burguesía, que logró imponer sus gustos y su estética.

En España, el rococó dejó su impronta en la literatura bucólica, en los palacios reales de La Granja (Juvara), Oriente de Madrid (Juvara y Sacchetti), Aranjuez (Bonavía); en el costumbrismo pictórico de Antonio Viladomat; en los bodegones de Antonio Meléndez, y en el decorativismo de Luis Paret y Alcázar. Los estilos tardobarroco y rococó fueron sustituidos en la segunda mitad de la centuria por el neoclásico.

El rococó es un estilo esencialmente decorativo a base de guirnaldas, rocalla, temas orientales, frescos de rica policromía, etc. Los artistas rococós crearon mundos artificiales ajenos a los problemas de la época.

Elemento figurativo del arte rococó.

El Palacio de La Granja (Segovia) fue residencia de verano de la Familia Real española.

Equilibrio y proporción en el arte: el Neoclasicismo

Igual que los renacentistas del siglo XVI, la burguesía ilustrada del XVIII recuperó los ideales grecorromanos de armonía y equilibrio. Así, el academicismo neoclásico terminó con el decorativismo barroco y con la sensualidad rococó; su característica fundamental es la sobriedad extremada. Juan de Villanueva (1739-1811), autor del Museo del Prado (Madrid), es el arquitecto más importante del neoclasicismo español.

Fachada principal del Museo del Prado. Madrid.

La imaginería religiosa en madera policromada, por su patetismo e intensa religiosidad, era ajena al ideal de equilibrio y al laicismo de los artistas neoclásicos. Por esta razón, excepto en el caso de Salzillo, que prolongó en la centuria la tradición de la imaginería barroca en sus efectistas pasos procesionales, los escultores sustituyeron los temas religiosos por los mitológicos y heroicos, de lo que es ejemplo notable la Fuente de Cibeles (Madrid), de Francisco Gutiérrez. Los pintores cultivaron los mismos temas que los escultores y prestaron más interés al dibujo y a la composición que a los colores. Ramón Bayeu pintó cartones para tapices, Mariano Salvador Maella fue retratista.

Pintor genial en la frontera entre los siglos XVIII y XIX fue Francisco de Goya y Lucientes (1746-1828), cuya versatilidad artística impide clasificarle en un movimiento o corriente concretos. Su pintura es un paréntesis de luz y color en el arte de la época. Su fantasía y sus técnicas innovadoras son el reverso del academicismo neoclásico. Sus retratos son ejemplo de penetración psicológica: *La familia de Carlos IV*, *La maja vestida*, *La maja desnuda*. Los cartones para tapices recuerdan las tonalidades y la temática rococó. En los *Caprichos* predomina la sátira social. Las "pinturas negras", grabados, litografías y aguafuertes son la creación más original de la pintura de la época, como sus espléndidos óleos *Los fusilamientos de la Moncloa*, *La carga de los mamelucos* y tantos otros. No les falta razón a los historiadores que afirman que con Goya comienza la pintura contemporánea.

La escisión entre casticistas y extranjerizantes se extendió también a la música. Por un lado, se revitalizaron la zarzuela y la guitarra, y se mantuvo la tradición organística; por otro, los españoles se esforzaron por crear una ópera nacional al estilo de las extranjeras. La música tradicional española influyó en autores extranjeros: Doménico Scarlatti adaptó las formas hispanas a las italianas; Luigi Bocherini compuso zarzuelas con libretos del sainetista Ramón de la Cruz.

La Puerta de Alcalá de Madrid es un típico ejemplo de la arquitectura neoclásica.

El siglo XIX: Revolución Burguesa y Romanticismo

La invasión de España por los franceses dio comienzo a la Guerra de la Independencia en 1808. Fue una guerra de liberación nacional que produjo una intensa exaltación patriótica, origen del nacionalismo español. La invasión napoleónica desacreditó a los afrancesados, reformistas ilustrados partidarios del ideario revolucionario, y perjudicó a la economía española. La extensión a Hispanoamérica de la ideología revolucionaria fue el origen del movimiento independentista, que logró sus objetivos, poniendo así fin al Imperio español.

Fusilamientos del 3 de Mayo, *Francisco de Goya. Museo del Prado.*

Las Cortes de Cádiz promulgaron la Constitución de 1812, la primera de las españolas, que desmontó las viejas estructuras del Antiguo Régimen y transformó la organización del Estado. La oposición conservadora impidió que el liberalismo se instalara con facilidad en España, y el antagonismo entre las "dos Españas" continuó condicionando la convivencia social. En el ámbito de la cultura se gestó un nuevo movimiento, el Romanticismo, opuesto a la racionalidad y al academicismo de las Luces, por lo que la imaginación y el sentimiento reaparecieron en las creaciones artísticas y culturales. Como ya se ha visto, en la frontera entre los dos siglos emergió la gran personalidad de Francisco de Goya, gloria de la pintura española. Blanco White y Larra denunciaron las circunstancias sociales, como anteriormente lo había hecho Cadalso.

Guerra y Juntas

Tras una serie de episodios en los que Carlos IV y su valido Godoy fueron cediendo terreno ante Napoleón, el 27 de octubre de 1807 se firmó el tratado hispanofrancés de Fontainebleau para el reparto de Portugal, único país que no aceptaba el bloqueo decretado por Francia a los productos británicos. El Tratado permitió la entrada en España de tropas francesas destinadas a la invasión de Portugal. Con el pretexto de asegurar las comunicaciones, el ejército francés se instaló en diversas ciudades españolas. En Aranjuez, el 16 de marzo de 1808, se produjo un motín que tuvo como consecuencia la caída de Godoy, la abdicación de Carlos IV y la entronización del príncipe Fernando.

Retrato de La Familia de Carlos IV, *Francisco de Goya. Museo del Prado. Madrid.*

La Familia Real tuvo una responsabilidad decisiva en la invasión de las tropas napoleónicas.

Napoleón no quiso reconocer de inmediato al nuevo rey de España. Le llamó a Bayona (Francia) y le forzó a abdicar en favor de su padre, el rey Carlos IV, quien a su vez lo hizo en Napoleón. Finalmente, este nombró rey de España a su hermano José Bonaparte (1808-1813). El nuevo monarca, que fue rechazado mayoritariamente por los españoles, dictó el Estatuto de Bayona (1808), carta otorgada que asignó amplias competencias a la monarquía y declaró el origen divino del poder.

La Guerra de la Independencia (1808-1814) comenzó con el levantamiento popular del 2 de mayo de 1808. La legalidad al empezar la contienda residía en la Junta Suprema de Gobierno que Fernando VII había designado al salir para Bayona. Estaba, además, el Consejo de Castilla como órgano habitual de dirección del Estado. Pero ambas entidades quedaron prácticamente sin sustancia al plegarse a los deseos de los franceses. Sin embargo, en poco tiempo se organizó un nuevo poder espontáneo, popular y revolucionario, las Juntas Provinciales, coincidentes todas en no reconocer a José I, en acatar al Borbón, retenido en Francia, y en organizar la defensa contra los invasores. El 25 de septiembre quedó formada en Aranjuez la Junta Suprema Central Gubernativa del Reino, que convocó Cortes generales en mayo de 1809.

El fin del Antiguo Régimen. La Constitución de 1812

Las Cortes se reunieron en Cádiz, ciudad sitiada por los franceses, en la que promulgaron un conjunto de normas que abolieron los fundamentos del Antiguo Régimen: gremios, Inquisición, Mesta, mayorazgos y pruebas de limpieza de sangre para ingresar en las academias militares; comenzaron también la desamortización de los bienes vinculados, y, sobre todo, promulgaron la primera Constitución española, la de 1812. *La Constitución de la Nación Española* reconoció la soberanía nacional y las libertades y derechos ciudadanos, instauró un Estado liberal y democrático, y fijó las bases del sistema político, conforme al principio de la separación de poderes, con un sistema electoral de sufragio, de aplicación a todos los hombres mayores de edad.

La Constitución tendía, sobre todo, a configurar un nuevo orden social de clases en vez de los estamentos (nobleza, clero y pueblo llano) del Antiguo Régimen. En el fondo, latía el espíritu revolucionario de buscar la felicidad del pueblo a través de la igualdad, no reconociendo otra superioridad en las personas que sus niveles de riqueza y de prosperidad, que se suponían fruto del trabajo y de la capacidad individuales.

El fin del Antiguo Régimen. La Constitución de 1812

En principio, según la Constitución, todos los españoles pasaron a depender de una justicia única, y sus derechos fueron reconocidos en todo el territorio nacional como componentes de una única "Nación Española". A ella pertenecían por igual los "españoles de ambos hemisferios", es decir, de la Península y de sus islas adyacentes, y de los territorios americanos y de Oriente bajo soberanía española.

Artículo primero
La Nación española es la reunión de todos los españoles de ambos hemisferios.

Artículo segundo
La Nación española es libre e independiente, y no es ni puede ser patrimonio de ninguna familia, ni persona.

Artículo tercero
La soberanía reside esencialmente en la Nación, y por lo mismo pertenece a esta exclusivamente el derecho de establecer sus leyes fundamentales.

Artículo cuarto
La Nación está obligada a conservar y proteger por leyes sabias y justas la libertad civil, la propiedad y los demás derechos legítimos de todos los individuos que la componen.

Artículos del 1 al 4 de la Constitución de Cádiz de 1812.

Museo de las Cortes de Cádiz. Cádiz.

Vidriera alusiva al espíritu de la Constitución de 1812.

Respecto a la religión, la Constitución proclamó que "La religión de la Nación española es y será perpetuamente la católica, apostólica, romana, única y verdadera."

Las bases del nuevo régimen económico liberal comenzaron a fijarse incluso antes de la Constitución. Un decreto de 1811 suprimió los señoríos jurisdiccionales, verdaderos vestigios del Medioevo. Algunos señores aprovecharon la ocasión para transformar sus derechos jurisdiccionales en derechos de propiedad, apropiándose así de tierras que no les pertenecían. De ello se derivó un largo pleito que aún en 1932 permitió a la Segunda República, con motivo de la aplicación de la Reforma Agraria, no pagar indemnizaciones a los grandes de España por sus propiedades conseguidas de esa forma.

Decretos de 1813 fijaron las condiciones "para el fomento de la agricultura y de la ganadería", el "nuevo plan de contribuciones públicas", y la libertad de trabajo, de creación de fábricas y de ejercicio de oficios, lo que significó la abolición de los gremios, que con su rígida reglamentación obstaculizaban la aplicación de las nuevas técnicas surgidas de la incipiente revolución industrial.

Las Cortes de Cádiz enunciaron, pues, un programa de reformas basadas en los principios del liberalismo; sin embargo, legislaban para un país en donde el primer afán era terminar la guerra, y en el que la reacción estaba a la espera del retorno de Fernando VII para desmantelar el nuevo orden liberal que se estaba instaurando.

La Constitución de 1812 estuvo vigente entre 1812 y 1814, entre 1820 y 1823 y del 13 de agosto al 24 de octubre de 1836.

La Nación española y el Estado nacional español

Durante los siglos medievales, el nombre "España" se refería al ámbito geográfico-territorial peninsular, y paulatinamente adquirió significado de entidad cultural y de unidad moral de carácter histórico. Para denominar a la organización política se empleaban los términos "Reino", "Monarquía" y "República", a los que en los siglos modernos se añadieron los de "Corona" y "Estos Reinos". Desde el reinado de los Reyes Católicos, el nombre de España comenzó a emplearse para designar también a la organización política española. Sin embargo, el gran número y la diversidad de reinos y territorios que la formaban fue causa de que no siempre se empleara este nombre para denominarla. Los monarcas solían citar en los documentos todos y cada uno de sus reinos y títulos: "reyes de Castilla y León", "de Galicia"," de Navarra", "condes de Barcelona", etc.

En España como en toda Europa, el sentimiento que hoy llamamos "nacional" es resultado de un dilatado proceso histórico que comenzó en el Renacimiento y se configuró políticamente con la revolución burguesa. La conciencia de ser español y de pertenencia a la nación española fue estimulada por el ardor patriótico despertado por la invasión napoleónica. Así, de acuerdo con la voluntad popular, la Constitución de 1812 consagró el reconocimiento jurídico del Estado español, organización política de la Nación española: "reunión de todos los españoles de ambos hemisferios". Y esto no fue un hecho exclusivamente español: en toda Europa las naciones se convirtieron, con el liberalismo, en la base de las entidades políticas a las que denominamos "estados".

La emancipación de Hispanoamérica

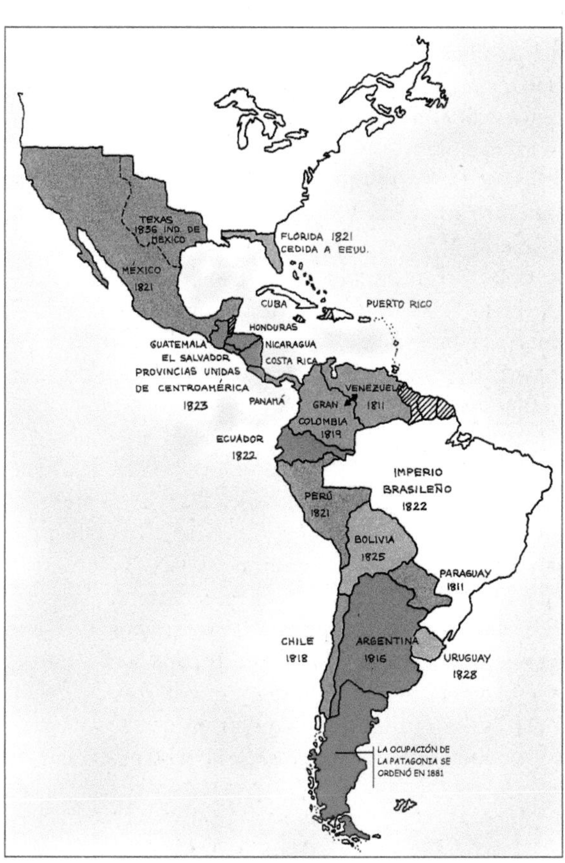

Estado del continente americano tras los procesos de independencia a comienzos del siglo XIX.

La nueva cultura política del liberalismo llegó también a Hispanoamérica, donde se fusionó con la tradición hispana del origen popular del poder. Los descendientes de los españoles, los criollos, disputaron a los españoles la dirección de las Juntas que, también como en España, habían asumido el poder en ausencia del monarca. Pero pronto, en 1810, comenzaron a luchar por su independencia, objetivo que consiguieron en 1824. Este hecho era inevitable, por ser consecuencia del propio devenir histórico. Además, los españoles estaban atareados en liberarse de los franceses y carecían de barcos suficientes, que habían sido destruidos por los ingleses en Trafalgar (1805). Por otro lado, difícilmente podía España conservar sus colonias americanas cuando los ingleses ya habían perdido las suyas.

"...De ahí que la invasión francesa de la península haya sido en última instancia la causa de las luchas que llevan a la independencia, y ello por dos razones: primero al dar antecedentes hispánicos para un movimiento juntista y liberal americano, y luego por impedir momentáneamente el envío de tropas, dada la ocupación militar de España por los franceses."

En *América Latina III. De la Independencia a la Segunda Guerra Mundial,* de Gustavo y Hélène Beyhaut. Siglo XXI. 1986.

La emancipación de Hispanoamérica

Evidentemente, las consideraciones que sobre los españoles de América se hicieron en la Constitución de 1812, ya eran más teóricas que reales, pues el proceso de emancipación se había iniciado con fuerza. La batalla de Ayacucho (9 de diciembre de 1824), en el lejano Perú, fue el final de cualquier posibilidad en ese sentido.

Dificultades para la consolidación del liberalismo. El exilio ideológico

La resistencia armada del pueblo español contra los franceses, organizada fundamentalmente en grupos de civiles dirigidos por jefes guerrilleros, hizo fracasar los planes de Napoleón. Derrotado el ejército invasor, Fernando VII regresó a España, y el 4 de mayo de 1814 anuló la Constitución y toda la obra de las Cortes de Cádiz. La involución política se consolidó fácilmente por el apoyo de extensos sectores sociales y por el contexto internacional postnapoleónico, dominado por la reacción conservadora, creadora de la Santa Alianza (Francia, Austria, Prusia y Rusia), organización gendarme encargada de velar por el nuevo orden político continental. Fernando VII dirigió así el primer golpe de Estado, inaugurando lo que sería el procedimiento habitualmente utilizado para llevar a cabo los cambios políticos durante el siglo XIX.

Fernando VII, *Francisco de Goya. Museo Municipal de Bellas Artes. Santander.*

El reinado de Fernando VII fue una de las etapas más conflictivas de la historia de España.

Las primeras víctimas del cambio político fueron los "afrancesados", minoría intelectual partidaria del reformismo burgués, de la apertura de España a Europa y de su modernización. Los "josefinos" eran afrancesados que apoyaban el cambio de dinastía a favor de los Bonaparte, por creer que con ello se facilitaba la incorporación de España a la revolución burguesa. Faltos de apoyo popular y odiados por los propios liberales, que les recriminaban su colaboración con José I Bonaparte, la mayoría tuvo que huir a Francia al final de la guerra.

El 1 de enero de 1820, el teniente coronel Rafael de Riego, jefe del cuerpo expedicionario que se disponía a embarcar con destino a América para luchar contra los independentistas, se alzó en armas en Andalucía y obligó al Rey a restaurar la Constitución, dando así comienzo el llamado Trienio Liberal (1820-1823). Fernando VII tuvo que acatar de nuevo la Constitución. El programa reformista pudo entonces continuar, los partidos políticos empezaron a formalizarse, la oratoria se generalizó en las Cortes y la prensa experimentó un gran auge, al tiempo que proliferaban las sociedades secretas, organizaciones laicas de ideología liberal-progresista. Sin embargo, Fernando VII restableció el absolutismo con la ayuda de la Santa Alianza, que envió a España un ejército francés de 60.000 hombres -Los Cien Mil Hijos de San Luis-, al que se unieron 30.000 voluntarios españoles -Ejército de la Fe-. La muerte del Rey en 1833 facilitó la recuperación del poder por los liberales. La historia política de España será a partir de ese momento una alternancia continuada en el poder de las dos grandes familias en que se escindió el liberalismo español, los progresistas y los moderados.

El Carlismo

El movimiento carlista fue una siniestra secuela del absolutismo de Fernando VII y dio origen a tres guerras civiles -1833-1839, 1847-1849 y 1872-1876- que supusieron un freno para el desarrollo económico y social.

En su vertiente dinástica, el origen del carlismo fue la diferente posición de absolutistas y liberales ante la Ley Sálica, que excluía a las mujeres de la sucesión al trono de España. La ley había sido implantada por Felipe V y derogada por la Pragmática Sanción de Fernando VII para permitir la sucesión al trono de su hija Isabel. Los absolutistas eran partidarios del hermano del rey, Carlos María Isidro, católico fundamentalista, mientras que los liberales defendían los derechos de la princesa Isabel, la futura reina Isabel II. El problema carlista no fue, por tanto, solamente un pleito dinástico, sino, sobre todo, una lucha entre liberales y absolutistas, entre un talante más bien laico y otro confesional.

Otro aspecto de la cuestión fue el enfrentamiento entre el centralismo homogeneizador de los liberales y el foralismo (21) tradicional defendido por los carlistas, lo que les procuró la adhesión de muchos catalanes, vascos, navarros y valencianos, siendo así un precedente de los nacionalismos ibéricos. Además del absolutismo y de los fueros, los carlistas asumieron la defensa del fundamentalismo católico, de la Inquisición y de la tradición más retardataria.

Retrato de Isabel II, *Ángel M. Cartellini. Museo Municipal de Bellas Artes. Santander.*

Los cincuenta años de reinado de Isabel II marcaron una etapa de dominio de los militares en la política española.

De hecho, la gran consecuencia histórica de la primera guerra carlista fue la aparición del militarismo. Los generales triunfadores intervendrán en la actividad política del modo más violento y directo. Otra consecuencia de la guerra fue que la necesidad de financiarla generó toda la operación desamortizadora, de la que nos ocuparemos más adelante. Algunos carlistas fundaron a finales de la centuria el partido Comunión Carlista, mientras que la mayor parte se integró en los partidos nacionalistas. Aún en 1932, se fundó la asociación carlista Comunión Tradicionalista, de la que surgieron los requetés, organización militar del ejército franquista formada por vascos y navarros.

Isabel II pasando revista a sus tropas, *Mariano Fortuny. Museo del Prado. Madrid.*

(21) *Foralismo: corriente política que defendía el mantenimiento de los fueros y privilegios de origen medieval.*

La burguesía liberal en el poder

A fin de evitar el radicalismo que podría derivarse de la Cámara única establecida por la Constitución de 1812 y de la interpretación revolucionaria del principio de la soberanía nacional, los liberales moderados promulgaron el Estatuto Real de 1834, que introdujo el sufragio restringido y estableció el bicameralismo o división de las Cortes en Estamento de Procuradores, representantes del pueblo, y Estamento de Próceres, designados por el rey con carácter vitalicio y hereditario. El Motín de La Granja de 1836 forzó la promulgación de una nueva Constitución, la de 1837, que proclamó la soberanía nacional, pero mantuvo el bicameralismo. Vendrían después la de 1845, moderada, basada en el principio de la "soberanía compartida conjuntamente por las Cortes con el Rey", y la de 1868, la más revolucionaria del siglo.

La legislación liberal se adecuó a los intereses de la burguesía, clase social que monopolizó todos los derechos políticos y económicos, empezando por el derecho al voto. Las reivindicaciones de las clases sociales más explotadas -el campesinado, expoliado por las desamortizaciones, y los jornaleros industriales- crecieron lentamente por la inexistencia de marco legal. Frente a las posibilidades de asociación patronal, los obreros carecían del derecho a organizarse, y sólo empezaron a hacerlo legalmente al amparo de la Real Orden de 28 de febrero de 1839, que autorizó la creación de las sociedades de ayuda mutua. Pero incluso este resquicio se cerraba sistemáticamente por la represión.

Las desamortizaciones

Con la venta en subasta pública de los bienes comunales y de los confiscados a la Inquisición, a los afrancesados y a las órdenes militares y religiosas, se pensaba obtener recursos para amortizar la deuda y sufragar las guerras carlistas. Y, sobre todo, se aspiraba a atraer a la burguesía con las grandes extensiones de tierra que podrían comprar a bajo precio. En 1835 se vendieron los bienes propiedad de las órdenes religiosas, y en 1856 los comunales y colectivos (22). La tercera y última ola desamortizadora estaría a cargo de los revolucionarios de 1868 y de los gobiernos ulteriores hasta 1874. Ninguna de ellas afectó a las grandes posesiones de la nobleza.

Uno de los monasterios objeto de la desamortización fue el de Guadalupe, en la provincia de Cáceres.

Las desamortizaciones fueron un paso necesario en la revolución burguesa: introdujeron en la circulación económica una gran extensión de tierras, hasta entonces deficientemente explotadas, que fueron roturadas y cultivadas, aumentando así la riqueza, pero no constituyeron la solución para la Hacienda y la agricultura. Gran parte del campo español pasó de una situación todavía semiseñorial a precapitalista, en la cual las grandes propiedades sucedieron a los mayorazgos y a las posesiones de la Iglesia. Así, el panorama social se desequilibró aún más: en extensas zonas, unos cientos de familias pasaron a detentar gran parte de la propiedad, y los trabajadores agrícolas se vieron privados de sus aprovechamientos comunales. Se originó entonces un vasto proletariado agrícola, cuyo mayor anhelo pasó a ser el reparto de tierras a través de la reforma agraria o de la revolución. La burguesía media también resultó perjudicada pues, por falta de recursos, no pudo acceder a la propiedad.

(22) Bienes comunales y colectivos: ***bienes de propiedad municipal que eran explotados comunalmente.***

La primera experiencia republicana. Federalismo y Cantonalismo

La incapacidad de la monarquía de Isabel II (1833-1868) para poner término a la crisis política y económica fue el origen de la Revolución de 1868, que se saldó con el destronamiento y el exilio de la reina, con la promulgación de la Constitución progresista de 1868 -soberanía nacional, división de poderes, sufragio universal y libertad de conciencia, de cultos, de reunión y de asociación- y con la instauración de la Primera República Española el 11 de febrero de 1873, tras el corto reinado de Amadeo I de Saboya (1870-1873).

El pueblo acogió con entusiasmo el cambio político. Se pensaba que así desaparecerían los obstáculos para alcanzar la máxima libertad y para acabar con las injusticias sociales. Pero en realidad, los avatares de los escasos meses que duró la primera experiencia republicana convirtieron la propia palabra de "República" en sinónimo de anarquía y desorden: los republicanos estaban divididos entre sí, el anarquismo y el socialismo se extendían entre los obreros y campesinos, y continuaban sin resolver la insurrección de los cubanos, el problema carlista y la desastrosa situación económica.

Pi i Margall fue presidente de la I República española desde junio de 1873.

Entre los republicanos, Francisco Pi i Margall (1824-1901) defendía un programa político de signo federalista moderado, base de la Constitución de 1873, que nunca fue promulgada. El texto constitucional asignaba la soberanía a los Municipios, a los Estados regionales y al Federal o Nacional, y distribuía sus respectivas competencias.

El federalismo a ultranza llevó al cantonalismo, revolución social que prendió especialmente en el Sur y en Levante, al tiempo que en el Norte arreciaba la guerra carlista. Desde Cartagena, a partir de julio de 1873, se extendió por todo el país una ola de cantonalismo anarquista y auto-gestionario que degeneró en una situación de auténtico caos: muchas ciudades e incluso numerosos pueblos se proclamaron cantones independientes.

El movimiento fue reprimido por los militares: el general Pavía disolvió violentamente el Congreso de los Diputados (2 de enero de 1874) y el general Serrano se hizo cargo del poder. Este hecho significó el fin de la experiencia republicana, lo que dio la razón a los que premonitoriamente habían llamado al nuevo régimen "Primera" República Española.

El 29 de diciembre de 1874, en Sagunto, el general Martínez Campos proclamó rey a Alfonso XII (1874-1885), hijo de la destronada Isabel II. Terminaba de este modo uno de los períodos más revueltos de la historia española y daba comienzo el dilatado período histórico de la Restauración.

La formación de la unión económica española

Lentamente, a lo largo del siglo XIX, España se constituyó en una unión económica, dejando así de ser un conjunto de mercados yuxtapuestos. Esta nueva realidad fue resultado de la mejora de las comunicaciones, de la codificación civil y mercantil, de la unión arancelaria, de la fiscalidad única, de la superación del caos monetario, de la configuración de un nuevo sistema financiero y de la construcción de la red ferroviaria.

Con la codificación civil y mercantil se pretendía instaurar el Derecho unitario frente a la variedad del Antiguo Régimen, así como establecer un sistema jurídico nuevo y de estructura lógica. Los primeros intentos se produjeron durante el Trienio Liberal, avanzaron en 1829 con el Código de Comercio, y se

La formación de la unión económica española

impulsaron al formarse en 1843 la Comisión General de Codificación, de la que surgirían el Código Penal de 1848, precedente del de 1870, la Ley de Enjuiciamiento Civil de 1881, la Ley de Enjuiciamiento Criminal de 1882, el Código de Comercio de 1885 y el Código Civil de 1889.

A principios del siglo XIX, la Hacienda española se encontraba muy debilitada, los impuestos presentaban una distribución muy desigual, tanto desde el punto de vista geográfico como desde el personal, y la mayor parte de los ingresos procedían de Castilla. Al objeto de solucionar estos problemas, la "reforma tributaria Mon-Santillán" (1845) configuró un nuevo sistema tributario para todo el territorio nacional.

La libertad de comercio interior y la creación de un sistema de protección frente al exterior eran dos cuestiones fundamentales para la actividad privada. La libertad de comercio interior se decretó en tiempos de Carlos III, y adquirió rango constitucional en las Cortes de Cádiz. El Arancel de Aduanas único para todo el país se retrasó hasta 1841. Posteriormente el arancel osciló entre librecambismo y proteccionismo.

El nacimiento del sistema financiero moderno se había iniciado en 1782 con la creación del Banco de San Carlos, que se llamó Banco de España a partir de 1856 y al que en 1874 se le atribuyó el monopolio de la emisión de billetes.

La mejora de las comunicaciones comenzó con Carlos III, que ordenó la construcción de los seis "caminos reales", desde Madrid a Irún, La Junquera, Valencia, Andalucía, Extremadura y Galicia. La introducción del correo se produjo en 1850. Dos años después se inauguró el primer servicio oficial de telégrafos. En 1861 ya había 7.000 km de líneas telegráficas, una verdadera revolución de las telecomunicaciones. El sistema ferroviario comenzó a desarrollarse a partir de 1848, año de la inauguración de la primera línea Barcelona-Mataró.

Réplica de la locomotora que realizó el primer trayecto del ferrocarril español: Barcelona-Mataró.

"España no se encuentra entre los primeros países que emitieron billetes. Se ha dicho a menudo que España fue uno de los países europeos que más tardó en emitir papel moneda y que ello pudo ser debido al prestigio y valor de sus monedas de oro y plata, procedentes de América. Se puede pensar también, por otro lado, que en España ocurrió lo mismo que en el resto de los países europeos, que no se emitieron billetes hasta que se creó un banco emisor, y que éste se creó cuando hubo que hacer frente a dificultades económicas y financieras. [...] Desde 1783, año de la primera emisión de billetes del banco de San Carlos hasta nuestros días, las emisiones de billetes realizadas por sus antecesores citados y por el propio Banco de España se pueden calcular en 120. La historia de estos billetes coincide en algunos aspectos con la historia política y económica general del país. Pero, en cierto modo, también esta historia puede resumirse como la actividad llevada a cabo por el Banco de España en su lucha contra la falsificación".

En "Una aproximación a la historia del papel moneda en España" de Teresa Tortella. En *La peseta y el arte. Imágenes en billetes anteriores al Euro*. Safei. 1999.

En buena parte, la modernización del sistema productivo y de las infraestructuras básicas fue financiada por la inversión extranjera, que, en una primera fase, obtenía de España materias primas y situaba en el mercado español sus productos industriales. Después de la instauración del proteccionismo en 1892, se prestó mayor atención a la industria y a los servicios.

La fase expansiva de la economía de finales del siglo XVIII fue detenida por la invasión francesa y la Guerra de la Independencia. A causa de la estabilidad política, del arancel de 1841 y de la reforma tributaria de 1845, la coyuntura cambió favorablemente de signo. El período comprendido entre 1854 y 1875, excepto durante las crisis de 1857, 1868 y 1873, fue de prosperidad relativa; en esas décadas nacieron los primeros Bancos importantes y se promulgaron las leyes generales de ferrocarriles (1855) y de minas (1869), que fomentaron la inversión extranjera.

La industrialización y los orígenes del movimiento obrero

La industrialización de España se produjo tardíamente y se concentró sobre todo en las zonas marítimas del País Vasco y de Cataluña, adonde llegaba con mayor facilidad el carbón asturiano y el importado. El escaso desarrollo de la industria puede explicarse por una serie de factores: disponibilidad limitada de capital financiero, atraso científico y tecnológico, carencias energéticas y bajo nivel de demanda. Además, el intervencionismo, la burocracia y la corrupción obstaculizaron el progreso de las escasas iniciativas innovadoras.

Mina de carbón en la provincia de Asturias.

Sin embargo, la debilidad de la industrialización no significó inexistencia: España se incorporó a la economía capitalista y al sistema de producción industrial y, como en toda Europa, los asalariados industriales comenzaron a exigir de la burguesía empresarial el reconocimiento de sus derechos laborales.

En España existía una tradición de socialismo utópico y de doctrinas libertarias, pero la recepción oficial de las nuevas corrientes obreristas se produjo al calor de la Revolución de 1868. En octubre se creó en Barcelona el Centro Federal de Sociedades Obreras, y Fanelli, enviado de Bakunin, llegó a España. Lafargue, mensajero de Marx, llegaría dos años después. En noviembre de 1868 se promulgó el Decreto regulador del derecho de asociación y de reunión, y en junio de 1870 se celebró en Barcelona el primer congreso obrero internacional. El movimiento obrero comenzó a fijarse objetivos concretos durante la Primera República: enseñanza obligatoria, prohibición del trabajo infantil y reducción de la jornada laboral, que en febrero de 1873 se fijó en 64 horas semanales.

El Romanticismo

El Romanticismo fue un movimiento cultural que opuso la fantasía y la imaginación al racionalismo y al academicismo del Siglo de las Luces. Los románticos exaltaron la libertad, lo tradicional, la historia nacional y lo propio de las sociedades, el "alma de los pueblos". Apasionamiento, misticismo y una difusa angustia vital fueron comunes a la mayoría de los románticos. Gustaban de lo tétrico, de lo melancólico, de los amores imposibles, de lo misterioso y legendario, pero también de lo popular y costumbrista. Así, la pintura de género, el costumbrismo, los regionalismos y el historicismo arquitectónico fueron fruto de la nueva forma de sentir el arte y la literatura. Incluso el ideal de regeneración común a muchos movimientos culturales de los siglos XIX y XX tuvieron su origen en el afán romántico por conocer la esencia de los pueblos.

Los temas exóticos, los orientales y los medievales ejercieron una intensa atracción entre los románticos. Por esta razón, muchos extranjeros visitaron España, país de paisajes únicos en Europa, de extensas parameras, altas cordilleras, desoladas llanuras, de gran y variada riqueza artística y de singulares costumbres populares. Aquellos viajeros forjaron una imagen de España y de lo español entre mítica y mágica, plagada de tópicos, la "España de pandereta", que incluso todavía hoy pervive. Este aspecto negativo sería compensado por el gran interés que lograron suscitar por la cultura española en el extranjero, origen del movimiento universitario del hispanismo.

El primer gran poeta romántico español fue José de Espronceda (1808-1842), autor de poesías sueltas y de los poemas *El diablo mundo* y *El estudiante de Salamanca*, en los que defiende al individuo ante la sociedad. Entre sus seguidores, José Zorrilla (1817-1893) es emotivo poeta lírico y épico inspirado en la tradición hispana: *A buen juez, mejor testigo*. Gustavo Adolfo Bécquer (1836-1870), autor de *Leyendas*, en bellísima prosa poética, y de *Rimas*, de gran intensidad lírica, representa la cumbre de la poesía romántica, junto con Rosalía de Castro (1837-1885), autora en gallego y en español: *En las orillas del Sar*, *Cantares galegos*, *Follas Novas*.

El Romanticismo

"La noche estaba serena y hermosa; la luna brillaba en toda su plenitud en lo más alto del cielo, y el viento suspiraba con un rumor dulcísimo entre las hojas de los árboles.
Manrique llegó al claustro, tendió la vista por su recinto y miró a través de las macizas columnas de sus arcadas... Estaba desierto.
Salió de él, encaminó sus pasos hacia la oscura alameda que conduce al Duero, y aún no había penetrado en ella, cuando de sus labios se escapó un grito de júbilo.
Había visto flotar un instante y desaparecer el extremo del traje blanco, del traje blanco de la mujer de sus sueños, de la mujer que ya amaba como un loco.
Corre, corre en su busca; llega al sitio en que la ha visto desaparecer; pero al llegar se detiene, fija los espantados ojos en el suelo, permanece un rato inmóvil; un ligero temblor nervioso agita sus miembros, un temblor que va creciendo, que va creciendo, y ofrece los síntomas de una verdadera convulsión, y prorrumpe, al fin, en una carcajada, en una carcajada sonora, estridente, horrible.
Aquella cosa blanca, ligera, flotante, había vuelto a brillar ante sus ojos; pero había brillado a sus pies un instante, no más que un instante.
Era un rayo de luna, un rayo de luna que penetraba a intervalos por entre la verde bóveda de los árboles cuando el viento movía las ramas".

El rayo de luna, leyenda de
Gustavo Adolfo Bécquer. Aguilar. 1969.

Monumento al poeta G. A. Bécquer. Madrid.

La dramaturgia romántica es quizá el género que mejor representa las características formales y de fondo de la escuela literaria romántica. Las obras más representativas son de mediados de los años treinta de la centuria, entre ellas *Don Álvaro o la fuerza del sino*, de Ángel Saavedra Fajardo. José Zorrilla fue también excelente dramaturgo, recreador del drama histórico nacional y autor de *Don Juan Tenorio*, que sigue gozando del favor del público en nuestros días. Su teatro inspiró al de José Echegaray, Premio Nobel de Literatura 1905.

La recuperación de la imaginación significó la del género novelesco, irrelevante durante el Siglo de las Luces, que renació al calor del interés por los temas nacionales, por lo que hubo gran número de cultivadores del género épico-histórico. Entre los autores costumbristas, Mariano José de Larra (1809-1837), dramaturgo, novelista y, sobre todo, periodista satírico-crítico, ironizó sobre los vicios sociales y políticos de España. Es bien conocida su frase-epitafio sobre la ya mencionada cuestión de "las dos Españas" y sus dificultades para aceptarse y respetarse mutuamente: "Aquí yace media España, murió de la otra media."

"-Vuelva usted mañana -nos dijo el portero-. El oficial de la mesa no ha venido hoy.
"Grande causa le habrá detenido", dije yo entre mí. Fuímonos a dar un paseo, y nos encontramos, ¡qué casualidad!, al oficial de la mesa en el Retiro, ocupadísimo en dar una vuelta con su señora al hermoso sol de los inviernos claros de Madrid.
Martes era el día siguiente, y nos dijo el portero:
-Vuelva usted mañana, porque el señor oficial de la mesa no da audiencia hoy.
"Grandes negocios habrán cargado sobre él", dije yo. Como soy el diablo y aun he sido duende, busqué ocasión de echar una ojeada por el agujero de una cerradura. Su señoría estaba echando un cigarrillo al brasero, y con una charada del Correo entre manos, que le debía de costar trabajo el acertar.
-Es imposible verle hoy -le dije a mi compañero-; su señoría está, en efecto, ocupadísimo".

Del artículo de costumbres *"Vuelva usted mañana"*
de Mariano José de Larra. Aguilar. 1968.

El Romanticismo

Los románticos creían que la arquitectura es la manifestación del alma de los pueblos, por lo que se limitaron a repetir los estilos anteriores, sobre todo los medievales, de ahí el gran número de iglesias neorrománicas, neogoticas, neomudéjares, neoplaterescas, etc., de la época romántica. El resultado fue una arquitectura historicista y carente de originalidad.

La arquitectura industrial y el urbanismo compensaron con sus aciertos las limitaciones y la mediocridad de la arquitectura romántica. El aumento de la población urbana y la estratificación de la sociedad en clases exigieron redistribuir y racionalizar el espacio urbano. De la época isabelina -años sesenta del siglo- proceden las plazas de la Puerta del Sol de Madrid y la Real de Barcelona. El más interesante proyecto urbanístico de la centuria fue el de reforma y ensanche de Barcelona (1859), de Ildefonso Cerdá, realizado sólo en parte, que diseñó una retícula de calles articuladas en torno a grandes ejes de comunicaciones.

Escena de la Puerta del Sol de Madrid en la época previa a la reforma de 1857. Museo Municipal. Madrid.

Los pintores se centraron en conseguir los mayores efectos decorativos, valor supremo para la burguesía, que sustituyó a la Iglesia en el consumo de obras de arte. Los artistas, en consecuencia, cultivaron preferentemente los retratos, los temas populares y los géneros paisajístico e histórico. Entre los pintores, Mariano Fortuny destacó por el intenso decorativismo de sus creaciones.

La música romántica española, como la arquitectura de autor, no se distinguió por su brillantez. Juan Crisóstomo Arriaga fue un notable compositor clasicista de la centuria autor de la *Gran Sinfonía*. Lo más destacable del siglo fue la continuación del auge de la zarzuela y su confirmación como género netamente español; el de la guitarra, gracias al catalán Fernando Sor (1778-1839), "el Beethoven español", y la emergencia de la corriente casticista que daría origen al regionalismo y al nacionalismo musicales.

El eclecticismo burgués

El liberalismo burgués elevó el ideal ecléctico del "justo medio" a la categoría de principio rector de la sociedad. Así, a medida que la burguesía se consolidaba como clase dirigente, la pasión romántica comenzó a ser sustituida por la moderación y por el afán de evitar los extremismos y de encontrar soluciones moderadas a todos los problemas.

Un ejemplo elocuente de eclecticismo filosófico fue el de Jaime Balmes (1810-1848), neoescolástico que trató de armonizar empirismo e idealismo, ciencia y religión, y las posiciones políticas antagónicas; en política rechazó los extremismos y argumentó a favor del acercamiento de los contrarios. El ideal ecléctico del "justo medio" subyace también en las comedias de costumbres herederas del moralismo moratiniano, respetuoso del orden vigente y ajeno a cualquier tipo de novedad, como *A la vejez, viruelas* de Manuel Bretón de los Herreros.

Un ejemplo supremo del eclecticismo político fue el doctrinarismo, que concilió la tradición política española con el liberalismo y defendió el principio de la "soberanía compartida conjuntamente por las Cortes con el Rey".

1874-1931: La Restauración y la Edad de Plata de la Cultura Española

La restauración de la monarquía borbónica en 1874 y la promulgación de la Constitución de 1876 dieron comienzo al dilatado período histórico de la Restauración, sistema político impuesto por la oligarquía tradicional que se basó en la alternancia pactada en el poder de conservadores y liberales, herederos de moderados y progresistas respectivamente. El sistema logró estabilizar la actividad política, pero al precio de corromper los principios y la práctica democráticos, de desatender la búsqueda de soluciones para los problemas estructurales del país -analfabetismo, latifundismo, nacionalismos, retraso de la España rural, deficiente industrialización, injusticias sociales, etc.-, y de fomentar la inmoralidad administrativa y política. La crisis generada por el deterioro creciente del sistema político y por la pérdida de las últimas colonias -Cuba, Puerto Rico y Filipinas- se tradujo en la radicalización de las ideologías, de las "dos Españas", que se enfrentarán en la Guerra Civil de 1936-1939. El régimen oligárquico se mantuvo hasta 1931, excepto durante la dictadura del general Primo de Rivera (1923-1930).

Monumento a Alfonso XII, Mariano Benlliure. Parque del Retiro. Madrid.

La cultura española, incluida la científica, comenzó durante la Restauración un nuevo período de gran brillantez, que ha sido denominado "Edad de Plata de la Cultura Española" (J.M. Jover). En opinión de Manuel Tuñón de Lara, la contemporaneidad española comenzó en aquella época.

El triunfo de la oligarquía: el Canovismo

Los militares que habían restaurado en el trono de España a los Borbones entregaron el poder a Antonio Cánovas del Castillo (1828-1897), liberal conservador que instauró una monarquía constitucional de carácter moderado. Su ideario político se basaba en los principios del doctrinarismo: soberanía compartida conjuntamente por las Cortes con el Rey, "instituciones básicas de la Nación española", su "constitución interna", garantía de su continuidad y permanencia, del orden y de los derechos ciudadanos.

La Constitución canovista de 1876 estableció el sufragio restringido, asignó al monarca el poder ejecutivo, y organizó las Cortes en Congreso, elegido por voto censitario, y el Senado, formado por senadores vitalicios nombrados por el monarca, por derecho propio ("grandes" de España, altas jerarquías eclesiásticas y militares), y elegidos por las corporaciones y por los mayores contribuyentes.

Cánovas aspiraba a alejar el peligro de la revolución y a dar a los españoles una fórmula política estable, y para ello pactó con el liberal Práxedes Mateo Sagasta la alternancia en el poder de sus respectivos partidos, el Conservador y el Liberal. Ambos instrumentalizaron al servicio de su sistema a los gobernadores civiles, a los alcaldes, a los diputados provinciales y a los votantes de su zona, e invirtieron los fondos públicos de la forma más conveniente para sus intereses. La oligarquía -"una oligarquía de políticos que miran el Estado como si fuera una finca" (Pío Baroja)- utilizó el soborno y la intimidación para acallar la disidencia, obtener votos, manipular la opinión y evitar el control popular del poder. El pueblo, excluido de la democracia y desengañado, se desentendió de los asuntos públicos, se habituó a desconfiar de los políticos y del parlamentarismo, y algunos sectores comenzaron a poner sus ilusiones en un caudillo providencial, en un salvador de la patria.

Museo Municipal de Madrid.

Antonio Cánovas del Castillo, artífice de la Restauración.

Museo Municipal de Madrid.

Práxedes Mateo Sagasta, jefe del Partido Liberal.

"El caciquismo sólo es posible en un país de gran propiedad agraria. El cacique es el ricacho del pueblo, él mismo es terrateniente o representante del terrateniente de alcurnia que reside en la Corte; de él depende que los obreros agrícolas trabajen o se mueran de hambre, que los colonos sean expulsados de las tierras o que las puedan cultivar, que el campesino medio pueda obtener un crédito. La Guardia Civil del pueblo está en connivencia con él, el maestro -que vive miserablemente- debe someterse a él, el párroco prefiere por lo común colaborar con él; en una palabra, es el nuevo feudal, es el señor omnímodo. El caciquismo, como el feudalismo, tiene estructura piramidal partiendo del burgo o aldea."

En *La España del siglo XIX (1808-1914)*, de Manuel Tuñón de Lara. Librería Española. 1971.

Para Cánovas, la monarquía era la forma natural del gobierno de España y garantía de los derechos ciudadanos.

El "desastre colonial"

El movimiento revolucionario de 1868 se trasladó también a Cuba, donde rápidamente se transformó en una lucha por la independencia. A ello contribuyeron los EE UU, que ofrecían a España la compra de sus últimas colonias americanas y le exigían la pacificación de las mismas, y la escasa habilidad de los gobiernos de la Restauración, que negaban a los cubanos los derechos constitucionales reconocidos a los españoles. Los últimos restos del Imperio se perdieron en 1898, en guerra con los Estados Unidos de América. Por el Tratado de París, España renunció a sus derechos sobre las islas de Cuba, Filipinas, Puerto Rico y Guam. El "desastre colonial" desestabilizó la política y privó a la industria catalana y vasca de un importante mercado. Además, los militares, derrotados en las recientes guerras, quisieron recuperar su prestigio en una nueva aventura colonial en Marruecos, donde nuevos fracasos dieron origen a la crisis que llevó a la Restauración a su fin. La primera señal de alerta se produjo en 1909: el 23 de julio sufrieron las tropas españolas el "desastre del Barranco del Lobo". El envío de nuevas fuerzas a Marruecos, que afectaba sobre todo a los jóvenes que no podían pagar la cuota para librarse del servicio militar, fue el origen de la "Semana Trágica de Barcelona" (26 de julio-1 de agosto de 1909), movimiento revolucionario duramente reprimido.

El Reina Cristina fue el buque insignia español en la batalla de Cavite (Filipinas).

La crisis sociopolítica estuvo precedida por la espiritual, generada por el antagonismo entre el catolicismo conservador y las nuevas formas de interpretación científica del mundo, entre ellas el Positivismo y el Evolucionismo. La crisis espiritual se tradujo en la extensión del laicismo y del anticlericalismo, presentes, por ejemplo, en los krausistas y en los novelistas Juan Varela, Pérez Galdós, Leopoldo Alas y Blasco Ibáñez.

El auge del movimiento obrero

Con la pérdida de las últimas posesiones de ultramar en 1898 desapareció un mercado externo de indudable interés para la industria que estaba naciendo en Cataluña y en el País Vasco, lo que perjudicó tanto a los empresarios como a los trabajadores. Este hecho, unido a la represión del movimiento obrero por el régimen oligárquico, sirvió de estímulo al socialismo y al anarquismo: en 1879 se creó el Partido Socialista Obrero Español (PSOE); en 1885 comenzó a publicarse el periódico *El Socialista*; en 1888 surgió la Unión General de Trabajadores (UGT), el sindicato socialista; y en 1910 se fundó la Confederación Nacional del Trabajo (CNT), el sindicato anarquista. Más adelante, la Federación Anarquista Ibérica (FAI) nació como brazo político clandestino y terrorista del movimiento libertario.

Fundación Pablo Iglesias.

Minoría parlamentaria socialista.
1. Andrés Saborit Colomer. 2. Daniel Anguiano Mangado. 3. Indalecio Prieto Tuero. 4. Francisco Largo Caballero. 5. Pablo Iglesias Posse. 6. Julián Besteiro Fernández.

La neutralidad en la Gran Guerra de 1914-1918

La neutralidad durante la Gran Guerra Mundial de 1914-1918 y el incremento de la demanda externa beneficiaron a la economía española. Las cifras del intercambio, en contra de lo habitual -un fuerte déficit de la balanza comercial- mostraron excedentes tan favorables que permitieron acumular importantes cantidades de oro. La minería vasca del hierro multiplicó por 14 sus cifras de ventas, el carbón asturiano amplió su producción de 2,5 a 7 millones de toneladas en sólo cuatro años; florecieron las empresas navieras; en cuatro años se triplicaron los recursos propios de la Banca, los ajenos se cuatriplicaron, y la cartera de valores creció de forma importante. Sin embargo, la exportación masiva de productos tuvo también efectos no deseados: el mercado interior quedó desabastecido y se produjo un fuerte incremento del precio de los productos de primera necesidad, lo que produjo un hondo malestar entre los trabajadores. Estas circunstancias fueron el origen de cambios significativos. Las nuevas industrias exigirán, a partir de 1918, una vez acabada la guerra, niveles de protección muy superiores a los preexistentes. Por otro lado, el capital extranjero, que con anterioridad a 1914 controlaba sectores económicos tan importantes como los ferrocarriles, la minería y la Deuda Pública del Estado en el exterior, fue en buena medida nacionalizado.

El Regeneracionismo

El Regeneracionismo constituyó un intento de acabar con la decadencia de España y con la inmoralidad de los gobiernos de la Restauración. Los regeneracionistas, como tantos otros a lo largo de la historia de España, denunciaron los males del país. Importante personalidad del movimiento fue el aragonés Joaquín Costa (1846-1911), que supo sintetizarlo en frases como "Doble llave al sepulcro del Cid para que no vuelva a cabalgar", o las todavía más concisas recomendaciones de "Escuela y despensa", "Política hidráulica", etc. Su programa incluía propuestas económicas y políticas: colectivismo agrario, obras hidráulicas, erradicación del caciquismo. Para Costa, España estaba necesitada de un "cirujano de hierro" capaz de redimirla y de modernizarla. Escribió numerosos libros y artículos, entre ellos *Oligarquía y caciquismo como la forma actual de gobierno en España. Urgencia y modo de cambiarla.* La constante evocación por los regeneracionistas del "cirujano de hierro", del "hombre providencial" salvador de la patria, y la crítica del sistema oligárquico alentaron el caudillismo y los totalitarismos, de manera que el Regeneracionismo ha sido visto por algunos autores como la base teórica del fascismo o como un movimiento prefascista. Costa tuvo muchos seguidores, por ejemplo Lucas Mallada, que en *Los males de la patria y la futura revolución española* analiza las posibilidades de restaurar la riqueza de España y se plantea la solución de sus problemas. El Regeneracionismo quedaría como un poso duradero para el pensamiento político español.

"No existe otro camino si verdaderamente España quiere salvar, y ya diríamos mejor "recobrar", su personalidad como nación, si quiere no caer bajo la degradante tutela de otro pueblo. Un artículo de la Constitución declara que todo español está obligado a defender la patria con las armas en la mano; y lo que ahora hay que decir es que todo español está obligado a servir y defender la patria con los libros en la mano. España tiene que encerrarse en la escuela y en la Universidad como un nuevo claustro materno, atacada de la manía del silabario, de la manía de la ciencia, como en otro tiempo Don Quijote de los libros de caballería, y no salir de allí hasta que, como el gusano de seda, le hayan nacido alas, hasta que se haya dado una cabeza nueva".

Los siete criterios de Gobierno,
de Joaquín Costa. Biblioteca Costa. 1914.

Ateneo de Madrid.

Joaquín Costa, precursor de la Generación del 98.

El Krausismo y la Institución Libre de Enseñanza

El Krausismo fue una corriente de pensamiento racionalista y laico que fusionó idealismo, misticismo y sentido práctico. Se basó en la doctrina del filósofo alemán Christian Friedrich Krause. Los krausistas creían en un Ser superior que se manifiesta a través de las leyes que rigen la naturaleza.

Los gobiernos liberales habían legislado -Plan de Estudios de Gil de Zárate (1845) y Ley General de Instrucción Pública de Claudio Moyano (1857)- a favor de la enseñanza laica, gratuita y controlada por el Estado. Por ello, la defensa llevada a cabo por los krausistas de la libertad de cátedra les enfrentó a los gobiernos conservadores, que destituyeron a varios profesores, entre ellos a Francisco Giner de los Ríos. Este intelectual fundó entonces (1876) la Institución Libre de Enseñanza, centro docente renovador de los métodos pedagógicos: coeducación de ambos sexos, enseñanza del arte, reencuentro con la naturaleza, viajes al extranjero, práctica del deporte, etc. El espíritu institucionista alentó la creación del Ministerio de Instrucción Pública (1901) y de la Junta de Ampliación de Estudios de Investigaciones Científicas (1907), inspiró los métodos pedagógicos de la Escuela Moderna de Barcelona, fundada por el anarquista Ferrer Guardia (1910), los de la Escuela Nueva, fundada por el socialista Manuel Núñez de Arenas (1910), y la política educativa de la Segunda República. La Institución Libre de Enseñanza fue suprimida por el régimen franquista en 1940.

Francisco Giner de los Ríos.

Los regionalismos. La *Renaixença* y el *Rexurdimento*

Paseo por la playa *es uno de los cuadros más famosos de Joaquín Sorolla.*

La exaltación del alma de los pueblos por los románticos dio origen a movimientos de recuperación de las culturas regionales de España, sobre todo en Cataluña, País Vasco y Galicia, regiones poseedoras de lenguas vernáculas, que comenzaron a ser valoradas como señas fundamentales de identidad -"Las lenguas son las verdaderas banderas nacionales" (Manuel Murguía)- y a ser de nuevo utilizadas como medio de expresión literaria. Los temas locales inspiraron a los literatos y a los músicos cultos, surgieron estilos arquitectónicos regionales y los pintores reflejaron en sus cuadros escenas y tipos populares.

La *Renaixença*, el movimiento regionalista catalán, dio comienzo en 1833 con la publicación por Carlos Aribau de su *Oda a la Patria*. Hito importante en su desarrollo fue la reposición de los Juegos Florales en 1859. Relevantes personalidades del movimiento fueron Jacinto Verdaguer, Ángel Guimerá y Joan Maragall. La cultura autóctona recibió un fuerte impulso con la creación en 1910 del Instituto de Estudios Catalanes, promotor de la normalización de

la lengua y de la creación de la Biblioteca de Cataluña. La *Renaixença* sirvió de modelo a movimientos similares en las islas Baleares y en Valencia. Personalidades importantes del renacimiento valenciano fueron el pintor Sorolla y el novelista Blasco Ibáñez.

El renacimiento de la cultura gallega, el *Rexurdimento*, comenzó con la publicación en 1828 de *A Alborada*, poema épico de Nicolás Pastor Díaz, y alcanzó su mejor expresión en los versos de Rosalía de Castro, gran lírica romántica. También en el País Vasco se produjo un movimiento de renovación cultural. Fecha clave del mismo fue el año 1879, en el que se celebraron los primeros Juegos Florales y dio comienzo la publicación de la revista *Euskal-Erría*.

Rosalía de Castro, una de las figuras más representativas del renacimiento de la literatura gallega.

El origen de los nacionalismos ibéricos

Los regionalismos se convirtieron en nacionalismos cuando en Europa se reconoció el derecho de las naciones a erigirse en estados. También influyeron en su génesis la abolición de los fueros navarros (1841) y vascos (1876), que habían sido respetados por la unificación político-administrativa llevada a cabo por Felipe V en el siglo XVIII y que los liberales consideraban incompatibles con el principio de igualdad de los ciudadanos ante la ley, así como el profundo malestar de los catalanes y vascos por la pérdida de las últimas colonias. Por su parte, la industrialización reforzó en Cataluña el sentimiento de la singularidad de la región, mientras que en el País Vasco dio origen al rechazo de las formas de vida que comportaba, por ser contrarias al ruralismo tradicional de la región, que era considerado seña fundamental de identidad regional.

Todos los nacionalismos apoyaban, y apoyan aún, sus reivindicaciones en el pasado, al que mitificaron e interpretaron de la forma más conveniente para sus intereses. Sus demandas fundamentales han sido tradicionalmente el reconocimiento de sus respectivas nacionalidades, la autonomía política y la oficialización de las lenguas vernáculas. El independentismo se incorporó relativamente tarde a los idearios nacionalistas, excepto en el caso vasco.

El catalán fue el primer movimiento nacionalista que se concretó en una formulación doctrinal, y se fortaleció con la adhesión de la burguesía, que exigía de los gobiernos centrales un proteccionismo que defendiera a sus industrias frente a la competencia exterior. En 1869 definió Valentín Almirall el concepto de nacionalidad catalana, atribuyó los males de España a la hegemonía de Castilla y propuso su catalanización.

La Lliga de Catalunya se fundó en 1887 y canalizó las demandas políticas y económicas de los catalanistas. El ideólogo Enrique Prat de la Riba, autor de *La nacionalidad catalana*, propuso la catalanización de España y la organización federal del Estado. Formuló el pancatalanismo o ideal de una gran Cataluña formada por todos los territorios catalanohablantes. El periódico *La Veu de Catalunya* sirvió de medio de difusión a los ideólogos nacionalistas.

Medallas conmemorativas del movimiento nacionalista catalán.

El origen de los nacionalismos ibéricos

En 1913 se fundó la Mancomunidad de Cataluña, que de hecho significó el reconocimiento del derecho de la región a la autonomía política. Influyente personalidad del catalanismo fue Francisco Cambó (1876-1947), defensor de un proyecto de autonomía de la región en el seno de la legalidad constitucional. El nacionalismo radical se organizó en distintas formaciones de diverso signo, Esquerra Republicana entre ellas.

El nacionalismo vasco fue formulado por los hermanos Sabino y Luis Arana, que se inspiraron en el catalán. El Partido Nacionalista Vasco fue creado en 1895. Su base social la formaban sectores del clero más reaccionario y campesinos conservadores. Nacionalistas y carlistas participaban de la misma ideología pero sin compartir objetivos. Los pioneros del vasquismo habían fundado una agrupación a la que dieron el nombre de Comunión Vasca del Señor de lo Alto y de los Fueros, similar a la divisa carlista "Dios, Patria y Fueros". Los nacionalistas defendían el ultracatolicismo y apoyaban sus tesis en una pretendida superioridad racial vasca. Sorprendentemente, Sabino Arana propuso poco antes de morir la creación de una Liga de Vascos Españolistas, contradiciendo así sus proclamas independentistas anteriores.

El Árbol de Guernica es un lugar emblemático para el nacionalismo vasco.

"Tanto en el nacionalismo inicial de la burguesía como en el posterior de Esquerra Republicana o en los planteamientos nacionales de los partidos obreros ha predominado siempre el rechazo del independentismo. Desde distintos sectores se ha luchado por un modelo alternativo -la autonomía, el federalismo, la República, etc.-, pero un modelo que significaba la aceptación del marco general del Estado como Estado español, no su ruptura en nombre de la independencia de Cataluña. Pero ni siquiera esta aceptación ha sido históricamente suficiente -hasta la Constitución actual- para encontrar un clima de comprensión, de discusión y de negociación por parte de los exponentes del centralismo. El conflicto ha sido, pues, la norma. Y ese conflicto ha dado su sello a la sociedad catalana como nacionalidad".

En *Nacionalidades y nacionalismos en España. Autonomías, Federalismo, Autodeterminación*, de Jordi Solé Tura. Alianza Editorial. 1985.

El nacionalismo andaluz fue fundado por Blas Infante (1885-1936), autor de El ideal andaluz, Fundamentos de Andalucía y Manifiesto a todos los andaluces.

Alfredo Brañas (1859-1900), fundador del nacionalismo gallego, también se inspiró en el catalán. Los galleguistas evocaban la prehistoria céltica como hecho diferencial de la región. Menos radicales que los catalanes y vascos, eran federalistas y se limitaron a defender y difundir su lengua.

Otros regionalismos nacionalistas surgidos a finales del siglo XIX fueron el valenciano, el balear, el aragonés y el andaluz, todos ellos imbuidos de un intenso espíritu regeneracionista.

Realismo y Naturalismo

El Positivismo, corriente de pensamiento que no reconocía otra fuente de conocimiento que la experiencia, influyó en la gestación del realismo y del naturalismo literarios. Ambas escuelas reflejan la realidad, pero mientras los autores realistas la interpretan con mayor o menor grado de subjetivismo, los naturalistas la explican como resultado del medio natural y sociológico. Realistas y naturalistas eran anticlericales, críticos y de ideología liberal, y manifestaban gran interés por las cuestiones sociales. Con ellos, según los historiadores, nació la narrativa española contemporánea.

Benito Pérez Galdós (1843-1920) fue la personalidad cumbre del movimiento realista; sus *Episodios Nacionales* son elocuente ejemplo de combinación de historia y ficción. Leopoldo Alas *Clarín* (1852-1901) fue el gran autor del naturalismo español; su novela *La Regenta* está considerada una de las mejores de la literatura española. Popular novelista fue también Vicente Blasco Ibáñez (1867-1928), que ha gozado de gran renombre internacional.

Trafalgar *es probablemente uno de los más famosos Episodios Nacionales.*

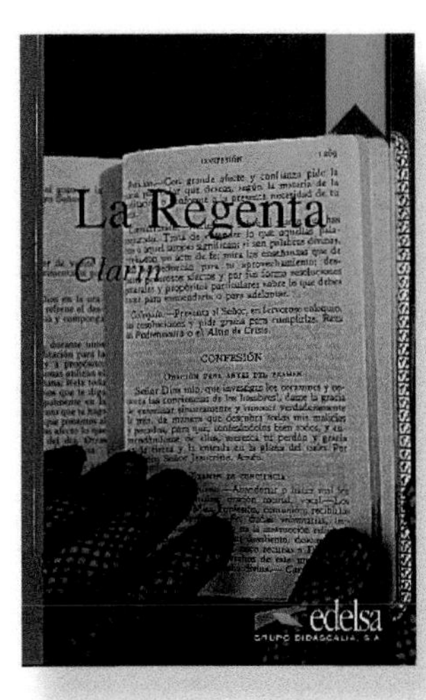

La Regenta *se publicó por primera vez en 1885.*

"Ana había huido. Al ver tan cerca aquella tentación que amaba, tuvo pavor, el pánico de la honradez, y corrió a esconderse en su alcoba, cerrando puertas tras de sí, como si aquel libertino osado pudiera perseguirla, atravesando la muralla del Parque. Sí, sentía ella que don Álvaro se infiltraba, se infiltraba en las almas, se filtraba por las piedras; en aquella casa todo se iba llenando de él, temía verle aparecer de pronto, como ante la verja del Parque.
"¿Será el demonio quien hace que sucedan estas casualidades?", pensó seriamente Ana, que no era supersticiosa.
Tenía miedo; veía su virtud y su casa bloqueadas, y acababa de ver al enemigo asomar por una brecha. Si la proximidad del crimen había despertado el instinto de la inveterada honradez, la proximidad del amor había dejado un perfume en el alma de la Regenta que empezaba a manifestarse".

La Regenta,
de Leopoldo Alas *Clarín*.
Edición de Gonzalo Sobejano.
Castalia. 1983.

En busca de la belleza ideal: el Modernismo

El Modernismo fue un movimiento literario y artístico que se evadió de la realidad por medio de la fantasía y de la búsqueda de la belleza ideal. Los modernistas aceptaron el principio "del arte por el arte", del que nacerían los diversos lenguajes de las vanguardias de entreguerras. La nueva corriente fue consagrada por el poeta nicaragüense Rubén Darío (1876-1916), autor de *Azul*, que sirvió de modelo a muchos poetas españoles. El lenguaje poético modernista es preciosista y musical.

Los modernistas crearon un lenguaje plástico y literario que conjuga expresividad y belleza ideal y que dio origen a las vanguardias.

En busca de la belleza ideal: el Modernismo

El arte modernista es ecléctico y esencialmente decorativo. Barcelona es la gran capital del modernismo arquitectónico, gracias sobre todo a la labor de Antonio Gaudí (1852- 1926), creador de una original arquitectura que fusiona variados elementos neomedievales y neobarrocos, como en el gran templo de la Sagrada Familia de Barcelona. Pintores como Casas y Picasso y los escultores Hugué y Gargallo fueron modernistas en su juventud. Los desnudos femeninos de Josep Llimona y las figuras de estilo clásico de Josep Clará son bellos ejemplos de la delicadeza de la escultura modernista.

Antonio Gaudí fue una personalidad esencial de la Renaixença catalana. Sus obras son importantes elementos del patrimonio artístico de Barcelona.

La Sagrada Familia, *de Antonio Gaudí, es la catedral modernista de Barcelona.*

La Generación del 98

El grupo del 98 meditó sobre la situación de España, formuló su pesar por su estado de postración y decadencia -"Nos duele España"-, criticó el corrupto sistema político de la Restauración, se cuestionó los valores vigentes y detentó el liderazgo en el panorama cultural español por medio de una intensa actividad ensayística. El grupo identificó Castilla con la esencia de España y propugnó su armonización con Europa, a la vez que defendía posturas casticistas.

Miguel de Unamuno (1864-1937), novelista, ensayista, filósofo y poeta, abordó la comprensión de la realidad a través del "sentimiento trágico de la vida", y experimentó en sí mismo la vieja oposición entre fe y razón, origen de su "angustia vital"; distinguió entre lo pasajero e intrascendental -lo "castizo histórico"- y lo permanente -la "intrahistoria"-, que, en su opinión, constituye la esencia de España.

Miguel de Unamuno fue rector de la Universidad de Salamanca.

Monumento a Unamuno, *Victorio Macho. Salamanca.*

La Generación del 98

"Los periódicos nada dicen de la vida silenciosa de los millones de hombres sin historia que a todas horas del día y en todos los países del globo se levantan a una orden del sol y van a sus campos a proseguir la oscura y silenciosa labor cotidiana y eterna, esa labor que como la de las madréporas suboceánicas echa las bases sobre que se alzan los islotes de la Historia. Sobre el silencio augusto, decía, se apoya y vive el sonido; sobre la inmensa Humanidad silenciosa se levantan los que meten bulla en la Historia. Esa vida intra-histórica, silenciosa y continua como el fondo mismo del mar, es la sustancia del progreso, la verdadera tradición, la tradición eterna, no la tradición mentida que se suele ir a buscar al pasado enterrado en libros y papeles y monumentos y piedras".

En torno al casticismo,
de Miguel de Unamuno. Alianza Editorial. 1986.

Ramón María del Valle Inclán, el primer novelista en tratar el tema del dictador hispanoamericano en su novela *Tirano Banderas*, reinventó el esperpento, recurso estético basado en la deformación de la realidad. José Martínez Ruiz *Azorín* escribió ensayos y novelas de prosa descriptiva y técnica impresionista. Pío Baroja fue novelista crítico de fértil imaginación. Antonio Machado fue poeta reflexivo de gran fuerza lírica.

La Generación de 1914. El Novecentismo

La Generación de 1914 la formaron intelectuales liberales herederos de la Generación del 98 que aspiraban a regenerar España mediante su armonización con Europa. Pertenecían al movimiento novecentista, de carácter vanguardista e internacionalista. Ejercieron, también como los del 98, un intenso liderazgo cultural y desempeñaron un importante papel como formadores de opinión en la sociedad española.

Personalidad relevante del grupo y del pensamiento español del siglo XX fue José Ortega y Gasset (1883-1955), catedrático de Metafísica de la Universidad de Madrid y fundador de la *Revista de Occidente*. Una de las claves de su pensamiento está resumida en su famosa frase "Yo soy yo y mis circunstancias". Ortega defendió la tesis de que España ha vivido en permanente estado de decadencia, y criticó su escisión e invertebración; creía que los problemas del mundo contemporáneo procedían de la sustitución de los mejores por la masas en el liderazgo social; identificó regeneración cultural y regeneración política, y conceptuó el arte vanguardista como el triunfo de lo ideal sobre lo superficial. Sus obras más conocidas son la *España invertebrada*, *La deshumanización del arte*, *Meditaciones sobre la técnica*, *Estudios sobre el amor* y la colección de ensayos *El Espectador*.

José Ortega y Gasset.

La Generación de 1914 asumió el espíritu regeneracionista e internacionalista del liberalismo español.

La Generación de 1914. El Novecentismo

"Este fenómeno mortal de insubordinación espiritual de las masas contra toda minoría eminente se manifiesta con tanta mayor exquisitez cuanto más nos alejamos de la zona política. Así el público de los espectáculos y conciertos se cree superior a todo dramaturgo, compositor o crítico, y se complace en cocear a unos y a otros. Por muy escasa discreción y sabiduría que goce un crítico, siempre ocurrirá que posee más de ambas cualidades que la mayoría del público. Sería lo natural que ese público sintiese la evidente superioridad del crítico y, reservándose toda la independencia definitiva que parece justa, hubiese en él la tendencia de dejarse influir por las estimaciones del entendido. Pero nuestro público parte de un estado de espíritu inverso a éste: la sospecha de que alguien pretenda entender de algo un poco más que él, le pone fuera de sí".

España invertebrada, de José Ortega y Gasset. Espasa-Calpe. 1972.

Juan Ramón Jiménez trabajó con su esposa Zenobia Camprubí en la traducción de la obra del poeta Rabindranath Tagore.

Eugenio D'Ors (1882-1954) buscó una nueva ética a través de la estética. Sus ideas dieron origen a un movimiento que postulaba un arte equilibrado e intelectual, continuador del idealismo mediterráneo, sinónimo de belleza, armonía y equilibrio. Manuel Azaña (1880-1940), presidente de la Segunda República, novelista y ensayista político, identificó cultura, libertad y progreso; su novela *El jardín de los frailes* reúne todas las características formales y de fondo del novecentismo literario -lirismo y lenguaje cultista e intelectual-; su libro *La velada en Benicarló* es una meditación en bellísima prosa y en forma de relato de ficción sobre la Guerra Civil. Novecentistas fueron también Américo Castro y Claudio Sánchez Albornoz, que mantuvieron una interesante polémica sobre el origen de España y de los españoles, y Gregorio Marañón, médico endocrinólogo e historiador, el más destacado representante de los médicos humanistas del siglo XX.

El lirismo novecentista alcanzó su mejor expresión en el Premio Nobel (1956) Juan Ramón Jiménez (1881-1958), "andaluz universal", lírico que captó y expresó la belleza ideal a través de la "poesía pura". Su prosa poética *-Platero y yo-* es, junto con la de Bécquer y la del mexicano Juan Rulfo, la más bella de la literatura en lengua española.

"Platero es pequeño, peludo, suave; tan blando por fuera, que se diría todo de algodón, que no lleva huesos. Sólo los espejos de azabache de sus ojos son duros cual dos escarabajos de cristal negro.

Lo dejo suelto y se va al prado, y acaricia tibiamente con su hocico, rozándolas apenas, las florecillas rosas, celestes y gualdas... Lo llamo dulcemente: ¿Platero?, y viene a mí con un trotecillo alegre que parece que se ríe, en no sé qué cascabeleo ideal...

Come cuanto le doy. Le gustan las naranjas mandarinas, las uvas moscateles, todas de ámbar; los higos morados, con su cristalina gotita de miel...".

Platero y yo, de Juan Ramón Jiménez. Taurus. 1970.

Las Vanguardias

Las Vanguardias fueron un arte rupturista, ideal, deshumanizado y alejado del naturalismo. Los vanguardistas sentían especial atracción por lo onírico, por lo síquico y por la estética del maquinismo. Se expresaron a través de muy diversos lenguajes: Surrealismo, Cubismo, Expresionismo, Ultraísmo, Futurismo, etc.

Ramón Gómez de la Serna, pionero del vanguardismo literario, cultivó varios géneros y creó la "greguería", breve máxima humorístico-metafórica.

> *Al pintarse los labios con la barra de carmín parecía encerrar entre paréntesis un beso posible.*
>
> *Greguerías*, de Ramón Gómez de la Serna.

Una de las más importantes aportaciones a la literatura vanguardista fue el teatro de Valle Inclán: *Luces de Bohemia.* El surrealismo, lenguaje que expresa las manifestaciones del inconsciente sin las trabas de la razón, tuvo muchos cultivadores en España, entre ellos algunos literatos de la Generación del 27 como Federico García Lorca, poeta vanguardista y tradicional al mismo tiempo y autor de las obras más importantes del teatro surrealista español: *El Público*, *Así que pasen cinco años.* Entre los grandes pintores del movimiento, Joan Miró es abstracto, Salvador Dalí es figurativo. Luis Buñuel y Salvador Dalí dirigieron dos clásicos del cine surrealista: *Un perro andaluz* y *La edad de oro.*

Madonna de Port Lligat, *©Salvador Dalí, VEGAP, Madrid, 2001. Minami Art Museum. Tokio.*

Pintor y modelo, © *Pablo Picasso, VEGAP, Madrid, 2001. Museo Nacional Centro de Arte Reina Sofía. Madrid.*

Los expresionistas se interesan más por comunicar sus propios estados de ánimo que por el mundo exterior. La estética expresionista, de dilatada tradición en España, está presente en el esperpento valleinclanesco, en la pintura de Solana y de Zuloaga, y en el *Guernica* y otros cuadros de Picasso. Los cubistas desintegran la realidad en conjuntos de volúmenes geométricos. Pablo Picasso y Juan Gris fueron grandes pintores cubistas, como también lo fueron dos grandes artistas del metal: Julio González, maestro de la soldadura, y Pablo Gargallo, creador de bellos contrastes de luces y sombras. Alberto Sánchez fue un escultor organicista de formas y volúmenes integrados en conjuntos abstractos de evocadores nombres: *El pueblo español tiene un camino que conduce a una estrella.*

Las escuelas de Vallecas y de París aglutinaron a numerosos artistas vanguardistas. Aquella, fundada en 1927 -Benjamín Palencia, Alberto Sánchez, Rafael Alberti, Maruja Mayo-, se centró en el tratamiento pictórico del paisaje. El nombre de Escuela de París se aplica al conjunto de artistas españoles -Casas, Nonell, Beruete, Buñuel, Gris, etc.- que a lo largo del siglo XX han vivido en esa ciudad, sobre todo durante la dictadura de Primo de Rivera. No se trató, por tanto, de un grupo estilísticamente homogéneo.

La Generación del 27

El grupo de poetas reunidos bajo la denominación común de Generación del 27 dio a la poesía española uno de sus momentos estelares durante la Edad de Plata. El grupo manifiesta la influencia de varios elementos vanguardistas y tradicionales, de Góngora, de Bécquer, de Rubén Darío y de Juan Ramón Jiménez. Su poesía alcanzó gran popularidad a través de revistas como *Litoral*, *Grecia*, *Alfar* y *Ultra*. Nombres importantes de la Generación fueron Dámaso Alonso, Gerardo Diego, Rafael Alberti, Federico García Lorca, Jorge Guillén y Vicente Aleixandre, Premio Nobel de Literatura 1977. Algunos historiadores de la literatura incluyen también al poeta Miguel Hernández en el grupo. Hubo también una generación musical con el nombre de Generación del 27, que introdujo en España las vanguardias musicales.

Foto de familia con algunos de los miembros más destacados de la Generación del 27. De izquierda a derecha: Rafael Alberti, Federico García Lorca, Juan Chabas, Mauricio Becarisse, J. M. Romero Martínez, M. Blázquez Garzón, Jorge Guillén, José Bergamín, Dámaso Alonso y Gerardo Diego.

"La luna vino a la fragua
con su polisón de nardos.
El niño la mira mira.
El niño la está mirando.
En el aire conmovido
mueve la luna sus brazos
y enseña, lúbrica y pura,
sus senos de duro estaño.
Huye luna, luna, luna.
Si vinieran los gitanos,
harían con tu corazón
collares y anillos blancos.
Niño, déjame que baile.
Cuando vengan los gitanos,
te encontrarán sobre el yunque
con los ojillos cerrados.
Huye luna, luna, luna,
que ya siento sus caballos.
Niño, déjame, no pises
mi blancor almidonado".

"Romance de la luna, luna",
en *Romancero gitano*
de Federico García Lorca.
Aguilar. 1980.

Las formas literarias tradicionales en la época de las Vanguardias

La narrativa realista fue cultivada por autores de gran prestigio como Ramón J. Sender y Pío Baroja. La escena estuvo dominada por el teatro burgués o de bulevar, accesible al gran público por lo real y habitual de sus temas, personajes y situaciones. Jacinto Benavente (1886-1954), Premio Nobel de Literatura 1922, continuó la tradición de la comedia burguesa del siglo XIX y se erigió en el máximo autor del género: *Los intereses creados*, *La Malquerida*, *Señora Ama*. Benavente tuvo muchos seguidores e imitadores.

Un género teatral de gran éxito popular fue la comedia costumbrista, de la que fueron notables representantes los hermanos Serafín y Joaquín Álvarez Quintero, autores de comedias de asunto folclorista andaluz. Gran popularidad alcanzó también el género cómico, que consagró a Carlos Arniches, autor de sainetes y de tragedias cómicas, y a Pedro Muñoz Seca, cuya obra más conocida, *La venganza de Don Mendo*, goza aún del favor del público. Los autores del "teatro poético" cultivaron sobre todo temas épico-históricos, entre ellos Eduardo Marquina: *En Flandes se ha puesto el Sol*.

El nacionalismo musical

El nacionalismo musical constituyó la última etapa del proceso de revalorización de la música tradicional y popular que comenzaron los casticistas del siglo XVIII. Los nacionalistas -Isaac Albéniz, Manuel de Falla, Joaquín Turina, Enrique Granados, etc.- la recuperaron y se inspiraron en ella. Manuel de Falla (1873-1946), cultivador de todos los géneros, fue la personalidad más representativa e internacional del movimiento. En su amplia producción destacan *El amor brujo*, *La vida breve*, *Noche en los jardines de España* y *La Atlántida*. Joaquín Rodrigo (1901-1999), autor del famoso *Concierto de Aranjuez*, ha prolongado hasta nuestros días la vigencia de la escuela nacionalista. A esta pertenece también parte de la obra de grandes compositores extranjeros como Chopin, Korsakov, Chabrier y Ravel.

Centro de Estudios Musicales. Granada.

Busto del músico Manuel de Falla.

Los compositores nacionalistas internacionalizaron la música tradicional y popular española

El eclecticismo y el funcionalismo arquitectónicos

El eclecticismo arquitectónico se generalizó en la segunda mitad del siglo XIX. Su mayor novedad fue el empleo del hierro, del cristal y del hormigón como materiales de construcción.

Edificio de la Real Academia Española. Madrid.

Palacio de Cristal (1887). Parque del Retiro. Madrid.

La gran personalidad de la escuela fue Ricardo Velázquez Bosco (1843-1923), constructor de varios edificios madrileños, entre ellos los palacios de Cristal y de Velázquez, en el Retiro (Madrid). Otras construcciones eclécticas son, por ejemplo, el Congreso de los Diputados, de Narciso Pascual; la Biblioteca Nacional, de Francisco Jareño, y la Real Academia Española, de Miguel Aguado.

El eclecticismo y el funcionalismo arquitectónicos

Como en la época romántica, las iniciativas más originales procedieron más de los urbanistas que de los arquitectos. Arturo Soria proyectó la Ciudad Lineal de Madrid en torno a una gran avenida central canalizadora de las comunicaciones y en la que convergen calles perpendiculares ajardinadas y con viviendas unifamiliares. En las primeras décadas del siglo XX se diseñaron también el Plan Maciá de reordenación urbana de Barcelona y la prolongación del Paseo de la Castellana de Madrid.

Las vanguardias arquitectónicas significaron el triunfo de la combinación de estética y función, como es visible en las realizaciones de la Generación de 1925, algunos de cuyos miembros participaron en el proyecto de la Ciudad Universitaria de Madrid. En los años treinta se fundó el GATEPAC -Grupo de Artistas y Técnicos para el Progreso de la Arquitectura Contemporánea-, que adoptó los principios del funcionalismo.

Las escuelas de Histología y de Filología

Las nuevas condiciones sociolaborales surgidas de la industrialización estimularon los trabajos científicos, técnicos, sociológicos y jurídicos. Concepción Arenal analizó la situación de la mujer en España; Antonio Flores de Lemus elaboró proyectos de reforma económica y tributaria, y realizó importantes estudios estadísticos.

Gran personalidad científica de la época, Santiago Ramón y Cajal (1852-1934), Premio Nobel de Medicina 1906, estudió el sistema nervioso y creó una tradición científica que ha recibido el nombre de Escuela Española de Histología.

Biblioteca de Menéndez Pelayo. Santander.

Pionero de la Escuela Española de Filología fue Marcelino Menéndez y Pelayo (1856-1912), polígrafo que llevó a cabo una inmensa labor de investigación en los más variados aspectos de la cultura española. Gran personalidad de la misma fue también Ramón Menéndez Pidal (1869-1968), creador de la lingüística histórica científica.

Segundo Chomón, personalidad ligada a los comienzos del cine español, introdujo la técnica del coloreado en las películas.

Los comienzos del cine español

En el primer tercio del siglo XX la actividad cinematográfica estuvo estrechamente vinculada a la literatura costumbrista y a la zarzuela; de ambos géneros se hicieron numerosas versiones. Una gran novedad supusieron las películas surrealistas de Luis Buñuel y Salvador Dalí. En los años treinta apareció el cine sonoro, y Buñuel rodó un tremendista documental sobre Las Hurdes. El costumbrismo en su versión folclórica se mantendría durante largo tiempo.

El fin de la Restauración

La oposición de la oligarquía a cualquier tipo de reformas intensificó la confrontación social y aceleró la descomposición del sistema político y el ritmo de los cambios de gobierno. En 1917 se produjo una huelga general revolucionaria, se reunió extraoficialmente una asamblea de parlamentarios y se organizaron las Juntas de Defensa, asociaciones de militares dispuestos a conquistar el poder. En 1921, Eduardo Dato, presidente del Gobierno, fue asesinado por unos pistoleros anarquistas y las fuerzas destacadas en Marruecos sufrieron un nuevo descalabro militar en Annual.

Ante el deterioro creciente de la situación, el general Primo de Rivera, capitán general de Cataluña, dirigió un golpe de Estado el 23 de septiembre de 1923, que fue incluso bien recibido por algunos intelectuales. Primo de Rivera suspendió las garantías constitucionales y prometió gobernar con eficacia y honestidad: "Menos política y más administración". Unos vieron en él al "cirujano de hierro" invocado por los regeneracionistas; otros lo consideraban un émulo de Mussolini, y algunos economistas admiraron las transformaciones que España comenzó a experimentar bajo su mandato.

Primo de Rivera pacificó Marruecos y puso en práctica un extenso plan de modernización de la infraestructura de la economía, que dio excelentes resultados: mejora de los ferrocarriles y de la red de carreteras, paradores de turismo, transformación del monopolio extranjero de petróleos en monopolio público, constitución de la Compañía Telefónica Nacional de España, creación del Banco Exterior, reforma del crédito hipotecario, formación de las Confederaciones Hidrográficas, fomento agrario, de la producción industrial y del empleo, etc.

El fin de la bonanza económica como resultado de la Crisis internacional de 1929 marcó el comienzo del fin de la Dictadura. Así, la prosperidad económica ayudó a Primo de Rivera y la crisis económica contribuyó a su fin. Abandonado por sus fieles y hostigado por los intelectuales y los estudiantes, el dictador presentó su renuncia al Rey el 28 de enero de 1930.

Al año siguiente, el día 14 de abril, se instauró la Segunda República, y en ese mismo día el rey Alfonso XIII abandonó España camino del exilio. Estos acontecimientos pusieron término al régimen oligárquico de la Restauración.

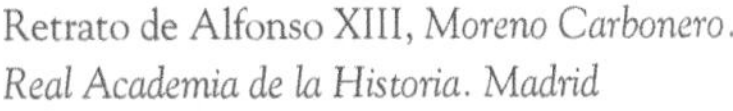

Retrato de Alfonso XIII, *Moreno Carbonero*. *Real Academia de la Historia. Madrid*

"La caída de la Monarquía se había producido, en esencia, porque, quizás inevitablemente, sus representantes se habían identificado con un determinado momento cardinal con todo lo que el país consideraba caduco. No tenía por qué haber sido inevitablemente así, pero la realidad es que esta última prescindió de las instituciones monárquicas como si fueran el estorbo principal para su modernización. La República se inició, desde luego, con el logro de la veracidad relativa [...], pero en los años venideros España hubo de descubrir que proscribir la Monarquía no significaba, necesariamente, el fin de los problemas. En el ambiente de los años treinta, crispado y tenso, la forma en que se plantearon, simultáneamente y con maximalismo, hizo inevitable el sistema democrático que había nacido en abril de 1931".

En *Siglo XX*, de Javier Tusell. Historia 16. 1994.

1931-1975: Segunda República, Guerra Civil y Franquismo

El entusiasmo popular no fue suficiente para consolidar el régimen republicano que se instauró el 14 de abril de 1931. La inexistencia de una extensa clase media ideológicamente moderada, la carencia de tradición democrática y los problemas estructurales del país propiciaron los extremismos de todo signo, que harían fracasar a la recién instaurada Segunda República y a sus intentos modernizadores de la sociedad española.

Cartel de la II República Española.

Cartel anunciador del llamado "bando nacional" en la Guerra Civil.

El general Francisco Franco Bahamonde se alzó al frente del Ejército de África contra el nuevo régimen en julio de 1936, dando así comienzo la terrible tragedia de la Guerra Civil de 1936-1939, que se saldó con la victoria de los sublevados, la toma del poder por la oligarquía tradicional y la imposición de un régimen dictatorial que logró mantenerse hasta mediados de los años setenta.

La Segunda República

Niceto Alcalá Zamora fue el primer presidente de la II República.

El éxito en las ciudades principales de la coalición republicano-socialista en los comicios municipales del 12 de abril de 1931 constituyó un verdadero plebiscito contra la monarquía, de manera que el día 14 se proclamó la República, y ese mismo día el rey Alfonso XIII abandonó España camino del exilio. El Comité Revolucionario que desde 1930 venía coordinando los esfuerzos de todos los antimonárquicos se convirtió en Gobierno Provisional, presidido por Niceto Alcalá Zamora.

Tal vez, ningún régimen político español había dispuesto de tanto apoyo popular, como tampoco de un conjunto de hombres tan inteligentes y conocedores del país. Manuel Azaña, primero ministro de la Guerra y después presidente de la República, planteó las correspondientes reformas en relación con el Ejército, la Iglesia, las Autonomías, la cuestión agraria y los problemas socioeconómicos.

La Constitución, promulgada el 9 de diciembre de 1931, estableció el sistema de República parlamentaria; asignó el poder ejecutivo al Consejo de Ministros, dirigido por el presidente del Gobierno; y radicó el legislativo en una sola Cámara, en el Congreso, elegido por sufragio universal y directo. Fue la primera carta magna española en declarar la aconfesionalidad del Estado.

Foto del primer Gobierno de la II República.
1. Manuel Azaña, más tarde presidente de la República.

La democratización del Ejército

Al objeto de acabar para siempre con el peligro de los pronunciamientos militares, Azaña se propuso democratizar las fuerzas armadas. Y a tal fin dio un plazo de 30 días (Decreto de 25 de abril de 1931) para pasar a la reserva a los generales, jefes y oficiales que lo desearan. Como la mayoría de los que se acogieron a tal medida eran republicanos, el resultado fue que el Ejército se derechizó. Por otra parte, el Ejército destacado en Marruecos era un semillero de inquietudes golpistas. La República, además, no renunció a las aventuras militares en el exterior: en 1934 se ocupó el territorio de Ifni, en la costa sur de Marruecos, reivindicado desde antiguo. Esta fue la última expedición colonial española.

La democratización del Ejército

Otros aspectos de la reforma militar inquietaron también a los militares antirrepublicanos, entre ellos el cierre de la Academia General de Zaragoza, el sistema de ascensos de suboficial a oficial, el servicio especial para universitarios y el proyecto de que todos los futuros oficiales tuvieran que estudiar un año en la Universidad. La primera intentona golpista, fallida, se produjo en agosto de 1932. De hecho, ni un solo día entre 1931 y 1936 cesaron las maquinaciones en las Fuerzas Armadas contra el régimen republicano.

La separación Iglesia/Estado

El principio constitucional de la separación Iglesia/Estado significó el cese de la actividad eclesiástica en el área docente, la puesta en vigor de las leyes de matrimonio civil, divorcio y de secularización de los cementerios, y, en definitiva, el fin de la influencia de la Iglesia en la sociedad, lo que hizo decir a Azaña que España había dejado de ser católica. Estos hechos llevarían a hacer de la Iglesia la principal fuerza legitimadora del golpe militar como "Cruzada".

Así como la reforma militar suscitó el antirrepublicanismo en el Ejército, el laicismo republicano movió a la Iglesia a organizar su propia formación política, la Confederación Española de Derechas Autónomas (CEDA). Por tanto, dos de los más importantes poderes fácticos de entonces, el Ejército y la Iglesia, actuaban y se manifestaban en contra de la República.

La cuestión regionalista

La República se propuso dar solución al problema de los nacionalismos. Con la idea del "Estado integral" -ni federal ni unitario- se pretendía compatibilizar las distintas autonomías regionales de diverso alcance (en función de las demandas y capacidades de cada una de las regiones solicitantes), con un Estado que mantuviera las relaciones exteriores, la defensa y la dirección de los principales resortes de la política económica, social y cultural.

El Estatuto catalán, promulgado en septiembre de 1932, asumió muchas de las aspiraciones de los nacionalistas y proporcionó a Cataluña una estabilidad política que no poseyó el resto de España. La Generalidad se constituyó en el órgano del autogobierno, con facultades legislativas y judiciales.

Los vascos no tuvieron la misma fortuna. Después de diversos proyectos -inicialmente con los navarros, que más tarde prefirieron su propio camino-, la Guerra Civil comenzó sin que se hubiese publicado el Estatuto de autonomía. Este sólo vería la luz, de forma muy precaria, en octubre de 1936, cuando gran parte del territorio vasco estaba ya ocupado por las tropas de Franco.

La derecha y los militares antirrepublicanos identificaron casi unánimemente autonomismo con separatismo. La frase de Calvo Sotelo "prefiero una España roja a una España rota" sintetizó la preocupación de la derecha por la ruptura de España.

La Reforma Agraria

La República tuvo también que plantearse la cuestión agraria, sobre todo la difícil situación de las zonas latifundistas, en las que las desamortizaciones de la anterior centuria habían producido el más vasto proletariado agrícola de la Europa occidental -casi tres millones de obreros agrícolas sin tierra en 1931-, que esperaba de la República la puesta en práctica de la ansiada reforma agraria. De ahí la celeridad en ocuparse de los problemas del campo: en septiembre de 1932 fue aprobada la Ley de Reforma Agraria. Factores políticos y los problemas jurídicos y financieros de la expropiación impidieron que se acometiera su solución con decisión, de manera que al estallar la guerra las realizaciones eran todavía mínimas. Así, gran parte del campesinado consideraba que la "República burguesa" no tenía gran interés en mejorar su situación.

La Reforma Agraria

"Cuando se ven los cerros de Levante y las estepas manchegas convertidos en hermosos viñedos; las montañas y barrancos de Carcagente y Alcira transformados en naranjales; las estribaciones de Gredos, alejadas de toda vía de comunicación en la provincia de Cáceres y constituídas por arenales casi estériles, convertidas en huertas, y los pantanos de la Albufera nivelados merced a trabajos de titanes y cultivados de arroz, y en cambio en las vegas fértiles y llanas del Guadalquivir existen dehesas y cortijos explotados deficientemente, junto a carreteras de primer orden, no se puede dudar de que la concentración de la propiedad en pocas manos es la principal causa del atraso productivo y de la miseria de los campesinos, como luego comprobaremos, y que en cuanto el labrador tiene acceso a la tierra, la hace producir de manera insospechada y mucho más intensiva que las mejores explotaciones de las grandes fincas".

En *Los latifundios en España*,
de Pascual Carrión. Ariel. 1972.

[Este libro se publicó por vez primera en 1932.]

Cultivo extensivo de olivos en la provincia de Jaén.

La modernización y sus problemas en otras áreas de la actividad pública

Otras cuestiones que centraron el interés de los dirigentes republicanos fueron la política monetaria y crediticia, la organización del sector exterior, el marco de relaciones laborales, la educación y la cultura. En todos estos campos hubo innovaciones de importancia, que sin embargo no llegaron a madurar en la mayoría de los casos por falta de tiempo. Por lo demás, la crisis económica internacional que se desató en 1929, la Gran Depresión (23), y que aún era grave en 1936, no ayudó al curso económico de los acontecimientos y a la realización de las reformas proyectadas.

La Ley de Contrato de Trabajo (1931) reguló el derecho de huelga y el *lock-out* (24). Sin embargo, en materia de seguridad social, la labor desarrollada por los sucesivos gobiernos republicanos resultó deficiente. El número de parados, que en su momento máximo llegó a unos 750.000 -en torno al 9% de la población activa-, originó convulsiones sociales y huelgas revolucionarias anarquistas. La Ley de Ordenación Bancaria (1931) reforzó la representación del Estado en el Banco de España. La Ley del impuesto sobre la renta de las personas físicas (1932) no fue especialmente progresista. En cuanto al comercio exterior, con la Gran Depresión dominando el escenario internacional, se incrementó la política intervencionista para paliar la pérdida de valor de la peseta y la crisis de las exportaciones.

La República se planteó un ambicioso programa de "reforma y mejora de la enseñanza", que en buena medida llevó a la práctica. Por vez primera en la historia de España, el Gobierno se planteó la educación del pueblo como objetivo prioritario. Se rompió así la inercia histórica y se puso en marcha un auténtico programa de "educación para todos".

(23) Gran Depresión: *quiebra de la economía causada por la caída de la bolsa de Nueva York en 1929.*
(24) Lock-out: *expresión inglesa de uso frecuente que designa el cierre patronal.*

La Guerra Civil de 1936-1939

El triunfo de la coalición de izquierdas del Frente Popular en febrero de 1936 atemorizó a la derecha. Contra el programa del Frente Popular (que, aunque solamente se hubiera aplicado en parte, habría significado el fin de los antiguos privilegios oligárquicos), todas las fuerzas conservadoras se asociaron y desencadenaron la más terrible contienda que nunca asoló a España y cuyos efectos se prolongaron durante 36 años más.

Guernica, © *Pablo Picasso, VEGAP, Madrid, 2001. Museo Nacional Centro de Arte Reina Sofía. Madrid.*

El Guernica *de Picasso ha quedado como símbolo universal del horror de la Guerra Civil española.*

Desde las instancias oficiales se insistió durante cuatro décadas en que el alzamiento del general Franco tuvo como objetivo dar comienzo a una cruzada contra una República que inevitablemente llevaba a España al caos. La falta de orden público, los ataques a la Iglesia, los continuos brotes de violencia, etc., resultaban, en efecto, insoportables para el curso normal de la sociedad y para la vida en democracia. Pero en el fondo, el alzamiento militar del 18 de julio de 1936 trataba de conservar las posiciones de las fuerzas de derecha que lo apoyaron desde un principio. La parte del Ejército que se sublevó esperaba asumir de nuevo el poder en la vida política española. La Iglesia quería recuperar su relevancia y sus prerrogativas en materia de familia, educación e incluso finanzas. Los terratenientes, industriales y grandes financieros esperaban volver a la situación anterior, seriamente amenazada por la Reforma Agraria, por los proyectos fiscales y por la participación obrera. Segmentos de las clases medias e incluso trabajadores de bajos ingresos preferían la seguridad del régimen oligárquico a la incertidumbre de las reformas. Los carlistas y los demás tradicionalistas, por su parte, conspiraron y lucharon con la esperanza de poder recuperar sus fueros y, tal vez -los menos-, de entronizar a su pretendiente. Finalmente, la Falange, organización política fundada por José Antonio Primo de Rivera en 1933, aspiraba a aplicar su programa nacional-sindicalista, en una pretendida vía media entre capitalismo y socialismo.

"La sociedad española busca, hace más de cien años, un asentamiento firme. No lo encuentra. No sabe construirlo. La expresión política de este desbarajuste se halla en los golpes de Estado, pronunciamientos, dictaduras, guerras civiles, destronamientos y restauraciones de nuestro siglo XIX. La guerra presente, en lo que tiene de conflicto interno español, es una peripecia grandiosa de aquella historia. No será la última. En su corta vida, la República no ha inventado ni suscitado las fuerzas que la destrozan. Durante años, ingentes realidades españolas estaban como sofocadas o retenidas. En todo caso, se aparentaba desconocerlas. La República, al romper una ficción, las ha sacado a la luz. No ha podido ni dominarlas ni atraérselas, y desde el comienzo la han atenazado. Quisiéralo o no, la República había de ser una solución de término medio. He oído decir que la República, como régimen nacional, no podía fundarse en ningún extremismo. Evidente. Lo malo es que el acuerdo sobre el punto medio no se logra. Aquellas realidades españolas, al arrojarse unas contra otras para aniquilarse, rompen el equilibrio que les brindaba la República y la hacen astillas".

En *La velada en Benicarló. Diálogo de la guerra de España,* de Manuel Azaña. Ediciones Castalia. 1981.

La Guerra Civil de 1936-1939

Los defensores de la República resistieron dos años, ocho meses y trece días ante los sublevados. La mezcla de republicanos, socialistas, comunistas y anarquistas, era mucho menos homogénea que la del bando de la derecha. Las desavenencias internas, la carencia de un líder indiscutible y la falta de solidaridad entre la retaguardia y el frente de batalla fueron decisivos para la derrota republicana.

Por otra parte, la guerra tuvo desde sus comienzos implicaciones internacionales. Hitler y Mussolini encontraron en España un campo de experimentación para sus nuevos ingenios y sistemas bélicos. Por el contrario, las democracias occidentales optaron por la no intervención, dejando sola a la República frente al fascismo. Esta fue apoyada por México -más simbólica que efectivamente-, por los voluntarios de las Brigadas Internacionales, por fuerzas intelectuales de todo el mundo, y sobre todo por la Unión Soviética. La preocupación por la extensión del comunismo en España explica la actitud de las democracias hacia la República española.

EVOLUCIÓN DE LA OFENSIVA NACIONAL CONTRA EL GOBIERNO DE LA REPÚBLICA

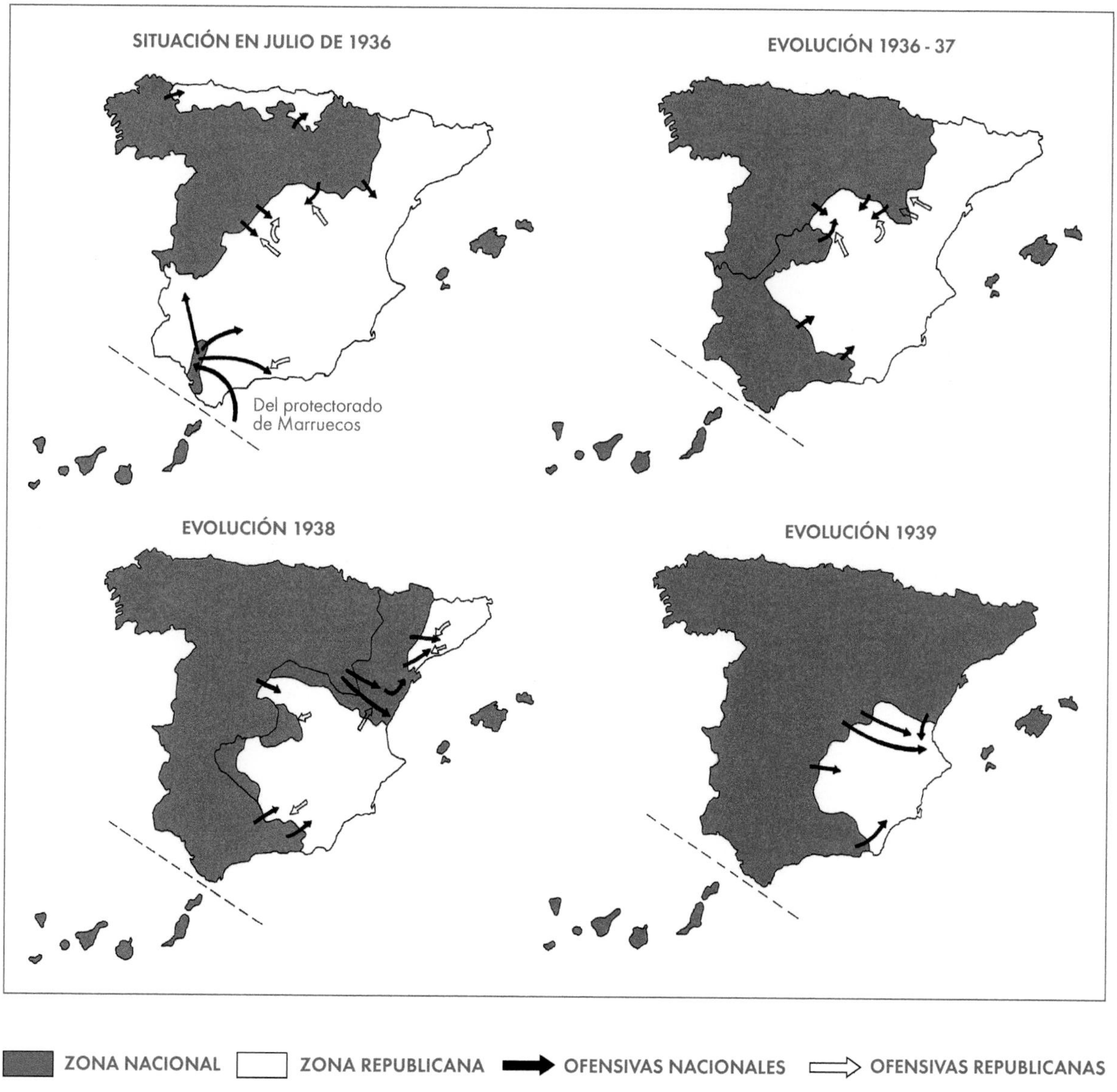

SITUACIÓN EN JULIO DE 1936

Del protectorado de Marruecos

EVOLUCIÓN 1936 - 37

EVOLUCIÓN 1938

EVOLUCIÓN 1939

ZONA NACIONAL · ZONA REPUBLICANA · OFENSIVAS NACIONALES · OFENSIVAS REPUBLICANAS

Las consecuencias de la guerra

La guerra constituyó un verdadero desastre para un país lleno de vida y de proyectos. Hubo más de un millón de víctimas del exterminio, entre militares muertos en batalla y civiles en la retaguardia, represaliados en uno y otro bando, ejecutados tras la Guerra Civil, y exiliados. Unos 300.000 españoles tuvieron que salir del país hacia un exilio que para algunos duró hasta 1977. Entre las víctimas de la guerra, y sin que ello signifique valorar unas vidas más que otras, hubo muchos hombres y mujeres de las generaciones más jóvenes y activas -artistas, literatos y profesionales cualificados-. Esos aspectos convirtieron la pérdida siempre dramática de vidas y de trabajo humano en una auténtica descapitalización del país, cuyas consecuencias se hicieron sentir por largo tiempo. Además de todo ello, al no haberse llegado con Franco a una verdadera paz, y mucho menos a una reconciliación, el país permaneció dividido entre vencedores y vencidos, y sus sentimientos se fueron transmitiendo a las generaciones siguientes.

La estimación oficial resumió los daños materiales del conflicto como sigue:

a) Disminución de la población activa en medio millón de trabajadores.

b) Pérdida de 510 t. del oro del Banco de España que la República empleó en la financiación de la guerra.

c) Gastos de guerra por un equivalente a 300.000 millones de pesetas de 1963.

d) Destrucción de gran número de edificios públicos; ruina completa de 250.000 viviendas; 192 ciudades y pueblos vieron destrozados más del 60% de sus edificios.

e) Destrucción de 1.309 locomotoras (41,6% del parque existente el 18 de julio de 1936), de 30.000 vagones (40,3%) y de 3.700 coches de viajeros (71,2%). En las carreteras los daños fueron muy cuantiosos, especialmente en lo que respecta a las obras de fábrica. La Marina mercante perdió 225.000 TRB (25), el 30% de su tonelaje total en 1936.

f) La ganadería sufrió tremendas pérdidas y la superficie sembrada cayó, entre 1935 y 1939, de 4,5 a 3,5 millones de hectáreas en trigo; de 1,8 a 1,5 en cebada.

g) El nivel de renta descendió en un 28,3%, y además se agravó el desequilibrio en la distribución personal de la renta.

A partir de 1939 la economía española entró en una larga fase de regresión/estancamiento en todos los órdenes. Hasta los años cincuenta no se empezó a salir de esa situación (en 1954 se recuperó la renta por individuo activo de 1935), y únicamente en los años sesenta pudo España desprenderse definitivamente de las últimas secuelas de la guerra. En definitiva, la guerra no sólo no resolvió nada, sino que además llevó al país hacia atrás en la Historia y produjo un colapso económico de casi veinte años. Junto con las pérdidas humanas, este fue el resultado final de tan dramático choque entre las "dos Españas".

(25) TRB: *Toneladas en Registro Bruto.*

La era de Franco (1939-1975)

Imagen del general Franco en un viaje a Bilbao.

El general Francisco Franco Bahamonde (1892-1975), designado Jefe del Estado en septiembre de 1936, suprimió las libertades públicas, disolvió los partidos de izquierda, unificó los de derecha en el Movimiento Nacional (1937), abolió las autonomías regionales y prohibió los órganos legislativos de elección popular. En resumen, el general Franco, victorioso en la Guerra Civil, impuso en España la dictadura.

Franco decidió revestir su poder autocrático de un mínimo de apariencia democrática en 1942, cuando la evolución de la Guerra Mundial se hizo menos favorable a las potencias fascistas que le habían ayudado a ganar la contienda. Surgieron de este modo las primeras Leyes Fundamentales, que suplieron la inexistencia de Constitución. Franco se consideró enteramente consolidado con el pleno reconocimiento del Régimen por EEUU y el Vaticano en 1953.

El modelo político instituido por Franco se mantuvo prácticamente sin modificaciones sustanciales entre 1939 y 1975. Por el contrario, el sistema económico sí que experimentó cambios importantes. El surgido de la Guerra Civil, de carácter autárquico, significó estancamiento y retroceso respecto de las transformaciones planteadas por la República. Después, los años 1951-1956 marcaron el comienzo de un cierto crecimiento económico. Los impulsos inflacionistas obligaron a la estabilización de 1957-1961, que serviría de marco al desarrollismo de los años sesenta.

El Decreto-Ley de Nueva Ordenación Económica de julio de 1959 dio comienzo a la liberalización del sistema económico. Aunque el nuevo modelo económico no llegó a identificarse plenamente con el de la Organización Europea de Cooperación Económica (OECE), pues siguió sin haber sindicalismo libre, derecho de huelga, etc., la economía experimentó un gran impulso y se consiguieron espectaculares aumentos en la productividad. Sin embargo, gran número de trabajadores tuvo que emigrar a la Europa comunitaria en busca de trabajo. El nuevo tipo de cambio de la peseta hizo posible el desarrollo del turismo. La ampliación del mercado interior por la entrada de divisas -turismo, remesas de los emigrantes, e inversiones extranjeras- y el proteccionismo aduanero establecido en 1960 facilitaron el crecimiento industrial, que generó una oleada de movimientos migratorios internos como hasta entonces no se había conocido en la historia del país, al mismo tiempo que continuaba la emigración a Europa. Así, la dinamización de la sociedad española supuso industrialización y auge del urbanismo, pero tuvo un alto coste: desequilibrios sociales e interregionales, movimientos migratorios y despoblamiento de comarcas enteras.

Ocaso y fin del franquismo

La oposición de comunistas, socialistas, republicanos y cristiano-democrátas se tradujo en el auge de una conciencia reivindicativa, sobre todo desde los años cincuenta. El crecimiento económico introdujo cambios en el comportamiento social y en las actitudes políticas de los españoles. Así, en los años sesenta, y sobre todo en los setenta, la economía y la sociedad, más complejas y diversificadas, entraron en contradicción con el obsoleto modelo político, incapaz de responder a sus demandas, y algunos sectores sociales comenzaron a manifestar su rechazo del régimen. Sin embargo, hasta la muerte del almirante Carrero Blanco en atentado de ETA el 20 de diciembre de 1973, no dio comienzo la crisis política definitiva del franquismo. La oposición democrática presentaba la "ruptura" como vía hacia la democratización. Por su parte, los franquistas "aperturistas" proponían la reforma de las Leyes Fundamentales, que, según ellos, daban margen suficiente para la evolución. Los más conservadores se mostraban partidarios de preservar las esencias del régimen.

Durante la fase final del franquismo se intentó un tímido aperturismo que fracasó rotundamente. La muerte del general Franco el 20 de noviembre de 1975 y el nombramiento de Juan Carlos I de Borbón como Rey de España marcaron el comienzo de la recuperación de las libertades por el pueblo español.

La cultura del exilio

Uno de los sectores que más intensamente sufrió las consecuencias de la guerra fue el de los intelectuales, artistas y literatos antifranquistas que tuvieron que exiliarse tras el final de la contienda. La experiencia común de la guerra y del exilio influirá en sus vidas y en sus obras, sobre todo en novelistas como Ramón J. Sender, Arturo Barea y Max Aub. Los poetas del exilio -Rafael Alberti, León Felipe, Luis Cernuda, etc.- sobrepusieron el sentimiento y la nostalgia a los formalismos. El teatro, por su alejamiento de su público natural, fue el género que resultó más perjudicado, pese a lo cual se escribieron obras de calidad como *Noche de guerra en el Museo del Prado*, de Rafael Alberti. La heterogeneidad era más marcada, si cabe, entre los artistas plásticos, aunque todos participaban de un mismo afán vanguardista.

La nómina de filósofos del exilio es extraordinariamente amplia. Entre ellos, María Zambrano analizó las relaciones entre poesía y filosofía. Los intelectuales, artistas, literatos y científicos del exilio, fueron unos embajadores culturales de excepción en los países de acogida.

No todos los opositores al bando vencedor conocieron la experiencia del exilio; otros muchos permanecieron en España, donde, silenciados por la censura, sufrieron una prolongada marginación -"exilio interior"- ideológica e intelectual.

Las Vanguardias en la posguerra

El dirigismo cultural no impidió la continuación del movimiento vanguardista durante la posguerra. La abstracción pictórica fue continuada por Pórtico (Zaragoza, 1947), expresionista, y *Dau al Set* (Barcelona, 1948) y El Paso (1957), informalistas. La Escuela de Altamira (1949-1950) y el Grupo Parpalló (1956) propugnaban la libertad en la creación artística. El grupo Equipo 57 reaccionó contra el esteticismo informalista y comenzó a interesarse por el arte comprometido. Esta tendencia culminó en el expresionismo social del grabador José Ortega, gran maestro expresionista que reunió en Estampa Popular (1959) a gran número de grabadores interesados en conectar con el gran público.

Las vanguardias musicales -dodecafonismo, música aleatoria, electrónica, serialismo, etc.- fueron introducidas por la Generación de 1951 y continuadas por la de los Sesenta, de la que es gran representante Tomás Marco (1942), compositor experimentalista e historiador de la música.

Las Vanguardias en la posguerra

Durante la posguerra, grandes pintores realistas como José María Sert, Ignacio Zuloaga y Daniel Vázquez Díaz alcanzaron la plena madurez. La fundación por Eugenio D'Ors de la Academia Breve de Crítica de Arte (1941), la refundación de la Escuela de Vallecas (1946) y la excelente labor de un grupo de grandes paisajistas -Ortega Muñoz, Zabaleta, Prieto, etc.- significaron una importante aportación a las vanguardias.

Campesino andaluz, *Rafael Zabaleta. Museo Nacional Centro de Arte Reina Sofía. Madrid.*

Rafael Zabaleta supo interpretar con sus paisajes el sufrimiento del campo andaluz.

Las escuelas filosóficas de Barcelona y Madrid

La escuela catalana de filosofía, nacida en el siglo XIII con Raimundo Lulio, ha pervivido hasta el siglo XX en la Escuela de Barcelona, que se formó en los años treinta en torno a la Universidad de esa ciudad. Como sus predecesores, los filósofos barceloneses tenían un gran sentido práctico, rechazaban la abstracción intelectual y valoraban el *seny* o sentido común como un útil instrumento de interpretación de la realidad. Muchos de sus miembros tuvieron que exiliarse bajo el franquismo, entre ellos Joaquín Xirau (1885-1946), autor de una abundante e importante obra.

La escuela de Madrid se formó en los años treinta en el magisterio de José Ortega y Gasset. Gran personalidad de la misma es Julián Marías (1914), intelectual de gran prestigio, articulista en la prensa diaria sobre cuestiones de actualidad, y metafísico orteguiano que ha llevado a cabo una ingente obra de sistematización y estudio del pensamiento del maestro.

La polémica sobre el origen de España

Dos importantes novecentistas, Américo Castro Quesada (1885-1972) y Claudio Sánchez Albornoz (1893-1984) mantuvieron una apasionante polémica sobre el origen de España y de los españoles. Sus tesis diferían, fundamentalmente, en el papel desempeñado por las culturas musulmana y hebrea y por el catolicismo en la formación de España.

Américo Castro abordó la comprensión del pasado español sobre todo a través de la literatura, y expuso sus tesis en una abundante y brillante obra ensayística, por ejemplo en *La realidad histórica de España*. Renovó la metodología histórica mediante la introducción de novedosos principios -"no todo lo que ocurre en la vida de los hombres y de los pueblos es historiable"- y conceptos como el de "morada vital": "espacio humano abarcado y limitado por los nosotros de la historia", "superestructura en la que están integrados los hombres sujetos agentes de la historia", cuya influencia en los individuos es determinante; "vividura": sentimiento de pertenencia a la morada vital; "vivir desviviéndose": sentimiento de frustración con el que los españoles contemplan el pasado y el futuro de España. Para Castro, España es resultado sobre todo de su singular Medioevo, de la interacción durante el mismo de cristianos, musulmanes y judíos, y de la ruptura de su tradicional convivencia pacífica, de manera que a finales del siglo XV ya estaba nítidamente configurada la identidad del país. En su opinión, la religiosidad española, intensamente influida por la oriental, fue un factor de diferenciación respecto a Europa.

La polémica sobre el origen de España

El libro de Américo Castro suscitó una gran polémica en España.

"...Establecida de antemano la identidad entre los términos Hispania y España, sin haber fijado antes el sentido del uno y del otro, todo lo demás viene a quedar reducido a esto: nos agrada sabernos eternos, superiores a cuantos pueblos hollaron el sacro suelo de España, pues todos -romanos, visigodos, árabes- dejaron de ser lo que eran, y quedaron a la postre incorporados a la perenne esencia de lo español. Cuevas de Altamira, heroísmo de Numancia, Trajano y Teodosio, Séneca y Lucano, Isidoro de Híspalis, grandeza de la Córdoba califal, pensamiento de Averroes y Maimónides, la extraordinaria figura de Ibn Hazam, la totalidad de la literatura en árabe y hebreo, todo se vierte en el común acervo del patrimonio español. Los vacíos se hacen así menos inquietantes, y se elude el problema angustioso de plantearse estrictamente la pregunta temible: ¿Pero qué y quiénes somos en realidad?".

La realidad histórica de España, de Américo Castro. Porrúa. 1962.

Claudio Sánchez Albornoz, historiador medievalista, opone a las tesis de Américo Castro su visión continuista del pasado español. España sería el resultado de una multitud de hechos históricos, no sólo de la Edad Media. Rechaza la tesis de Castro sobre el origen de España, y su metodología, basada en la filología y en la interpretación de textos literarios que no tienen en cuenta datos sociológicos, económicos, geográficos, etc., sin los cuales no es posible comprender el pasado español. Afirma, frente a Castro, que el catolicismo español, lejos de ser un hecho diferencial de España respecto a Europa, fue precisamente el mayor factor de europeización de la España medieval, el vínculo que la mantuvo unida durante siglos al mundo occidental y que evitó su definitiva orientalización y africanización. Vertió sus tesis en una obra ensayística de gran altura intelectual, entre las que destaca, *España, un enigma histórico.*

"Me he alzado contra la absurda y torpe teoría de que lo español es posterior al 711. Es difícil evitar una sonrisa ante la afirmación -de un exquisito ensayista como peregrino historiador- de que todo lo ocurrido en la Península antes de la invasión islámica cae fuera de la historia de España. Las guerras celtibéricas, lusitanas o cántabras que descubren la contextura vital de los peninsulares de entonces y que contribuyeron a forjar la de sus sucesores, serían meras páginas de la historia romana; y los esfuerzos de Leovigildo, Recaredo y Recesvinto en la cristalización de España y de lo hispano, serían pura historia germánica. Con la misma sinrazón podríamos considerar meros avatares de la historia del califato de Damasco, las batallas de Guadalete y Covadonga, incluir la gesta del Cid en la historia almorávide y excluir de la nuestra la jornada de las Navas, todas decisivas en la afirmación y mudanza de lo hispano".

"Prólogo a la segunda edición" de *España, un enigma histórico,* de Claudio Sánchez Albornoz. Sudamericana. 1962.

La perspectiva de Claudio Sánchez Albornoz representaba otra forma de concebir la historia de España.

La poesía, del garcilasismo a los experimentalismos

La política cultural de posguerra estableció como objetivo prioritario la consolidación de los principios ideológicos del régimen franquista. Esto propició el desarrollo de una literatura encaminada, por un lado, a recuperar el viejo ideal del imperio español y católico del siglo XVI; por el otro, a recrear la imagen de una sociedad española idealizada. Así, un grupo de poetas (entre los que se encuentran nombres tan destacados en la época como los de Luis Rosales, Dionisio Ridruejo o José García Nieto) recuperaron formas métricas (soneto) y preocupaciones de la tradición clásica española. El nombre de garcilasistas era, pues, una declaración de intenciones: al margen de las preocupaciones de sus contemporáneos, cultivaron una lírica humanista, centrada en el debate entre el amor y la muerte, pero a la manera de lo que había hecho cuatro siglos antes Garcilaso de la Vega. En la expresión de sus preocupaciones religiosas lograron sus mejores poemas.

Como también habría de suceder en la novela e incluso en el teatro, no todos los poetas se alinearon en la corriente más o menos oficial. Hubo quien recurrió a una poesía que, sin aludir directamente a la realidad española del momento, reflejó en clave existencial la frustración y el dolor de vivir en un mundo carente de sentido: Dámaso Alonso, *Hijos de la ira*.

INSOMNIO

"Madrid es una ciudad de más de un millón de cadáveres (según las últimas estadísticas).
A veces en la noche yo me revuelvo y me incorporo en este nicho en el que hace 45 años que me pudro,
y paso horas oyendo gemir al huracán, o ladrar los perros, o fluir blandamente la luz de la luna.
Y paso largas horas gimiendo como el huracán, ladrando como un perro enfurecido, fluyendo como la leche de la ubre caliente de una gran vaca amarilla.
Y paso largas horas preguntándole a Dios, preguntándole por qué se pudre lentamente mi alma,
por qué se pudren más de un millón de cadáveres en esta ciudad de Madrid,
por qué mil millones de cadáveres se pudren lentamente en el mundo.
Dime, ¿qué huerto quieres abonar con nuestra podredumbre?
¿Temes que se te sequen los grandes rosales del día,
las tristes azucenas letales de tus noches?".

Hijos de la ira, de Dámaso Alonso. Edición de Fanny Rubio. Madrid. Espasa Calpe. 1991.

Esta corriente facilitó el camino de los poetas sociales de los años cincuenta -Gabriel Celaya, Blas de Otero, el primer José Hierro, etc.-, para quienes la poesía era "un instrumento, entre otros, para transformar el mundo" (Gabriel Celaya). La crítica social y al régimen que contenía aquella poesía obligó a los más arriesgados a publicar buena parte de su obra fuera de España; la censura se mostró implacable con quienes se atrevían a traspasar los estrechos límites de lo permitido.

Junto a Dámaso Alonso, otro gran poeta de la Generación del 27 fue Vicente Aleixandre, que renovó el lenguaje y los temas de la poesía. La aparición de *Sombra del paraíso* (1944) fue un signo de ruptura. La belleza y profundidad de sus imágenes surrealistas nada tenían que ver con la estética realista que predominaba en aquel momento. La obra de Aleixandre ejerció una influencia decisiva y constante entre los poetas de las generaciones posteriores. Hacia mediados de los años cincuenta una nueva y extraordinaria promoción de poetas irrumpió en el panorama de la época. La llamada Generación de los 50 integra a algunos de los poetas españoles más importantes del siglo (Claudio Rodríguez, José Ángel Valente, Jaime Gil de Biedma, Francisco Brines, J. Manuel Caballero Bonald, Ángel González, J.A. Goytisolo...).

DE VITA BEATA

"En un viejo país ineficiente,
algo así como España entre dos guerras
civiles, en un pueblo junto al mar
poseer una casa y poca hacienda
y memoria ninguna. No leer,
no sufrir, no escribir, no pagar cuentas,
y vivir como un noble arruinado
entre las ruinas de mi inteligencia".

Las personas del verbo, de Jaime Gil de Biedma. Lumen. 1998.

La poesía, del garcilasismo a los experimentalismos

Aunque compartieron estilos y preocupaciones (especialmente sociales) en sus primeros años, luego siguieron rumbos distintos, que fueron de la poesía del conocimiento (C. Rodríguez, J.A. Valente, Carlos Bousoño) a la reflexión sobre la vida, el amor, el sexo y la muerte (J. Gil de Biedma, J.A. Goytisolo).

Cuando la dictadura daba síntomas evidentes de debilidad, se recuperó el espíritu experimentalista de las vanguardias de principios de siglo. Los llamados "poetas novísimos" (Pere Gimferrer, Guillermo Carnero...) renunciaron a cualquier literatura que hablara de la realidad inmediata para introducir un mundo poblado sólo de referencias culturales. Con ellos se impuso la estética *camp*, la mezcla de artes en el texto literario (cine, pintura, música, poesía), el concepto lúdico de la literatura, el convencimiento de que nada hay fuera de los juegos del lenguaje.

La novela, del tremendismo de posguerra a la "Nueva Narrativa"

El realismo narrativo adoptó en la posguerra una orientación tremendista con Camilo José Cela (1916), autor de *La familia de Pascual Duarte*, y con Carmen Laforet (1921), ganadora del Premio Nadal 1944 con la novela *Nada*. Ambas novelas reflejan con crudeza sórdidos aspectos de la realidad social. Torrente Ballester, José María Gironella, Rosa Chacel y otros muchos autores cultivaron el realismo tradicional.

"Se mata sin pensar, bien probado lo tengo; a veces, sin querer. Se odia, se odia intensamente, ferozmente, y se abre la navaja, y con ella bien abierta se llega, descalzo, hasta la cama donde duerme el enemigo. Es de noche, pero por la ventana entra el claror de la luna; se ve bien. Sobre la cama está echado el muerto, el que va a ser el muerto. Uno lo mira, lo oye respirar; no se mueve, está quieto como si nada fuera a pasar. Como la alcoba es vieja, los muebles nos asustan con su crujir que puede despertarlo, que a lo mejor había de precipitar las puñaladas. El enemigo levanta un poco el embozo y se da la vuelta: sigue dormido. Su cuerpo abulta mucho; la ropa engaña. Uno se acerca cautelosamente; lo toca con la mano con cuidado. Está dormido, bien dormido; ni se había de enterar..."

La familia de Pascual Duarte,
de Camilo José Cela. Destino. Barcelona. 1989.

En los años cincuenta, los novelistas reflejan y critican la situación social del país. Esta tendencia tomó una orientación neorrealista en *La Colmena*, de Camilo José Cela. Grandes autores del realismo testimonial fueron Rafael Sánchez Ferlosio: *El Jarama*; Juan García Hortelano: *Nuevas Amistades*; y Juan Goytisolo: *Campos de Níjar*. El realismo crítico, derivado del testimonial, puso el énfasis en la descripción de la marginación y de las injusticias sociales: Francisco Candel: *Donde la ciudad cambia de nombre*; Alfonso Grosso: *La Zanja*.

Portada de una de las últimas ediciones de Tiempo de silencio, *de Luis Martín Santos.*

A comienzos de los años sesenta, el agotamiento del realismo social facilitó la aparición de una narrativa que sustituyó objetivismo por subjetivismo y testimonialismo por imaginación. El triunfo de la nueva corriente fue consagrado por la novela *Tiempo de silencio* (1962), de Luis Martín Santos, autor innovador del léxico y la sintaxis. Le siguieron Torrente Ballester, Camilo José Cela, Miguel Delibes y Juan Goytisolo. Esta corriente innovadora introducida por Luis Martín Santos culminó con Juan Benet (1927-1993), autor experimentalista cuya mayor originalidad consistió en convertir el lenguaje en un fin en sí mismo: *Volverás a Región*, *Herrumbrosas lanzas*. El experimentalismo evolucionó hasta prescindir del argumento y emplear un lenguaje de difícil comprensión. Fue superado por los autores de la "Nueva Narrativa", que han recuperado la vieja forma tradicional del relato novelesco -personajes, acción, desenlace, etc-, movimiento del que fueron pioneros Juan Marsé, Manuel Vázquez Montalbán y Eduardo Mendoza.

El teatro durante el franquismo

El teatro burgués sirvió de medio de difusión de los valores consagrados por la tradición conservadora y por el régimen político. Las evocaciones imperiales y la alusión a los peligros que conllevaba cualquier desviacionismo dan forma a la obra de autores de la época. El éxito de Jacinto Benavente, gran maestro del teatro burgués, se mantendría durante décadas, y su estilo y técnicas servirían de modelo a numerosos dramaturgos.

Las más importantes innovaciones teatrales durante la posguerra las llevaron a cabo dos excelentes autores cómicos, creadores de un humorismo crítico y ajeno a los convencionalismos tradicionales del género: Enrique Jardiel Poncela: *Los ladrones somos gente honrada*, y Miguel Mihura: *Tres sombreros de copa.*

Antonio Buero Vallejo conectó de nuevo con la realidad en *Historia de una escalera* (1949), lo que daría origen al realismo social. La nueva corriente encontró eco entre dramaturgos que, como los poetas y los novelistas, trataban de reflejar los problemas y concienciar socialmente a la opinión pública. Alfonso Sastre, autor de *Escuadra hacia la muerte* (1953), cultivó la temática social como Rodríguez Méndez, Martín Recuerda y otros. Para Sastre, "la principal misión del arte, en el mundo injusto en que vivimos, consiste en transformarlo", pues "lo social es una categoría superior a lo artístico."

Fernando Arrabal creó el "teatro pánico", género surrealista al que definió como "una manera de ser presidida por la confusión, el humor, el terror, el azar y la euforia": *El cementerio de automóviles.* El "Nuevo Teatro", de autores de la misma generación que Arrabal -José María Bellido, Luis Riaza, etc.- es una dramaturgia entre surrealista y esperpéntica que apenas pudo conectar con el gran público. El lirismo y el simbolismo singularizan el teatro realista de Antonio Gala: *Las cítaras colgadas de los árboles.* Gala es también poeta, articulista y novelista de gran éxito en la España de los años ochenta y noventa.

El cine, del dirigismo a la Transición Democrática

A pesar de la censura y del dirigismo, en la posguerra se rodaron películas de calidad como *Los últimos de Filipinas* (1945), de Antonio Román. Los cineastas, como los literatos, cultivaron también el neorrealismo testimonial: *Surcos* (1951), de Nieves Conde, sorprende por su atrevido tratamiento de algunos de los problemas -corrupción, éxodo rural- de la época. El realismo adoptó una orientación humorística en *Bienvenido Mr. Marshall* (1952), de Luis García Berlanga. *Muerte de un ciclista* y *Calle Mayor*, de José Antonio Bardem, que tratan problemas profundamente humanos, son dos grandes creaciones de la década. Al final de la misma, *El pisito*, de Marco Ferreri, es la primera de las películas de humor negro, de gran éxito en la siguiente década.

En la década de los sesenta, un grupo de directores -Carlos Saura entre ellos- los del llamado "Nuevo Cine Español" y los de la Escuela de Cine de Barcelona, se distinguieron por su afán de innovación. Durante la década, veteranos realizadores como García Berlanga -*Plácido, El verdugo*- y Luis Buñuel -*Viridiana, Tristana*- continuaron dando muestras de su buen hacer.

Foto del rodaje de la película de Luis Buñuel Tristana, *con Fernando Rey y Catherine Deneuve.*

España desde la Transición Democrática

Tras la muerte del general Franco el 20 de noviembre de 1975, los españoles recuperaron la libertad, dieron comienzo a la modernización del país y España se integró en el Mercado Común Europeo. A pesar del terrorismo y del fracasado golpe del coronel Tejero (1981), la recuperación de las libertades políticas se llevó a cabo en un dinámico y pacífico proceso, la Transición Democrática, que ha sido reiteradamente calificada de modélica en los foros internacionales. El cambio político fue facilitado por la moderación del pueblo español y por las transformaciones sociales y económicas que se venían produciendo desde los años sesenta.

Museo Guggenheim, *de Frank Gehry. Bilbao.*

La Transición Democrática

Conforme a las previsiones sucesorias, Don Juan Carlos de Borbón se convirtió automáticamente en rey de España. Poco después se formó el primer Gobierno, que oficialmente tomó posición por la reforma del sistema político, por lo que los elementos más conservadores del franquismo comenzaron a dar señales de inquietud. Así, el primer plan de reforma política -excesivo para los franquistas "ultras" e insuficiente para la oposición- fracasó estrepitosamente. El Rey cesó entonces a Arias Navarro, presidente franquista del Gobierno, y eligió a Adolfo Suárez, político centrista, como presidente -el Consejo del Reino le había presentado tres candidatos-. Tras la formación del nuevo Gobierno en julio de 1976, Suárez publicó el proyecto de ley de reforma política que abría el camino a la democracia.

Adolfo Suárez fue presidente del Gobierno de 1976 a 1981.

El proceso de legitimación democrática tuvo tres fases: la aprobación del proyecto por las Cortes franquistas (18 de noviembre de 1976); el sometimiento a referéndum de la Ley para la Reforma Política (15 de diciembre de 1976: 94,16% de votos afirmativos, 2,56% de votos negativos), que atribuyó al Gobierno la potestad de regular las primeras elecciones libres; y las elecciones del 15 de junio de 1977, que dieron el triunfo a la Unión de Centro Democrático (UCD), el partido de Suárez: 34,7% de los votos, 165 escaños en las Cortes; el Partido Socialista Obrero Español (PSOE) obtuvo el 28,5% de los votos y 118 escaños en las Cortes. El Rey abrió las Cortes el 22 de junio de 1977 y las fuerzas políticas pactaron la redacción de la Constitución.

El Rey Don Juan Carlos logró neutralizar el secuestro del Congreso por un grupo de guardias civiles al mando del coronel Tejero (23 de febrero de 1981), consolidando así la democracia y la monarquía, la institución del Estado de mayor prestigio y la más valorada por los españoles. La sucesión en el gobierno hasta nuestros días de la Unión de Centro Democrático (UCD), Partido Socialista Obrero Español (PSOE) y Partido Popular (PP), partidos de diferente ideología (centro, centro izquierda y centro derecha respectivamente), es el mejor exponente del éxito de la Transición.

Ante el intento golpista del 23 de febrero de 1981 (Foto 1 - teniente coronel Tejero en el Congreso de los Diputados-), la manifestación del día siguiente en Madrid fue la expresión popular del compromiso democrático de la sociedad española frente a la amenaza de los involucionistas (Foto 2 - los principales líderes políticos a la cabeza de la manifestación-).

La Constitución, fruto del consenso entre las fuerzas políticas

Un comité de siete miembros, elegidos proporcionalmente entre los representantes de las principales fuerzas políticas, logró el acuerdo sobre el modelo de Estado de Derecho que se quería instituir. El anteproyecto del texto constitucional elaborado por aquel comité fue aprobado el 31 de octubre de 1978 por la mayoría del Congreso. La Constitución fue sometida a referéndum el 6 de diciembre de 1978 y obtuvo casi el 92% de votos afirmativos. Es, por tanto, resultado del consenso entre los líderes políticos y expresión de la voluntad popular.

La Constitución permite interpretaciones diversas en multitud de sus pasajes. Ello se debe, sobre todo, a que en su elaboración se obró de modo diferente al seguido en las experiencias constitucionales del siglo XIX, que tuvieron un marcado carácter pendular; ya liberal (1812, 1837, 1869), ya conservador (1834, 1845, 1876). Y otro tanto puede decirse que sucedió con la propia Constitución republicana de 1931, y con las Leyes Fundamentales del franquismo. En todos esos casos siempre triunfó un bloque político sobre otro. Por el contrario, la Constitución de 1978 presenta la novedad de ser resultado del pacto político.

Monumento a la Constitución, Ángel Ruiz Larrea. Madrid.

"...La definición del Estado como Monarquía Parlamentaria fue el fruto de un acuerdo donde los partidos de izquierdas renunciaban a la posición republicana y apoyaban la Monarquía a cambio de que ésta se vaciase de prerrogativa y no fuera ni poder ejecutivo, ni legislativo, ni judicial, es decir, perdiera "potestas" (26) para ganar "auctoritas" (27), como órgano que simbolizaba la unidad y permanencia del Estado. Unos se dejaron mucho de lo que era hasta entonces parte de su patrimonio intelectual o moral, y el Rey su prerrogativa y su condición de poder del Estado. No fue fácil y costó mucho que quedasen aparcados los ideales republicanos, sobre todo para los que vivieron y sufrieron la frustración de la II República y la persecución por aquella noble causa. Sacrificaron ideales, esperanzas y reparaciones debidas. El Rey sacrificó su estatus, con una lucidez encomiable, porque sólo lo hubiera podido mantener por la fuerza...".

En *20 años después. La Constitución cara al siglo XXI*, de Gregorio Peces-Barba. Taurus. 1998.

El ideal de europeización. España en el Mercado Común Europeo

El ingreso en el Mercado Común Europeo era una vieja aspiración del régimen franquista. En 1970 se firmó un acuerdo preferencial entre España y la CEE, y en enero de 1986, recuperadas las libertades democráticas, España pasó a formar parte de la Europa comunitaria, cuya presidencia ostentó durante el primer semestre de 1989. La apertura a Europa significó también una mayor presencia internacional de España, que fue sede de importantes acontecimientos: Cumbre Internacional sobre la Paz en Oriente Medio (1991), Cumbre Iberoamericana (1992), Asamblea General de la OTAN (1997).

(26) potestas: *poder.*
(27) auctoritas: *autoridad.*

El ideal de europeización. España en el Mercado Común Europeo

Firma del Tratado de Adhesión de España a la CEE.

Más que de integración en Europa habría que hablar de reintegración, pues España no dejó de pertenecer nunca a la cultura europea.

La integración en Europa tenía para los españoles un especial significado, ya que no se trataba sólo de participar en un gran proyecto continental del que España ni debía ni quería quedar marginada, sino también de dar satisfacción a una vieja aspiración histórica, anhelada desde el siglo XVIII por las fuerzas progresistas del país, que veían en ello la solución óptima para los "males de la patria". Este ideal lo resumió Ortega y Gasset en su famosa frase "España es el problema, Europa la solución". Estas razones explican el entusiasmo del pueblo y de los gobiernos por ingresar en la Europa comunitaria. Por otro lado, a medida que los nacionalismos radicalizan sus posturas y reivindicaciones, se confía en que estas se diluyan y pierdan sentido en el proceso creciente de integración continental, en el que todos los Estados están cediendo parcelas de soberanía en favor de los organismos comunitarios.

"...España buscaba una nueva identidad colectiva, que le diera la razón de sí misma como nación y de su relación con la cultura europea. Esa doble preocupación tuvo su expresión en el debate intelectual que sobre la europeización de España había estado latente de alguna forma a lo largo de los siglos XIX y XX en buena parte del pensamiento español (desde luego, en Larra, Valera, Giner de los Ríos, en los hombres de la generación del 98, en Ortega y Azaña, en Américo Castro y Sánchez Albornoz, en Laín Entralgo y Julián Marías). Al menos, para hombres como Joaquín Costa y Ortega y Gasset, tras la derrota española de 1898 en la guerra con Estados Unidos en la que España perdió los últimos restos de su imperio ultramarino, la europeización vino a ser casi un programa político."

En "España: el fin del siglo XX",
de Juan Pablo Fusi. Revista *CLAVES*.
Noviembre 1998, nº87.

La dinamización cultural

Cabeceras de los principales periódicos españoles.

La recuperación de las libertades políticas suscitó un gran entusiasmo en el ámbito de la cultura. Se pensaba que, una vez finalizada la dictadura, la creatividad cultural conocería de inmediato una verdadera explosión. Pero no se tuvo en cuenta que cuarenta años de censura y de dirigismo no se superan con facilidad. Se produjo entonces un vago sentimiento de desencanto, que, sin embargo, no tardaría en desaparecer.

Pronto aparecieron numerosas publicaciones periódicas -*El País*, *Diario 16*, el periódico económico *Cinco Días*, la revista *Interviú*, los diarios catalanes *El Periódico* y *Avui*, y los vascos *Deia* y *Egin*-, que se añadirían a diarios de gran tradición y prestigio como *ABC* y *La Vanguardia*. Posteriormente se fundarían nuevos órganos de prensa como *El Mundo* y *La Razón*.

Madrid, con sus nuevas pinacotecas Reina Sofía y Thyssen Bornemisza, situadas en las proximidades del Museo del Prado, y con la feria internacional de arte contemporáneo Arco, se convirtió en un centro artístico de primer orden. La concesión del Premio Nobel de Literatura a Vicente Aleixandre (1977) y a Camilo José Cela (1989), y del Óscar de Hollywood a las películas *Volver a empezar* (1982), de José Luis Garci, a *Belle Epoque* (1994), de Fernando Trueba, y a *Todo sobre mi madre* (2000), de Pedro Almodóvar, confirmaron el éxito internacional de la cultura española.

Gran parte de la juventud española, incansablemente noctámbula, parecía, y parece, vivir en fiesta permanente, fenómeno que, de todas maneras, no es ninguna novedad en España. La sublimación de este afán lúdico fue la "Movida", movimiento sociocultural de la progresía madrileña de los años ochenta que elevó la frivolidad a norma de una forma de vida entre festiva y cultural. La moda, el diseño y la fotografía fueron altamente apreciados por los protagonistas de la "Movida" y calificados de manifestación suprema de la modernidad.

"Las letras de los últimos años presentan el ámbito de la intimidad en lugar de los planteamientos sociales de la literatura realista; renuncian a la ostentación de formas en vez de usar el barroquismo experimentalista; acercan poesía y prosa al dotar a la primera de cotidianidad y humor, y a la segunda de intimidad y meditación. Las vanguardias, poco a poco, han sido asumidas por la cultura establecida.
El público, además, ha dejado de interesarse por los asuntos que acapararon su atención durante la transición. Y ha entrado en juego el fenómeno mercantil: el mundo editorial español ha asumido el concepto de best-seller, y el mercantilismo ha dado lugar al nacimiento de obras concebidas para su triunfo comercial más que para prevalecer en el tiempo por su calidad".

En *Del franquismo a la posmodernidad: la novela española (1975-1999)*, de M. Mar Langa Pizarro. Publicaciones de la Universidad de Alicante. 2000.

Cartel de la película que obtuvo el último Óscar del cine español. Todo sobre mi madre. *Productora El Deseo.*

1992 fue el gran año de España: Celebración del Quinto Centenario del Descubrimiento de América; Madrid, Capital Europea de la Cultura; Exposición Universal de Sevilla, Juegos Olímpicos de Barcelona. Estos eventos contribuyeron a difundir por el mundo la imagen de la España democrática. A ello contribuyeron también el gran número de medallas conseguidas por los atletas españoles en Barcelona y los éxitos internacionales de los golfistas, tenistas y ciclistas españoles.

El Príncipe de Asturias, Don Felipe de Borbón, fue el abanderado español en los Juegos Olímpicos de Barcelona (1992).

La economía en auge

La crisis económica que se inició en 1973 por el alza de los precios del petróleo se agudizó y tendió a prolongarse en España a causa de la situación política que precedió y siguió a la muerte de Franco. Entre octubre de 1973 y junio de 1977 se publicaron ocho paquetes de medidas de política económica. Tras las elecciones generales del 15 de junio de 1977, el Gobierno adoptó una serie de medidas y devaluó la peseta. Consciente de la necesidad de consensuar la política económica, el presidente Suárez convocó a todos los partidos parlamentarios, que firmaron los Pactos de la Moncloa (octubre de 1977). Con ellos se abrió el camino a la moderación salarial y se proyectó el comienzo de una "transformación importante en el modelo de desarrollo" económico, su democratización y la reforma de importantes sectores como el sistema fiscal, la Seguridad Social, las empresas públicas, la energía, etc.

Sin embargo, cuando los socialistas accedieron al poder en 1982, el crecimiento económico se hallaba detenido. Hubo que devaluar la peseta y llevar a cabo la reconversión industrial. Se consiguió bajar la tasa de inflación del 20% en 1984 al 4,6% en 1987, año de comienzo de una nueva etapa de expansión en la que el crecimiento anual del PIB se elevó al 5%. España logró situarse entre los países más desarrollados del mundo, con una producción industrial y agrícola competitiva y apta para afrontar el reto de la adhesión a la CEE.

La economía española logró superar la crisis económica de 1993, y a fin de afrontar con éxito la globalización de la economía y de elevar su competitividad, en 1995 dio comienzo un plan de privatización de las empresas públicas.

Tras catorce años de gobierno socialista, el Partido Popular (PP) tomó el relevo en las elecciones de 1996 y España, poco afectada por la crisis financiera internacional de 1998, pudo cumplir los requisitos de Maastricht e incorporarse a la Europa del euro.

Toma de posesión de José María Aznar como presidente del Gobierno en 1996.

España a comienzos del siglo XXI

La España de comienzos del siglo XXI es un país moderno que ha experimentado en muy pocos años una profunda transformación política, social y económica.

El triunfo del Partido Popular (PP) en las elecciones de marzo de 2000, seguido por el Partido Socialista Obrero Español (PSOE), confirma la polarización ideológica de la sociedad española entre centro derecha y centro izquierda. Ambas fuerzas mayoritarias coinciden en el objetivo de incrementar el desarrollo económico y la cohesión social en democracia. El extremismo político ha quedado limitado a sectores del nacionalismo vasco. La existencia de los nacionalismos excluyentes no debe ocultar el hecho de que la mayoría de los españoles, el 93%, considera compatibles los sentimientos nacional y regional.

El Gobierno prevé un crecimiento medio de la economía por encima del 3% durante el período 2000-2003, contener la inflación, reducir el paro -se espera alcanzar el pleno empleo en el 2010-, acabar con el déficit de las administraciones públicas y lograr la convergencia real con la Unión Europea, cuyos niveles medios de bienestar y rentas ya han sido superados por varias Comunidades Autónomas.

España se ha consolidado como país exportador de capitales -el sexto mundial-, servicios y productos culturales, industriales y agrícolas. Es una gran potencia turística y el país con mayor número de monumentos declarados Patrimonio de la Humanidad por la UNESCO. En muy poco tiempo ha pasado de ser exportador de mano de obra a receptor de inmigrantes.

EL PAIS

EL PNV consigue una clara victoria a costa del hundimiento de EH. Ibarretxe será, de nuevo, lehendakari

ABC

En la entrega del Premio Cervantes

El Rey sitúa a Francisco Umbral como uno de los más brillantes cultivadores de la Literatura y el español

EL PAIS

El paro disminuyó en 34.400 personas en el primer trimestre de 2001

ABC

Polémica interna en el PP

El presidente de la Comunidad Valenciana aprueba su Ley de Parejas de hecho a pesar de las críticas de la Iglesia

EL MUNDO

20.000 personas contra la Ley de Extranjería en Barcelona piden que se regularice a todas las personas

EL MUNDO

Aznar dice que España tiene la Ley de Extranjería más avanzada de Europa

Los gobiernos españoles han homologado su política exterior a la de sus socios europeos y se preparan para presidir la Unión Europea en el primer semestre de 2002, como ya lo hicieron en el primer semestre de 1989 y en el segundo de 1995. Un alto número de españoles, el 63%, considera positivo pertenecer a la Unión Europea, el 68% se muestra partidario de la política exterior de España, que se siente solidaria y unida por lazos afectivos, históricos y culturales con las repúblicas hispanoamericanas, donde concentra la mayor parte de las inversiones en el exterior, por encima incluso de los EE UU, y de ayuda al desarrollo. Los gobiernos españoles apoyan la democratización y modernización del continente hispanohablante. Por razones de proximidad geográfica, el Mediterráneo es también área de interés preferente para la política exterior española.

La sociedad española es multicultural, creadora de corrientes artísticas y literarias innovadoras, de pensamiento científico y abstracto y de tecnología. Los españoles son más cosmopolitas que nunca y, como resultado de los logros conseguidos en el último tercio del siglo XX, tienen un intenso sentimiento de autoestima; se aprestan a hacer frente al reto de la globalización de los mercados, a reforzar el Estado de bienestar, a acabar con el terrorismo y a encontrar soluciones a los problemas derivados de la inmigración ilegal y del auge del consumismo.

DE ABRIL DE

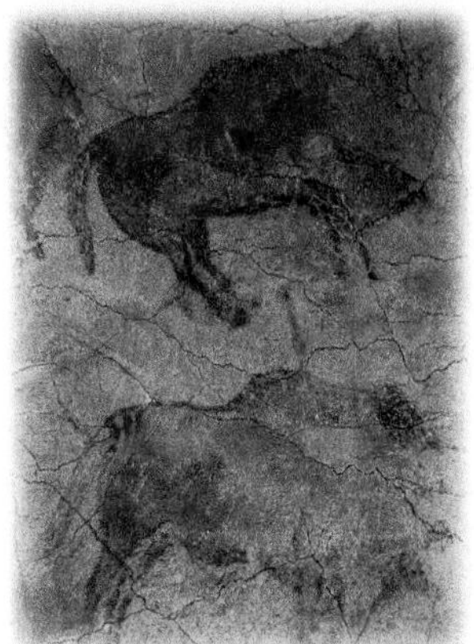

Bibliografía

OBRAS GENERALES

ABELLÁN, J. L. (1988). *Historia crítica del pensamiento español*. Madrid. Espasa Calpe.
ALBORG, J.L. (1985). *Historia de la literatura española*. Madrid. Gredos.
BUENDÍA, R. (dir.) (1981). *Historia del arte hispánico*. Madrid. Alhambra.
CABRÉ, J., J. MIRA y J. PALMERO (1984). *Historia de la literatura catalana*. Barcelona. Rosa Sensat/Edicións 62.
DOMÍNGUEZ ORTIZ, A. (2000). *España. Tres milenios de historia*. Madrid. Marcial Pons.
FRANCO, D. (1998). *España como preocupación*. Madrid. Alianza Editorial.
FUSI, J. P. (2000). *España. La evolución de la identidad nacional*. Madrid. Temas de Hoy.
FUSI, J.P. y J. PALAFOX (1997). *España: 1808-1996. El desafío de la modernidad*. Madrid. Espasa-Calpe.
GARCÍA DE CORTÁZAR, G. (1998). *Biografía de España*. Barcelona. Galaxia-Gutemberg/Círculo de Lectores.
GONZÁLEZ ANTÓN, L. (1997). *España y las Españas*. Madrid. Alianza Editorial (El libro de bolsillo).
LÓPEZ DE OSABA, P. (dir.) (1983). *Historia de la Música Española*. Madrid. Alianza Editorial (Alianza Música).
LÓPEZ PIÑERO, J.M. (1990). *España. Ciencia*. Madrid. Espasa-Calpe.
MORENO DE MORA, J.G. (1988). *El español de América*. México. Fondo de Cultura Económica.
PÉREZ, J. (1999). *Historia de España*. Barcelona. Crítica.
RICO, F. (dir.) (1979). *Historia y crítica de la literatura española*. Barcelona. Crítica.
RIVAROLA, J.L. (1990). *La formación lingüística de Hispanoamérica*. Lima. Fondo Editorial de la Pontificia Universidad Católica del Perú.
SIGUÁN, M. (1992). *España plurilingüe*. Madrid. Alianza Editorial.
TUSELL, J., J.L. MARTÍN y C. MARTÍNEZ SHAW (1998). *Historia de España*. Madrid. Taurus.
VV. AA. (1997). *Cultura y movilización en la España contemporánea*. Madrid. Alianza Universidad.
VV.AA. (1988). *Historia crítica de la literatura hispánica*, dirigida por Juan Ignacio Ferreras. Madrid. Taurus.
VV.AA. (1998). *Reflexiones sobre el ser de España*. Madrid. Real Academia de la Historia.

CAPÍTULO I

FLORISTÁN, A. (1990). *España, país de contrastes geográficos*. Madrid. Síntesis.
HOYO BERNAT, J. y A. GARCÍA FERRER (1998). *Análisis y predicción de la población española (1900-2000)*. Madrid. Fedea.
TAMAMES, R. y A. RUEDA (1996). *Estructura Económica de España*. Madrid. Alianza Universidad.
VV.AA. (1989). *Territorio y sociedad en España, I*. Geografía Física. Madrid. Taurus.
VV.AA. (1992). *La realidad social en España*. Madrid. Centro de Investigación para la Realidad Social.

Revistas:
Revista de Occidente. Número especial: *España a comienzos de los noventa*. Madrid. Núms. 122-123. Julio-Agosto 1991.

CAPÍTULO II

FUSI, J. P. (1990). *España. Autonomías*. Madrid. Espasa-Calpe.
GARRORENA, A. (1990). *El Estado español como Estado social y democrático y de derecho*. Madrid. Tecnos.
JÁUREGUI BERECIARTU, G. (1990). *La nación y el Estado nacional en el umbral del nuevo siglo*. Madrid. Centro de Estudios Constitucionales.
SOLÉ TURA, J. (1985). *Nacionalidades y nacionalismos en España*. Madrid. Alianza Editorial.

Bibliografía

CAPÍTULO III

ESPADALER, A. M. (1988). *Literatura catalana*. Madrid. Taurus.
FERNÁNDEZ DE LA MORA, G. (1985). *Filósofos españoles del siglo XX*. Barcelona. Planeta.
GARCÍA, J. (1980). *Conversaciones con la joven filosofía española*. Madrid. Península.
GASCA, L. (1998). *Un siglo de cine español*. Barcelona. Planeta.
INSTITUTO CERVANTES (2000). *El español en el mundo*. Anuario del Instituto Cervantes 2000. Madrid. Círculo de Lectores. Instituto Cervantes. Plaza y Janés.
JUARISTI, J. (1988). *Literatura vasca*. Madrid. Taurus.
MARTÍNEZ LÓPEZ, M. (1981). *Historia de la gastronomía española*. Madrid. Editora Nacional.
PÉREZ PERUCHA, J. (ed.). (1997). *Antología crítica del cine español, 1906-1995*. Madrid. Cátedra/Filmoteca Española.
SECO, M. y G. SALVADOR. (coords.) (1995). *La lengua española, hoy*. Madrid. Fundación Juan March.
TARRIÓ VARELA, A. (1988). *Literatura gallega*. Madrid. Taurus.
TORRES, A. M. (1997). *El cine español en 119 películas*. Madrid. Alianza Editorial.

CAPÍTULO IV

CABRERA, V., F. BERNALDO DE QUIRÓS, M. MOLIST y A. RUIZ (1992). *Prehistoria*. Madrid. Historia 16.
GARCÍA MORENO, L.A. (1989). *Historia de la España visigoda*. Madrid. Cátedra.
MOURE, A., J. SANTOS y M. ROLDÁN (1991). *Prehistoria e Historia Antigua*. Madrid. Historia 16.
ORLANDIS, J. (1988). *Historia del reino visigodo español*. Madrid. Rialp.
TOVAR, A. y BLÁZQUEZ, J.M. (1994). *Historia de la Hispania romana*. Madrid. Alianza Editorial.

CAPÍTULO V

ARIÉ, R. (1982). *España musulmana (siglos VIII-XV)*, en *Historia de España*, vol. III (dirigida por M. Tuñón de Lara). Madrid. Labor.
BARBERO, A. y M. VIGIL (1982). *La formación del feudalismo en la Península Ibérica*. Barcelona. Crítica.
DÍAZ MAS, P. (1986). *Los sefardíes. Historia de una cultura*. Barcelona. Río Piedras Ediciones.
GLICK, Th. F. (1991). *Cristianos y musulmanes en la España medieval (711-1250)*. Madrid. Alianza Universidad.
IRADIEL, P. (1991). *Las claves del feudalismo, 860-1500*. Barcelona. Planeta.
MARAVALL, J. A. (1981). *El concepto de España en la Edad Media*. Madrid. Centro de Estudios Constitucionales.
MITRE FERNÁNDEZ, E. (1988). *Cristianos, musulmanes y hebreos. La difícil convivencia de la España medieval*. Madrid. Anaya.
NETANYAHU, B. (1999). *Los orígenes de la Inquisición*. Barcelona. Crítica.
RAMOS OLIVEIRA, A. (1970). *La unidad nacional y los nacionalismos españoles*. México. Grijalbo.
YARZA, J. (1990). *Arte y arquitectura en España, 500-1250*. Madrid. Anaya.

CAPÍTULO VI

ARTOLA, M. (1999). *La Monarquía de España*. Madrid. Alianza Editorial.
MORALES PADRÓN, F. (1986). *América hispana (hasta la creación de las nuevas naciones)*. Madrid. Gredos.
SOLA CASTAÑO, E. (1988). *Los Reyes Católicos*. Madrid. Anaya.

Bibliografía

CAPÍTULO VII

BATAILLON, M. (1974). *Erasmo y España*. México. Fondo de Cultura Económica.
CARO BAROJA, J. (1986). *Los judíos en la España moderna y contemporánea*. Madrid. Istmo.
CHECA, F. (1991). *Pintura y escultura del Renacimiento en España, 1450-1600*. Madrid. Cátedra.
FERNÁNDEZ ÁLVAREZ, M. (1999). *Carlos V, el César y el Hombre*. Madrid. Espasa-Calpe.
FERNÁNDEZ ÁLVAREZ, M. (1999). *Felipe II y su tiempo*. Madrid. Espasa-Calpe.
LÓPEZ PIÑERO, J. L. (1979). *Ciencia y técnica en la sociedad española de los siglos XVI y XVII*. Barcelona. Labor.
MARAVALL, J.A. (1963). *Las comunidades de Castilla. Una primera revolución moderna*. Madrid. Alianza Universidad.
NIETO, V., A.J. MORALES, F. CHECA (1993). *Arquitectura del Renacimiento en España, 1488-1599*. Madrid. Cátedra.
SÁNCHEZ LEÓN, P. (1988). *Absolutismo y comunidad. Los orígenes sociales de la guerra de los comuneros de Castilla*. Madrid. Siglo XXI.

CAPÍTULO VIII

DE LA FLOR, F. (1999). *La península metafísica. Arte, literatura y pensamiento en la España de la Contrarreforma*. Madrid. Biblioteca Nueva.
DOMÍNGUEZ ORTIZ, A. (1989). *Crisis y decadencia de la España de los Austrias*. Barcelona. Ariel.
DOMÍNGUEZ ORTIZ, A. y B. VICENT (1989). *Historia de los moriscos*. Madrid. Alianza Universidad.
ELLIOT, J. y L. BROCKLISS (1999). *El mundo de los validos*. Madrid. Taurus.
LÓPEZ PIÑERO, J. L. (1979). *Ciencia y técnica en la sociedad española de los siglos XVI y XVII*. Barcelona. Labor.
MARAVALL, J.A. (1983). *La cultura del Barroco*. Barcelona. Ariel.
PALACIO ATARD, V. (1987). *España en el siglo XVII*. Madrid. Rialp.

CAPÍTULO IX

DOMÍNGUEZ ORTIZ, A. (1988). *Carlos III y la España de la Ilustración*. Madrid. Alianza Editorial.
GARCÍA ESCUDERO, J. M. (1980). *Historia breve de las dos Españas*. Madrid. Rioduero.
GIOVANNA TOMSICH, M. (1972). *El jansenismo en España*. Madrid. Siglo XXI.
HERR, R. (1964). *España y la revolución del siglo XVIII*. Madrid. Aguilar.
SÁNCHEZ BLANCO, F. (1999). *La mentalidad ilustrada*. Madrid. Taurus.
SARRAILH, J. (1979). *La España ilustrada de la segunda mitad del siglo XVIII*. México. Fondo de Cultura Económica.
TOMÁS Y VALIENTE, F. (1982). *Gobierno e instituciones en la España del Antiguo Régimen*. Madrid. Alianza Universidad.
VV.AA. (1985). *España en el siglo XVIII*. Barcelona. Crítica.

CAPÍTULO X

ARTOLA, M. (1973). *La burguesía revolucionaria (1808-1869)*. Madrid. Alianza-Alfaguara.
BAHAMONDE, A. y J.A. MARTÍNEZ (1994). *Historia de España. El siglo XIX*. Madrid. Cátedra.
HERNANDO, J. (1989). *Arquitectura en España, 1700-1900*. Madrid. Cátedra.
LYNCH, J. (1989). *Las revoluciones hispanoamericanas, 1808-1826*. Barcelona. Ariel.
MARTÍNEZ DE VELASCO, A., R. SÁNCHEZ MANTERO y F. MONTERO (1990). *El siglo XIX*, en *Manual de Historia de España*. Madrid. Historia 16.
REYERO, C. y M. FREIXA (1995). *Pintura y escultura en España, 1800-1910*. Madrid. Cátedra.
SOLÉ, J. y E. AJA (1985). *Constituciones y períodos constituyentes en España (1808-1936)*. Madrid. Siglo XXI.
SUÁREZ, F. (1988). *La crisis política del Antiguo Régimen*. Madrid. Rialp.
VV.AA. (1999). *Historia del Arte Español. Del Neoclasicismo al Impresionismo*. Madrid. Akal.

Bibliografía

CAPÍTULO XI

CABRERA, M. (dira.) (1998). *El Parlamento en la Restauración (1913-1923)*. Madrid. Taurus.
CACHO, V. (1962). *La Institución Libre de Enseñanza*. Madrid. Rialp.
COMELLAS, J.L. (1997). *Cánovas del Castillo*. Madrid. Ariel.
ESPADAS, M. (1975). *Alfonso XII y la crisis de la Restauración*. Madrid. CSIC.
FUSI, J.P. y A. NIÑO (eds.) (1997). *Vísperas del 98*. Madrid. Biblioteca Nueva.
HERNANDO, J. (1989). *Arquitectura en España, 1700-1900*. Madrid. Cátedra.
JULIÁ, S. (coor.) (1998). *Debates en torno al 98: Estado, Sociedad y Política*. Madrid. Consejería de Educación y Cultura de la Comunidad de Madrid.
LAÍN ENTRALGO, P. y C. SECO SERRANO (1998). *España en 1898. Las claves del desastre*. Barcelona. Galaxia Gutemberg/Círculo de Lectores.
MALUQUER DE MOTES, J. (1999). *España en la crisis del 98*. Barcelona. Península.
MENÉNDEZ PIDAL, R. y R. JOVER (dirs.) (1993). *La Edad de Plata de la cultura española*, en *Historia de España* dirigida por Ramón Menéndez Pidal. Madrid. Espasa Calpe.
NADAL, J. (1975). *El fracaso de la revolución industrial en España*. Barcelona. Ariel.
REYERO, C. y M. FREIXA (1995). *Pintura y escultura en España, 1800-1910*. Madrid. Cátedra.
SERRANO, C. (1984). *El final del Imperio. España 1895-1898*. Madrid. Siglo XXI.
SOLÉ, J. y E. AJA (1985). *Constituciones y períodos constituyentes en España (1808-1936)*. Madrid. Siglo XXI.
TERMES, J. (1971). *Anarquismo y sindicalismo en España. La Primera Internacional, 1864-1881*. Barcelona. Ariel.
TOMÁS DE VILLANUEVA, J. (1983). *Breve historia del constitucionalismo español*. Madrid. Centro de Estudios Constitucionales.
TUñÓN DE LARA, M. (1972). *El movimiento obrero en la Historia de España*. Madrid. Taurus.
TUSELL, J. y F. PORTERO (1998). *Antonio Cánovas y el sistema político de la Restauración*. Madrid. Congreso de los Diputados. Biblioteca Nueva.
VARELA, J. (1977). *Los amigos políticos. Partidos, elecciones y caciquismo en la Restauración (1875-1900)*. Madrid. Alianza Universidad.
VV.AA. (1999). *Historia del Arte Español. Del Neoclasicismo al Impresionismo*. Madrid. Akal.

CAPÍTULO XII

ABELLÁN, J. L. (1998). *El exilio filosófico en América. Los transterrados de 1939*. Madrid. Fondo de Cultura Económica.
AZURMENDI, M. (1998). *La herida patriótica*. Madrid. Taurus.
BENEYTO, J. M. (1999). *Tragedia y razón. Europa en el pensamiento español del siglo XX*. Madrid. Taurus.
BERNECKER, W. L. (1999). *España entre tradición y modernidad. Política, economía, sociedad (siglos XIX y XX)*. Madrid. Siglo XXI Editores.
BOZAL, V. (1995). *Arte del siglo XX en España*. Madrid. Espasa Calpe.
CARR, R. (1999). *España: de la Restauración a la democracia, 1875-1980*. Barcelona. Ariel.
FUSI, J. P. (1999). *Un siglo de España. La cultura. Madrid*. Marcial Pons. Ediciones de Historia.
GARCÍA DELGADO, J. L. y J.C. JIMÉNEZ (1999). *Un siglo de España. La Economía*. Madrid. Marcial Pons. Ediciones de Historia.
JULIÁ, S. (1999). *Un siglo de España. Política y sociedad*. Madrid. Marcial Pons. Ediciones de Historia.
JULIÁ, S. (coor.) (1999). *Víctimas de la Guerra Civil*. Madrid. Temas de Hoy.
PAYNE, S. (1997). *Franco y José Antonio. El extraño caso del fascismo español*. Barcelona. Planeta.
PRESTON, P. (1994). *Franco. Una biografía*. Barcelona. Grijalbo.
RUIZ MANJÓN, O. y A. LANGA (eds.) (1999). *La sociedad española en la génesis del siglo XX*. Madrid. Universidad Complutense de Madrid. Biblioteca Nueva

Bibliografía

SÁNCHEZ RON, J. M. (1999). *Cincel, martillo y piedra. Historia de la ciencia española (siglos XIX y XX)*. Madrid. Taurus.

VARELA, J. (1999). *La novela de España. Los intelectuales y el problema de España*. Madrid. Taurus.

CAPÍTULO XIII

BOZAL, V. (1995). *Arte del siglo XX en España*. Madrid. Espasa Calpe.

CARR, R. (1999). *España: de la Restauración a la democracia, 1875-1980*. Barcelona. Ariel.

DELGADO, J.L. (ed.) (1990). *Economía española de la transición y la democracia*. Madrid. Centro de Investigaciones Sociológicas (CIS).

FUSI, J. P. (1999). *Un siglo de España. La cultura*. Madrid. Marcial Pons. Ediciones de Historia.

GARCÍA DELGADO, J. L. y J.C. JIMÉNEZ (1999). *Un siglo de España. La Economía*. Madrid. Marcial Pons. Ediciones de Historia.

GUERRA, A. y J. FÉLIX TEZANOS (1992). *La década del cambio. Diez años de gobierno socialista, 1982-1992*. Madrid. Sistema.

JOVER ZAMORA, J. M. (1999). *España en la política internacional. Siglos XVIII-XX*. Madrid. Marcial Pons. Ediciones de Historia.

JULIÁ, S. (1996). *Memoria de la transición*. Madrid. Taurus.

MIGUEL GONZÁLEZ, S. (1990). *La preparación de la transición a la democracia en España*. Zaragoza. Prensas Universitarias.

PECES BARBA, G. (1981). *La Constitución española*. Valencia. Fernando Torres Editor S.A.

SOTO, Á. (1998). *La transición a la democracia. España 1975-1982*. Madrid. Alianza Editorial.

TUSELL, J. (1999). *Historia de España en el siglo XX*. Madrid. Taurus.

TUSELL, J. y A. SOTO (1996). *Historia de la transición, 1975-1986*. Madrid. Alianza Universidad.

TUSELL, J., E. LAMO ESPINOSA, y R. PARDO (1996). *Entre dos siglos. Reflexiones sobre la democracia española*. Madrid. Alianza Editorial.

VV.AA. (1998). *20 años después. La Constitución cara al siglo XXI*. Madrid. Taurus.

VV.AA. (1998). *España/Cataluña. Un diálogo con futuro*. Barcelona. Planeta.

Notas

Notas

Notas

Notas

Notas

Notas